制度环境、社会关系与供应链网络治理

张　敬　康凯　著

科学出版社

北　京

内 容 简 介

我国正处于经济与制度转型期,源自西方发达国家的经济效率逻辑范式难以解析中国企业的供应链网络治理模式选择行为。《制度环境、社会关系与供应链网络治理》源自中国现实与西方理论相背离的问题思考,根植于"现实"与"变化",以关系型社会、政府参与经济的中国情境为研究背景,辨识、分析并重构供应链网络治理模式选择的多层级理论框架,应用理论分析、案例研究与实证研究相结合的方法,逐层打开供应链网络治理模式选择的"黑箱",构建中国本土理论模型,为宏观层面的国家制度设计与微观层面的供应链网络制度安排提供理论依据与经验参考。

本书适合从事供应链管理、战略管理领域的研究人员,高等院校经济管理类专业教师与研究生,政府部门人员及企业高层管理人员阅读学习。

图书在版编目(CIP)数据

制度环境、社会关系与供应链网络治理 / 张敬,康凯著. —北京:科学出版社,2022.4
ISBN 978-7-03-066808-0

Ⅰ. ①制⋯　Ⅱ. ①张⋯ ②康⋯　Ⅲ. ①企业管理-供应链管理-研究-中国　Ⅳ. ①F279.23

中国版本图书馆 CIP 数据核字(2020)第 223022 号

责任编辑:徐　倩 / 责任校对:贾娜娜
责任印制:苏铁锁 / 封面设计:无极书装

科 学 出 版 社 出版
北京东黄城根北街 16 号
邮政编码:100717
http://www.sciencep.com

北京凌奇印刷有限责任公司 印刷
科学出版社发行　各地新华书店经销
*
2022 年 4 月第 一 版　开本:720 × 1000　1/16
2022 年 4 月第一次印刷　印张:13
字数:257 000
POD定价:132.00元
(如有印装质量问题,我社负责调换)

序

在全球疫情防控常态化、外部环境复杂多变、国内新旧动能转换的时代背景下，我国经济发展面临需求紧缩与供给冲击的双重压力。供应链网络成为经济可持续、高质量发展的重要载体，时代背景赋予了其特殊的中国本土特征。供应链网络治理是从宏观层面对供应链网络规划和设计的制度安排，是对环境演变和组织变迁的结构性反映。在供应链网络治理过程中，供应链核心企业管理内部部门、协调供应链成员和利益相关者关系，通过与市场主体或非市场主体之间的合作，提高供应链运营系统的可持续绩效。供应链网络治理经历了核心企业的治理、供应链网络成员治理和供应链生态系统治理三个阶段，每个阶段均遵循"治理动因—治理机制—治理效果"的过程。可见，摆脱西方发达国家理论论点的约束、突破单一层级的现有研究框架，基于系统整体视角深入探讨供应链网络治理问题是我国经济高质量发展过程中亟待解决的科学问题。

河北工业大学经济管理学院张敬教授与康凯教授合著的《制度环境、社会关系与供应链网络治理》一书，跳出源自西方发达国家的理论论点，扎根中国大地展开本土理论研究，积极探索供应链网络治理模式选择问题中尚未明晰的内在机理，解决了西方理论在中国特殊情境下的"水土不服"问题，有助于启发东西方制度文化背景下的比较研究。同时，本书突破以往聚焦企业、供应链或外部环境等单一层次的研究框架，跨层分析宏观制度环境、中观社会关系对微观供应链网络治理模式选择的影响机理，不仅有助于我国企业通过资源再配置来降低风险成本，还能有效地推动中国企业网络组织的有效运作，为企业自身的可持续发展和供应链安全提供科学依据，为提升中国产业网络化发展及获得可持续发展的竞争优势提供实践指导与政策建议。

本书不仅选题意义重大、研究视角独特，而且研究设计科学、逻辑层次分明、论证过程严谨，强烈推荐给科研人员和高校师生阅读学习，也可供政策决策者、供应链运营管理人员与企业高层管理人员参考实践。

李勇建

天津大学管理与经济学部

前　　言

经过三十多年的高速增长,我国经济已由高速增长阶段转向高质量发展阶段,正处在转变发展方式、优化经济结构、转换增长动力的攻坚期,而现代供应链正是我国加快建设制造强国的新增长点、新动能。理论与实践证明供应链网络已成为实现经济效率最大化的新型经济组织形态,构建价值共创的供应链网络成为企业在激烈竞争中立于不败之地的重要途径。作为企业间的制度安排,供应链网络治理是从宏观层面对供应链管理做出制度安排,其不仅能够协调供应链网络成员企业间利益冲突,抑制供应链网络运营过程中的机会主义行为,而且能够有效地推进供给侧结构性改革,提升我国经济全球竞争优势。

"选择决策"贯穿于供应链战略管理全过程,保障供应链网络治理产生正协同效应,其关键在于供应链网络治理模式的选择。不同研究领域的学者对供应链网络治理模式选择问题形成了基于经济效率机制的理论解释范式。然而,中国情境下供应链网络治理模式选择原因、路径及理论趋势与西方理论有所区别,简单地将西方市场经济的规则套用到中国情境中,难以解释中国企业的供应链网络治理模式选择行为。因此,本书以组织社会学的合法性逻辑与经济效率逻辑形成对话,展开中西方供应链网络治理模式选择问题的比较研究,构建中国本土的供应链网络治理模式选择理论模型。

本书采用"顺序性探究策略",应用理论分析、案例研究与实证研究相结合的方法,探究中国情境下供应链网络治理模式选择的前因条件与作用机制,分别为:第一部分是理论分析,在回顾并梳理供应链网络治理模式选择研究的现实情境与理论依据的基础上,基于社会嵌入理论、制度基础理论、制度逻辑理论等多理论视角,发掘了影响供应链网络治理模式选择的关键因素,构建了多元制度逻辑视角下供应链网络治理模式选择问题分析框架。第二部分是案例研究,采用探索性案例扎根研究方法,通过对实际供应链网络治理模式进行开放编码、主轴编码、模型构建、信息编码与效度检验,归纳并总结影响供应链网络治理模式选择的因素及其涉及的构念,以此建立供应链网络治理模式选择的概念模型,并提出初始研究命题。第三部分是实证研究,以多元制度逻辑理论分析供应链网络治理模式选择的影响因素及其作用路径,构建了供应链网络治理模式选择机制研究模型。在小样本预调查与大样本正式调研分析的基础上,检验了制度环境对供应链网络治理模式选择的作用机理、社会关系对供应链网络治理模式选择的作用机理、制度环境与社会关系对供应链网络治理模式选择的交互作用机理及产权性质、市场化进程对供应链网络治理模式选择过程中的权变作用机理。

本书不仅关注假设的证真或证伪，而且关注其背后隐藏的含义与逻辑，并尝试从中推导出探索性的研究结论。通过深入研究，本书得出以下四点具有理论价值的结论。第一，制度环境与社会关系是影响供应链网络治理模式选择的重要因素。突破以往研究过多关注于经济效益与效率问题，将研究视角转移到社会基础与制度基础的影响作用。研究表明，供应链网络成员企业所嵌入的强制制度及其拥有的商业关系与政治关系等结构性因素对供应链网络治理模式选择具有重要的影响作用，而其所嵌入的规范制度的影响作用不显著。该结论正是对西方理论与中国现实之间悖论的解释。第二，风险感知在制度环境与社会关系对供应链网络治理模式选择过程中具有路径传导作用。突破以往研究仅关注供应链网络协同效应问题，将研究视角前移到供应链网络治理模式选择机制的本源性问题，探寻影响供应链网络治理模式选择的重要因素及其路径传导机制。研究表明，关系风险感知在制度环境与社会关系对供应链网络治理模式选择过程中具有完全中介作用，而绩效风险感知在制度环境与社会关系对供应链网络治理模式选择过程中具有部分中介作用。该结论与交易成本理论形成对话，丰富了交易成本的概念内涵，可称之为嵌入性的交易成本解释。第三，制度环境与社会关系对供应链网络治理模式选择具有交互作用。突破以往研究采用的社会网络分析与制度分析方法，将供应链网络治理模式选择行为所嵌入的制度环境及其所拥有的社会关系纳入研究框架，深入研究政治逻辑与关系逻辑的二元逻辑视角下供应链网络治理模式选择机理。研究表明，制度环境对社会关系的影响具有制约作用，社会关系对制度环境的影响具有消解作用，制度环境与社会关系对供应链网络治理模式的选择具有交互作用。该结论证明了通过制度不断完善与成熟，可以降低政治关系的影响，并促进中国产业的网络化发展。第四，产权性质与市场化程度可以缓解社会关系对供应链网络治理模式选择影响作用。如前所述，社会关系是影响供应链网络治理模式选择的重要因素。供应链网络成员企业通过社会关系获取更多信息，弥补制度不确定性与市场不确定性引发的风险，同时抑制供应链网络内合作企业的机会主义行为对交易成本的影响。由此可见，商业关系与政治关系既是协助供应链网络成员企业屏蔽外部不确定性风险的"保护伞"，又是协助供应链网络成员企业掌控机会主义行为发生的"透视镜"。

综上，本书共分10章。第1章绪论；第2章供应链网络治理模式选择的理论解析；第3章供应链网络治理模式选择的探索性案例扎根研究；第4章供应链网络治理模式选择的理论模型构建；第5章供应链网络治理模式选择的数据收集与分析；第6章政府逻辑下供应链网络治理模式选择机制研究；第7章关系逻辑下供应链网络治理模式选择机制研究；第8章二元逻辑下供应链网络治理模式选择机制研究；第9章三元逻辑下供应链网络治理模式选择机制研究；第10章全书总结与展望。总体结构设计和内容安排由张敬负责，具体章节方面的资料整理、内容撰写与书稿校对工作由张敬、康凯合作完成。

　　本书在著作和出版过程中，得到了科学出版社的大力支持，在此表示诚挚的敬意和感谢。另外，本书得到了全国哲学社会科学规划办公室、河北省哲学社会科学规划办公室、河北省社会科学界联合会、河北省教育厅的大力支持，在此表示感谢。同时，本书借鉴和参考了大量文献资料，虽然力求将其在参考文献中一一列出，但不能排除个别疏忽导致的遗漏，在此特表歉意，并对本书所有借鉴和参考的资料所属的个人和单位表示真挚的感谢！

　　尽管我们恪守严谨、勤勉的研究者本分，但由于笔者学识有限且经验不足，书中难免有不足之处，敬请各位读者批评指正。

张　敬　康凯

2021 年 8 月

目　　录

第1章 绪　　论

经过三十多年的高速增长，我国经济已由高速增长阶段转向高质量发展阶段，正处在转变发展方式、优化经济结构、转换增长动力的攻坚期，而现代供应链正是我国加快建设制造强国的新增长点、新动能，是供给侧结构性改革的重要抓手，是企业参与激烈市场竞争的有效管理模式。作为企业间的制度安排，供应链网络治理是从宏观层面对供应链运营管理的制度安排。保障供应链网络治理产生正协同效应，其关键在于供应链网络治理模式的选择。全球供应链领先企业普遍采用网络治理模式，而中国企业仍热衷于一体化治理模式。中国企业为何反其道而行之？正是中国情境下供应链网络治理模式选择行为与西方理论相背离现象，激起了"中国式理论"研究的兴趣，本书力求更深层次地探究西方理论在中国现实的适应性。

1.1　中国现实与西方理论之悖论

随着工业社会向信息社会演变，网络联结时代的到来彻底改变了商界经营的面貌。传统的企业边界正在逐渐消失，组织范围不断扩宽，更高层组织形式的"供应链网络"正逐渐成为一种新型经济组织形态，并呈现出爆发性的增长趋势（Addo-Tenkorang et al.，2017）。供应链网络既不同于企业的科层机构，也不同于纯粹的市场机制，是处于企业与市场之间的"中间性组织形式"，是"看不见的手"与"看得见的手"的"握手"，是价格机制与权威机制的融合。供应链网络是一种适应知识社会、信息经济，并以网络联结为纽带、以创新为灵魂的组织形态（李维安，2003）。独立企业之间的竞争已转向不同供应链之间的竞争，市场份额的分割将在供应链网络之间定格，构建价值共创的供应链网络成为企业在激烈竞争中立于不败之地的重要途径。

供应链网络成员企业的个体理性及信息不对称，导致供应链运营过程中存在着集体理性与个体理性的冲突，难以实现帕累托最优（Gerwin，2004），甚至存在可以直接导致供应链网络成员企业之间的合作关系破裂的机会主义风险。供应链网络治理恰恰具有缓解机会主义风险的作用（威廉森，2001）。理论与实践已证明，高效的供应链网络治理能够提高区域经济的发展，催化创新，促进产品开发，加强网络范围的学习，实现绿色环保、全球化发展等（McWilliam et al.，2020；Nasr et al.，2015；Ojha et al.，2018；王长峰，2016）。供应链网络治理模式选择决策意味着供应链网络成员企业之间的控制水平与资源承诺水平（Ashenbaum，2018）。然而，中国企业并没有按照西方国家的经济效率逻辑进行供应链网络治理模式选择，基于分工协作的供应链网络正在逐步走向纵向一体化。什么原因驱使中国企业如此热衷于一体化经营？

基于理论思考发现，中国企业的供应链网络治理模式选择行为并没有遵循西方国家的经济效率逻辑，原因有二：第一，现实中的供应链网络并非存在于"真空"中，而是嵌入到社会大环境中（Granovetter，2007）。社会环境是组织与网络发展的关键决定因素，仅从单一视角透视其本质将无法实现全面理解（DiMaggio and Powell，1983；Hagedoorn，2006）。其根本原因在于，网络成员之间的经济行为除了经济交换外，还包含着丰富的社会互动元素，而这些元素恰恰无法进入经济学的研究视野。只有将分析视角拓展，将社会与行为变量共同纳入分析视野，才能更加全面、深刻地理解供应链网络的运行。第二，在西方国家，企业所考虑的是成本最小化与利益最大化，因此交易成本理论具有很强的解释力。然而，处于转型经济中的中国企业受到政治、规范与社会认知的约束，将不会仅以经济效率为目标进行战略选择。在制度不成熟的转型阶段，企业优先考虑的是生存而不是效率，合法性则成为一个更为关键的问题。当制度压力超过组织效率问题时，组织必须通过调整管控结构以应对压力、获得合法性，增加生存机会。因此，在转型经济体的研究中，制度理论比交易成本理论更具解释力。

由此可见，在比较完善的市场经济条件下，发达国家的供应链网络治理比较成熟，并形成了一定程度的动态均衡，因此在西方研究者的视野中，以成熟市场为基础的环境背景，社会关系与制度环境作为相对稳定的场景而"淡出"。然而，在发展中国家，供应链网络治理结构尚不合理、治理机制尚不健全（孙国强和石海瑞，2009）。因此，我国供应链网络的发展与西方发达国家相比仍存在较大的差距，这一研究议题对处于经济与制度双重转型期，注重社会关系的中国企业而言尤为重要。由于企业的产权特征与治理的特殊性，我国主要通过行政手段"捏合"和"拉郎配"式构建供应链网络（张维迎，2010），而不是通过市场机制的作用自发生成，有悖于供应链网络自身的生成机理和运行原则，使原本只属于资源配置范畴的企业合作问题，成为涉及经济、社会与政治多方面的管理问题。

本书试图运用组织社会学的合法性逻辑与源自西方发达国家的经济效率逻辑形成对话，具有重要的理论价值与现实意义。

1）完善供应链网络治理理论的需要

中国制度转型是循序渐进进行经济改革的结果，而非激进转型的产物，以中国这种独特的制度环境为情境因素，展开供应链网络治理模式选择研究，有助于进一步推进全球范围内方兴未艾的中国管理研究的进程。在中国情境下，将政府参与经济、社会关系等构念纳入供应链网络治理模式选择分析框架并验证其重要作用，弥补了已有研究过分关注于经济效益与效率而忽视制度基础与社会基础影响作用的缺陷，不仅有助于深化社会网络与制度环境视角下的供应链网络治理研究成果，而且检验了西方理论对我国供应链网络治理模式选择的适用性，解决了西方理论在中国特殊情境下的"水土不服"问题，有助于启发东西方制度文化背景下的比较研究。

2）经济社会持续发展的需要

作为新兴经济组织形态，供应链网络治理问题对经济社会可持续发展产生重要影响。不同供应链网络的成功与失败、优势与劣势、风险与绩效要求从治理的角度进行供应链网络治理中存在的问题与冲突的思考，特别是面对负面效应及高失败率，中国企业迫切需要建立适应性的治理模式以减少运作风险。中国情境下的治理模式适应性研究，不仅有助于中国企业在合作竞争中实施有效的治理，通过资源再配置来降低风险成本，并提高竞争优势，而且能有效地推动中国企业网络组织的有效运作，为企业自身的可持续发展提供科学依据与理论参考。

3）国家政策制定工作的需要

从整个产业角度考虑，供应链网络治理模式选择会影响整个产业结构，从而影响整个产业组织的演化趋势。对于地方政府而言，合理地引导当地产业的网络化发展，可以带动本地产业结构调整与升级，最终达到区域经济可持续发展的目的。基于中国特殊情境的供应链网络治理不仅有助于改善中国产业所嵌入的宏观社会经济环境，加强供应链网络内部制度安排，而且可以为提升中国产业网络化发展，以及获得可持续发展的竞争优势提供实践指导与政策建议。

1.2　供应链网络治理模式的内涵

1.2.1　供应链网络的内涵界定

1. 供应链网络的概念

网络组织作为一种独特的组织形态，需要像 Mintzberg（1979）区分不同的组织形式一样，区分不同的网络组织形式。企业集团、战略联盟、产业集群与供应链网络等不同类型的网络组织形式的运作机理不同、依赖的交易环境与制度环境不同，不同网络组织治理机制的有效性有所差异，从而形成了不同的治理模式（Jones et al.，1997）。因此，围绕中国情境下供应链网络失败率较高的现实问题，将研究对象明确界定为"供应链网络"，并对"供应链网络"的概念进行界定。

（1）网络（network）："网络"概念起源于 20 世纪 60 年代，网络被描述为纤维线、金属线或其他类似物联结而成的"网"的结构。网络这个概念正成为管理领域最热门的概念之一，处于主导地位的组织模式与研究范式经历了"组织—关系—网络"的发展历程（Parkhe et al.，2006）。网络是节点及节点间联结的集合，根据不同的节点与联结可辨别出不同的网络组织（Brass et al.，2004）。在社会学研究中，强调摈弃对行为主体"属性"的重视，而着重考察行为主体之间的"关系"，并将网络定义为具有一定资源的行动主体及其关系所构成的结构（Kilduff et al.，2011）。在比较制度研究领域，网络被视为基于市场治理与科层治理之间的混合体制，体现合作或联盟关系。

（2）供应链："供应链"概念源于著名的管理学大师彼得·德鲁克提出的"经济链"，之后迈克尔·波特在研究企业竞争优势过程中将其发展为"价值链"，最终演变为供应商、制造商、分销商与零售商所构成的"供应链"。供应链是指从原材料供应直至产品（或服务）送达最终客户的整个过程。供应链分析与产业链分析类似，但产业链分析以生产商为中心，而供应链分析则注重满足顾客并创造整条供应链价值最大化，重塑企业间关系，形成围绕互补资源和能力联盟的虚拟一体化形态的供应链网络。

（3）供需网络（supply-demand network）：从组成环节角度，供应链是围绕某产品或服务的需求链，包括满足顾客需求的直接或间接链环，如原材料（或零部件）供应商、生产商、分销商、零售商与顾客。从环节的参与者角度，上游关联企业视为供方，则自身为需方；下游关联企业为需方，则自身为供方（Cheng and Wu，2006）。因此，构成了环环联结的供需网络。

（4）网络组织（network organization）：组织的网络化演进经历了"从组织网络（network of organizations）、网络化组织（networked organization）、组织间网络（networking organization）到网络组织"的发展之路。学者对网络组织的称谓各异，主要有网格组织（cellular organization）、中间性组织（intermediate organization）、虚拟公司（virtual corporation）、有机网络（organic network）、混合安排（hybrid arrangement）、增值伙伴（value-adding partnership）、跨组织结构（inter-organizational configurations）、联盟资本主义（alliance capitalism）、企业集团（business groups）、社会网络（social networks）、组织的网络形式（network forms of organization）等。网络组织这一术语较好地刻画出新型组织的基本特征，即"网络形态"的"组织"。网络组织是目标导向的，以有形或无形活动规则建立起来的相互依赖、维持长久关系的方式，是介于市场与层级组织之间的中间性组织（Powell et al.，2005）。

鉴于以上相关概念，将"供应链网络"定义为：由具有自主决策能力与互补资源的业务单位或企业作为网络节点，通过供需关系链构成的具有虚拟一体化形态的纵向型网络组织。

2. 供应链网络的特征

通过供应链网络运营过程分析，可发现供应链网络的三大特征：一是供应链网络是企业间合作的新型经济组织形态。供应链网络的运作模式具有典型的委托代理特征，既没有有效的市场运作规范，也没有行政隶属关系，缺乏严格的约束，更容易产生机会主义行为。二是供应链网络成员企业之间是相互独立的利益个体，共同参与供应链网络交易活动，但个体理性与集体理性的冲突，即供应链网络成员企业行为与供应链网络整体目标冲突，导致难以实现帕累托最优。三是不同于简单的市场交易，供应链网络参与企业之间通过资金、技术、信息与人员等方面的合作实现资源互补与能力互补，产生整体协同效应，创造大于单纯市场交易的收益。然而，由于信息不对称，供应链网络参与企业基于风险的考虑投入有限资产以防"套牢"风险，进而影响供应链网络的总体收益。

3. 供应链网络的研究层面

根据研究对象的界定，供应链网络的分析层次高于企业组织的复杂系统，按照系统层次性原理，供应链网络具有四个分析层面：单个企业层面（actor level），以相对的行动主体为分析单元；二元关系层面（dyadic level），以双边关系为分析单元；局部网络层面（part network level），以涵盖核心企业及其前后端毗邻企业所组成的局部网络为分析单元，即以核心企业为中心的自我网络（ego-network）为分析单元；整体网络层面（whole network level），以考察整个网络特性的整体网络（global network）为分析单元，如图 1-1 所示，分析层次由低到高逐渐上升。

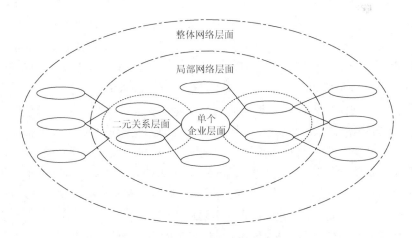

图 1-1　供应链网络的四个分析层面

目前的研究大多是基于关系层面变量的网络分析，其理论概念为交易成本理论、资源依赖理论等，虽然使用了网络的观点，但大多数关注的是关系层面上的交易，而不是网络的整体结构。作为网络层面分析的起点，将二元关系作为基本分析单元，由于研究层次上的限制，忽视了更大结构的背景，无法全面而深入地理解网络组织的本质特征。只有将二元关系向网络方向扩展，将研究视角从"关系嵌入"（relational embeddedness）向"结构嵌入"（structural embeddedness）进行转换，通过网络分析才能完全地解释网络组织的复杂性。当前国际上兴起的将行动主体（网络节点）的个性特征融入网络结构分析的个体属性与结构特性相结合的研究（Kilduff and Brass，2010），证实了跨层次考察的必要性和重要性。

本书将探讨供应链网络治理模式选择问题，重点考察供需网络生产链环上两个企业间的双边关系治理，并兼顾其他层面，即供应链网络的结构特征与网络关系中各行动主体的特征。

1.2.2　供应链网络治理的内涵界定

1. 供应链网络治理的概念

供应链网络是具有松散结构特征的开放性网络组织形式且供应链网络成员企业的决策者是有限理性的，无法完全预期供应链网络运营过程中的不确定性。当供应链网络参与企业之间产生目标冲突或出现机会主义行为时，参与企业将遭受利益侵害并承担交易风险，从而影响了供应链网络的整体稳定性（Provan et al.，2007）。传统的供应链网络管理可以保证供应链网络的有序运作，实现集约资源与降低成本的目的，但难以有效地缓解供应链网络的脆弱性（李维安等，2016）。因此，政界、学术界与实务界引入"治理"的理念，通过供应链网络运营与管理过程的制度安排实现合作共赢与价值共创，并实现供应链网络成员企业之间的利益冲突协调，保证供应链网络稳定而高效运行。可见，有必要结合供应链网络的基本特征，从系统角度出发界定"供应链网络治理"的基本概念。

目前，针对供应链网络治理的研究大多是从交易成本理论、资源依赖理论与信任理论等理论视角展开。基于不同的研究目的，供应链网络治理的概念界定不尽相同，可将其分为三类：一是将供应链网络治理视为供应链网络管理战略下的潜在理论，是管理的分支之一，如 Richey 等（2010）定义供应链网络治理为供应链内外部资源整合边界与前提条件的管理；二是将供应链网络治理等同治理结构，如 Gereffi 等（2005）以全球价值链为研究对象，以市场交易的复杂程度、交易的可标准化能力和供应商能力为标准，将全球价值链中的治理模式划分为市场型（market）、模块型（modular）、关系型（relational）、俘获型（captive）和层级型

（hierarchy）五种类型，其中市场型和层级型分别处于价值链中行为主体之间协调能力的最低端和最高端；三是将供应链网络治理视为供应链网络维护与协调的机制，如 Farndale 等（2010）定义供应链网络治理为应对供应链网络潜在风险的机制，并将其划分为正式治理机制（市场与层级）与非正式治理机制（规范、信任与信息共享）。以上定义是学者基于研究背景与研究目的对供应链网络治理进行的定义，但无论基于治理结构视角还是基于治理机制视角的供应链网络治理内涵界定，都存在片面性，难以系统地表达供应链网络治理的真正内涵。因此，需要从上述供应链网络的特征及供应链网络治理的目的两大角度对供应链网络治理的内涵进行解构。

（1）治理（governance）：治理的原意是指控制、引导和操纵的行动或方式。20 世纪 90 年代以来，治理广泛用于政治和社会经济管理的各个领域，被西方经济学家和政治学家赋予新的含义，全球治理、公共治理、区域治理、城市治理、公司治理等概念层出不穷，成为各学科交叉研究的汇集点。1995 年，全球治理委员会（Commission on Global Governance）在联合国成立 50 周年之际将治理界定为各种公共或者私人机构得以协调并采取联合行动的过程。从某种意义上说，治理是通过合作、协商、伙伴关系确认、确定共同目标实现对共同事务的管理，强调上下互动的管理模式。Rhodes（1997）认为治理意味着"统治"的终结，意味着完全不同于统治管理的形式的出现，并指出了治理存在的六种形式，如表 1-1 所示。Pierre（2000）发展了 Rhodes 的研究，从七个方面总结治理的不同含义，认为治理分为作为公司治理的治理（governance as corporate governance）、作为新公共管理的治理（governance as new public management）、作为善治的治理（governance as good governance）、作为国际相互依赖的治理（governance as international interdependence）、作为社会—自动系统的治理（governance as socio-cybernetic system）、作为新政治经济的治理（governance as the new political economy）与作为网络的治理（governance as network）。

表 1-1　六种治理形式

治理形式	治理内容
国家层面的治理	协调社会各个层面和组织的利益，通过协商机制管理社会公共事务
公司层面的治理	建立科学合理公司制度，有效保护股东利益，实现企业利润最大化和利润有效合理分配
公共管理中的治理	强调吸纳第三部门和非政府组织参与公共事务决策，重视社会力量在公共管理中的地位和作用
善治的治理	建立高效、法治的公共服务体系，并建立公平效率评价标准与评价体系
社会控制体系的治理	政府与社会、公共部门与私人部门之间建立科学合理的互动机制，并以此维持社会和谐与平衡
自组织网络的治理	以信任、协调和互惠互利为基础，建立与外部环境相适应，并具备开放性和演化特征的协调网络

资料来源：根据 Rhodes（1997）整理

（2）网络治理（network governance）：治理一词通过"公司治理"概念进入管理科学的研究视野，公司治理模式源起于"股东至上"逻辑指引下的单边治理，围绕单层的委托—代理关系建立治理结构。随着现代公司制度的发展，这种单边治理模式逐渐让位于建立在利益相关者平等基础上的共同治理模式，不再局限于追求股东利益最大化。然而，无论是单边治理还是共同治理，其核心内涵是以单个企业组织为中心的治理，仍属于科层治理的范畴（彭正银，2009）。网络治理的两条路线：利用网络进行公司治理，即网络作为公司治理的工具；对网络组织进行治理，即网络组织作为治理行为的对象（李维安，2003）。在实践中，网络组织的大量涌现，诸多研究成果验证了网络组织不是企业与市场的简单糅合，其具有普遍性，其组织形态具有独立性。同时，网络组织中的个体或群体之间的关系形成社会网络（social network），通过嵌入方式对个体或群体进行非正式控制（Granovetter，2007），成为网络组织的基础网络。因此，网络组织具有明显的普遍性、独立性与社会性特征，导致形成一种明显不同于传统的科层与市场的治理形式，治理环境的变化使治理任务所依赖的路径发生改变，治理问题的讨论自然从科层组织治理向网络组织治理拓展，引发治理形式的渐变，形成了一种新的治理形式——网络治理（Brass et al.，2004）。学者虽然根据不同的研究视角与研究目的，对网络治理模式进行了多种多样的定义（附表 1-1），但网络治理概念性定义日趋收敛和一致，它们的定义有着相似的内涵，即"网络组织"中的组织间"关系"可以通过网络结构（Coleman，1994）、声誉与信任（Alter and Hage，1993）、规范与规则（Kogut and Zander，1993）、合作关系的边界控制（Dekker et al.，2019）等机制对组织间的"关系"进行管理与控制，并将网络治理视为一种合作机制，是一种目标导向的制度性安排。网络治理的目标导向表明参与者仅对网络层次的目标负有责任，对治理规则和程序的遵循都是自愿的，而非利益或权力使然。

（3）供应链网络治理（supplychain network governance）：供应链网络是一种介于市场与层级之间的组织形态，它不仅扩展了企业的生存空间和发展环境，而且对企业的信息交流形式、资源配置方式和获取竞争优势的方式产生结构性影响。然而，现实中其失败率高达 50%～70%。在个体层面，不同企业利用网络组织形式时存在显著的绩效差异；在整体层面，网络组织相对于科层与纯市场的优势是潜在的，并非"想当然"地实现。供应链网络治理是供需网络中环节之间所形成的组织关系或制度安排[①]，无论采用哪种治理结构，均包括五个要素：治理主体（主导企业）、治理客体（供应商）、治理目标、治理机制与治理模式。不同的网络组织所依赖的四维交易环境的状态不同，导致网络治理机制的作用机理与治理目标

---

① 网络组织治理亦称为网络治理，很多学者习惯称之为关系治理，认为其从组织结构角度通常称之为网络治理，从治理手段角度通常称之为关系治理。

的实现路径具有差异性。不同的网络组织所嵌入的社会基础不同，使得网络治理机制的有效性存在差异，从而形成了不同的治理模式。

鉴于此，将"供应链网络治理"定义为：供应链网络中的参与者通过经济合约的联结与社会结构的嵌入，以制度设计与安排为核心的合作关系安排。

2. 供应链网络治理与供应链网络管理的区别

供应链网络治理与供应链网络管理仅是一字之差，为了更准确、深入地探究供应链网络治理的本质，有必要对供应链网络治理与供应链网络管理进行辨析，以免在不同情境应用中产生混淆。

"治理"概念源自社会公共治理领域，社会公共事业体现了从"管理"到"治理"的思想变迁。习近平特别强调民主、合作与协调的治理属性，提出"系统治理、依法治理、源头治理、综合施策"[①]。在传统科层组织中，管理强调对权力的控制性应用，而治理强调在竞合关系中合作、协调、实现利益均衡。供应链网络管理是为了保证供应链网络有序运作，实现供应链网络成员企业的经营目标，实现供应链网络总体绩效，实现集约资源与降低成本而设计的运营策略。供应链网络治理是针对供应链网络运营过程中机会主义行为泛滥现象，在供应链网络内部与外部建立良性的资源分配与利益协调机制。供应链网络治理不仅是供应链网络内部的资源配置与协调的制度安排，而且是供应链网络运营外部环境的监督与制约（李维安等，2016）。可见，供应链网络管理与供应链网络治理是两个不同的体系，其主要区别如表 1-2 所示。

表 1-2　供应链网络治理与供应链网络管理的区别

视角	供应链网络治理	供应链网络管理
研究立场	组织效能	经济绩效
逻辑起点	治理环境	业务流程
研究目标	关系协调	目标实现
研究主体	供应链网络内外的利益相关者	供应链网络参与企业
基本问题	协调、配置	计划、组织、领导、控制

资料来源：李维安等（2016）

从研究立场来看，供应链网络治理主要从组织稳定的立场出发，通过协调供应链系统内各种冲突的目标，实现整个系统的组织效能。不同于供应链网络治理，

---

① 《习近平总书记创新社会治理的新理念新思想》，http://theory.people.com.cn/n1/2017/0817/c83859-29476974.html[2021-08-13]。

供应链管理主要立足于供应链网络成员企业的经济立场，思考如何提高供应链的经济绩效。

从逻辑起点来看，供应链网络治理以治理环境为起点。治理环境的改变使治理任务所依赖的路径发生改变，从而引发治理形式的改变。而供应链网络管理以供应链网络成员企业的业务流程为起点，针对采购、生产、配送等不同的业务流程采取相应的管理措施。

从研究目标来看，供应链网络治理和管理的直接目的不同。供应链网络治理的基本目标是协调供应链网络成员的合作伙伴关系，抑制成员合作中的机会主义行为。供应链网络管理的目标是降低企业经营成本，提高企业经营收益，即为了实现企业的经营目标。虽然供应链网络管理在集约资源、降低成本等方面存在一定优势，但实践中机会主义泛滥，合作关系不稳定经常会导致供应链网络管理应有优势难以发挥。这就需要实施供应链网络治理来为供应链网络管理创造一个适宜的环境。

从研究主体来看，供应链网络治理的研究主体不仅包括供应链网络的核心企业及其他成员企业，也涉及供应链网络外的利益相关者，如政府、社区、行业协会、竞争者及其他利益团体。而供应链网络管理侧重于核心企业对于其他供应链网络成员实施的管理行为。

从基本问题来看，供应链网络治理的核心问题是通过治理结构的选择和治理机制的设计，确保在供应链网络内外部建立良性的资源配置和利益协调机制。而供应链网络管理的核心问题是针对供应链网络内部的各运营环节（如采购、制造、分销、配送、退货等），探讨如何实施计划、组织、领导、控制等一系列运营策略。

1.2.3　供应链网络治理模式选择的问题界定

供应链网络治理模式的研究根植于企业边界，随着中间性组织形式的出现，供应链网络组织治理模式选择问题引起学术界的关注。Ouchi（1980）从规模经济、资产特点和技术应用及合同关系适宜性等方面综合考虑来决定在市场购买与企业自制两种治理模式中进行选择的问题。后来学者将其直接称为企业边界决策问题，将供应链网络治理视为供应链管理的理论分支，供应链网络治理被定义为供应链网络内部运营的前提条件与内外部整合资源的效率边界（杨瑞龙和冯健，2003）。Williamson（1981）提出以资产专用性为标准的市场治理模式与企业治理模式的分界点，所有资产专用性大于该分界点的交易选择一体化治理模式，反之采用市场化治理模式。其中，一体化治理模式也称为高控制治理模式，是具有内部交易所有权和决策权的组织模式，是能够控制、激励与监督企业管理者行为的高效治理模式。市场化治理模式也称为低控制治理模式，当外购零件的交易成本低于内部生产成本时，市场化治理模式可替代一体化治理模式以实现经济效益最大化。Williamson（1985）提出中间性组织的概念，并通过不同治理模式之间的多维度特征比较，认为相对于市场化治理模式与一体化治理模式，杂合治理模式具有中等程度的控制力与适应力。当控制程度发生变化时，最优治理模式沿着曲线发生移动，不同控制程度的治理模式所产生的治理成本差异显著。供应链网络成员企业通过治理成本的权衡做出治理模式选择的决策。学者认为供应链网络治理具有丰富的内涵，本书将供应链网络治理模式的内涵界定为：供应链网络成员企业之间通过经济合约的联结与社会结构的嵌入所形成的具有不同协调能力的制度安排。

1.3 供应链网络治理研究现状

随着经济模式的不断演变，企业所面临的市场环境逐渐由制造商主导的、简单的、静态的市场环境转化为以顾客为导向、复杂的、动态的市场环境。独特的市场特征与运行规则推动了企业间相互依赖关系的转变，由简单的独立共生或相互竞争转变为复杂的合作关系。网络组织作为配置资源与交易的一种方式，是介于层级组织与市场之间的中间性组织形式。学者从不同视角对网络组织的概念表述（Dunning and Kim，2007）、立论基础（Brass et al.，2004）、形成动机（Safford，2009）、管理方式（Gulati and Singh，1998）、创新模式（Yan and Azadegan，2017）与学习机制（Ojha et al.，2016）等方面进行了深入的研究，并取得了众多研究成果。

然而，由于网络组织的复杂性，对网络组织的形成动因、性质、稳定性等问题的研究无法有效地解释网络组织发展的成功或不成功的案例。正是理论研究的缓慢与缺乏，才导致网络组织实施过程中面临的种种问题无法解决（Provan et al.，2007）。现实挑战在于供应链网络运作过程中存在一个重要问题：集体理性与个体理性的冲突，可能导致难以实现帕累托最优。保障网络组织协同效应的产生，一个不可回避的问题是网络组织治理模式选择问题（孙国强和石海瑞，2009）。治理模式是组织间合作研究的重要议题，影响着合作关系的各个方面，包括运营过程、控制机制甚至伙伴的选择等（Das and Teng，1998；Varoutsa and Scapens，2015）。随着新型经济组织形态不断涌现，其治理模式将更加复杂，如何选择合适的治理模式成为研究热点，选择恰当的治理模式有助于协调伙伴间不完全一致的利益追求，保证其平稳运行、创造价值（如市场准入、分担投资、分散风险、规模效应、协调效应等），提升企业的竞争能力。

　　"选择决策"是遍布组织运作过程中，并贯穿于管理过程始终的管理者与行动者的主要活动，经济学、管理学、社会学与制度学等不同研究领域的学者对供应链网络治理模式选择的认识具有截然不同的视野，其主要理论脉络可以简述为：新制度经济学家 Williamson（1979）吸收了组织理论学家 Simon（1955）关于有限理性的认知假设与自利性的行为假设，他认为由于合同的不完备性与当事人的机会主义风险，需要设计合适的治理模式规范各种交易行为。因此，他以"交易"为分析单元，提出了基于交易成本比较的治理模式选择，认为管理者治理机制决策是在最大节约原则下进行网络组织设计模式理性的比较和选择的结果。Williamson（1996）认为因为拒斥着 Simon 的满意化决策准则而代之以最大节约的理性观，才保持着经济学与组织理论有着很大分野的研究思路。Granovetter（1985）评价 Williamson 的交易成本理论过于强调经济理性，而对社会性因素考虑不足，提出要直面经济理性逻辑所回避的社会关系问题，并将分析单元转向为"关系"，扩展了交易特征与治理结构维度的观察视野。Roberts 和 Greenwood（1997）基于制度约束与经济理性的组织治理模式选择的研究弥补了 Williamson 理论的欠缺，该研究成果不仅站在组织层面考虑问题，而且引入了经济学角度以外的认知、社会、政治、法律等角度来重新审视治理模式选择问题。Nee 和 Ingram（2002）则认为关系网络是不断发展的社会互动，必须具有社会过程的动力，需要将制度约束与嵌入相结合，制度嵌入与关系嵌入相互补充，社会关系与社会制度共同影响企业的战略选择行为。制度嵌入与关系嵌入实际上均指社会结构对行为的约束，制度嵌入侧重于宏观结构，属于宏观的经济社会层面，而关系嵌入侧重于微观结构，属于微观的人际关系及人际关系网络层面。

　　为了全面了解供应链网络治理模式的研究现状，利用学术资源数据库，分别以网络治理（network governance）、网络组织治理（network organization governance）、关系治理（relational governance）为关键词检索，以期清晰把握学术界对供应链网络治理问题的研究现状。首先，通过检索过程中的略读筛选，共获得英文文献3317 篇；其次，通过摘要阅读进行文献筛选（剔除公司治理、公共治理、国家治理与社会治理研究等领域文献 2289 篇），获得领域内文献 1028 篇；最后，通过全文阅读，最终选取相关文献 500 余篇，并进行了整理、分类与综述。

　　按照时间分布来看，自 1979 年 Williamson 发表"Transaction-Cost Economics: the Governance of Contractual Relations"一文，并提出关系治理后，网络治理研究成为学术界的焦点，并逐渐由经济学领域拓展到管理学、社会学等众多研究领域，1985 年 Granovetter 发表"Economic Action and Social Structure: the Problem of Embeddedness"一文，提出并发展了嵌入性理论，为网络治理研究再次掀起高潮。相对而言，国内学者的研究比较滞后，相关文献集中于 2000 年以后且仍集中于经济学领域的网络治理问题研究。

按照理论基础来看,主要集中在交易成本理论、资源基础理论、社会嵌入理论与制度基础理论,并且部分学者认为社会嵌入理论与制度基础理论更加适合于转型经济体与新兴经济体,但现有研究成果大多基于社会网络分析与制度分析方法(Meyer and Peng,2005)。

按照研究对象来看,作为转型经济体的中国与西方发达国家相比,在制度环境的复杂性与动态性上存在显著的差异,而绝大多数的研究成果是以发达国家的供应链网络为对象展开研究,针对中国情境下的供应链网络治理研究比较匮乏。由于历史与制度遗留问题,中国经济特征不同于西方经济与管理理论,而中国管理实践对西方管理理论的"水土不服"可以通过新兴经济情境的研究得到弥补(邹国庆和倪昌红,2010)。

按照研究视角来看,具有说服力的研究不仅要考察特定治理模式选用的前因(影响因素),还要考察其后果(绩效、效能),同时不能忽视中介变量、调节变量与控制变量的作用(Gulati et al.,2005)。通过文献分类整理发现,"前因变量"主要从经济学、管理学、社会学与制度学领域展开治理模式选择的影响因素研究;"后果变量"主要分析不同治理模式对组织、供应链网络影响效果的差异;"第三变量"主要集中于环境动态性、环境不确定性、市场不确定性、任务复杂性与任务相依性等。然而,理论与理论之间、理论与数据之间尚未形成相互补充、相互支撑的研究模式。为数不多的实证研究,存在明显的变量之间影响作用的传导路径分析不足问题,主要体现在大多假说仅讨论简单的两个变量间的直接影响关系,对于同等重要的、不可忽略的中介作用、调节作用尚未纳入研究框架,从而降低了研究的精细化程度与可靠性水平。

按照研究内容来看,目前的研究热点仍为供应链网络的关系特征、构成要素、潜在的风险与机制,而对供应链网络治理等深层问题的研究明显缺乏,企业更为关心的治理机制及运行效果等内容有待深入研究。其中,治理模式选择问题研究主要沿三个方向发展:一是众多学者从组织变革的实践角度,依从交易成本理论,在三重维度基础上具体研究单个供应链网络形式的治理;二是在四重维度上探讨网络治理的理论框架,如 Jones 和 Qian(1997)通过引入任务复杂性、状态不确定性、资产专用性、交易频率构建出四重维度,但其研究偏重社会学,以社会机制来替代供应链网络的治理机制的研究存在着明显的不足;三是供应链网络治理研究的焦点逐渐转向组织间的社会关系,强调企业的战略行为受到嵌入的社会环境的影响,认为经济交易并非发生在匿名市场之中,通常是嵌入于社会关系之中,包括以 Granovetter 为代表的新经济社会学派(Granovetter,1985,2007)及 Uzzi 为代表的组织行为学派(Uzzi,1996,1997)。

按照研究方法来看,理论基础相对欠缺,内容广度与深度具有局限性,研究方法比较单一。虽然供应链网络治理模式选择问题备受理论界和企业界的关注,但长期以来相关研究仍然主要停留在概念发展与理论建构阶段，实证研究主要以案例为主，少量研究开始探讨供应链网络治理模式的影响因素及其作用机制，但仍缺乏丰富的经验数据与现实数据为支撑的研究成果，需要进一步拓展和深化。

按照研究结论来看，以往治理模式选择问题的研究主要集中在管理学与经济学领域，但现有分散研究存在结论不一致，甚至出现相互矛盾的现象，其主要原因在于：第一，理论研究视角存在差异，在治理模式选择研究中，资源基础理论的切入点是获取并使用资源，而交易成本理论的出发点则是节约交易成本，并防范机会主义行为；第二，研究变量界定过于抽象，即使在同一理论分析框架下，对同一研究变量选用不同的细分指标进行刻画，治理模式选择结论仍存在不一致现象。

作为一种战略选择，尽管经济学界与管理学界努力对其原理与机制进行探索性研究，同时资源基础理论、交易成本经济学等主流经济管理理论对供应链网络的形成及治理问题进行了阐述，但由于研究视角有限，研究体系的完备性具有较大不足，总体而言尚属于初步的探索性阶段。大多数学者一致认为尚不存在具有普适性的治理理论，治理模式选择问题的研究对象、研究层次和研究内容将视研究目标而定。

鉴于此，针对中国情境下的供应链网络治理模式选择问题，以资源基础理论、交易成本理论、社会嵌入理论与制度基础理论为基础，基于嵌入视角对治理模式选择机制展开理论与实证研究，并借助大规模的实证调研数据，对研究假设进行验证，力图为供应链网络治理模式选择研究提供新的分析视角，并探究该视角下治理模式的选择机制，弥补现有理论研究的缺失。

1.4　主要内容与章节安排

1.4.1　主要内容

根植于"现实"与"变化"，从嵌入视角出发，将治理模式选择这一经济行为嵌入经济、社会关系及制度环境等结构性因素，并将社会关系与制度环境纳入供应链网络治理模式选择分析框架，侧重于发现不同社会网络、不同制度环境对供应链网络治理模式的"形塑"作用。围绕着核心问题"中国情境下供应链网络的嵌入性如何影响治理模式选择"，通过理论研究明晰制度环境与社会关系对治理模式选择行为的影响机制，并通过定量与定性实证研究逐层打开中国情境下现实与理论的悖论黑箱（black-box），充实网络治理理论，并提出促进中国产业网络化发展的政策建议。

本书的逻辑框架可以概括为：将供应链网络治理模式选择过程中需要考虑的各种问题作为"情境变量"（contextual dimensions），并将其转化为"内生因素"（endogenous variables），分析情境因素与供应链网络治理模式各维"结构变量"（structural dimensions）的关联关系与影响机理。鉴于此，运用社会嵌入理论与制度基础理论等理论知识，以处于中国特殊关系社会、政府参与经济的情境中的供应链网络为研究对象，采用逻辑理论研究与定性、定量实证研究相结合的方法，探寻影响供应链网络治理模式选择的重要因素及其路径传导机制。

1.4.2 技术路线

科学研究的基本目的在于探索、描述与解释，而研究设计是研究的基本框架，本质上是研究问题与所采纳理论之间关系的外化，即研究者要判断他们需要观察什么、分析什么、为什么及如何进行（纽曼，2007）。经过逐层梳理确定研究对象为供应链网络治理模式，分析单元为供应链网络中的二元关系，时间维度为横截面数据，研究方法为顺序性探究策略（sequential exploratory strategy）。

在研究方法上，现有研究仅限于理论分析与实证研究，本书运用开拓性的综合应用理论研究、定性实证研究与定量实证研究等研究方法，展开基于嵌入视角的供应链网络治理模式选择机制研究。

1. 理论研究

理论研究在供应链网络治理模式选择研究中起到重要的基础作用，这种方法的目标不在于求解变量之间的数量关系，而是构造各种因素之间的逻辑关系，从而为研究问题提供管理原则和分析框架。本书梳理了国内外对于供应链网络治理模式及其选择的相关研究和实践成果，融合资源基础理论、交易成本理论、社会嵌入理论与制度基础理论等研究视角，在此基础上构建了中国情境下供应链网络治理模式选择的多层级分析框架。

2. 实证研究

供应链网络治理模式选择问题涉及的理论较为复杂，概念模型中包含数量较多的研究变量且多为不可直接观测的潜变量，可分别采用定性实证研究与定量实证研究方法。

（1）定性实证研究：定性研究作为理论与文献匮乏的领域进行理论构建工作的有效方法，成为必要且适宜的研究工具（徐淑英和刘忠明，2004）。探索性案例研究的目标正是澄清和提炼概念，而扎根理论强调研究者深入情境中发现问题、提炼概念与构建理论，是具有情景敏感性的研究方法。因此，探索性案例扎根研究是在中国情境下创建新理论的最佳选择。鉴于此，采用探索性案例扎根研究方法，通过对实际供应链网络治理模式的探索，梳理供应链网络治理模式选择过程，归纳其涉及的构念，从而构建具有价值的研究模型，提出初始研究命题，作为定量实证研究假设提出及演绎分析的基础。

（2）定量实证研究：基于嵌入视角，通过"制度环境→风险感知→治理模式"、"社会关系→风险感知→治理模式"、"制度环境/社会关系→风险感知→治理模式"与"市场环境/制度环境/社会关系→风险感知→治理模式"四条逻辑线索，验证中国情境下供应链网络治理模式选择的政府逻辑、关系逻辑、二元逻辑与三元逻辑等机理，从而明晰供应链网络治理模式选择机制，深化对研究问题的思考。首先，将待验证问题中的各概念转变为可操作的变量，形成调查问卷；其次，应用专门用于处理多变量间关系的结构方程模型方法探讨潜变量之间的因果与中介影响关系；最后，应用回归分析方法探讨变量间的交互影响关系。

1.4.3　章节安排

本书共分为 10 章，各章内容安排如下。

第 1 章　阐明研究背景，提出研究问题，概述国内外研究现状，确定主要内容和研究方法，并简要介绍本书的框架体系。

第 2 章　回顾并梳理与现有研究成果之间的理论继承、完善与拓展关系。首先，阐述供应链网络治理模式选择研究的理论情境与理论基础的选择依据；其次，基于多理论视角发掘影响治理模式选择的关键因素；最后，构建影响因素作用路径的多层级分析框架，为后续的探索性案例扎根研究奠定基础。

第 3 章　采用探索性案例扎根研究方法，探究中国情境下供应链网络治理模式的选择机制，属于中国情境的管理理论建构研究。通过对实际供应链网络治理模式的探索，归纳影响治理模式选择的因素及其涉及的构念，以此建立供应链网络治理模式选择的概念模型，并提出初始研究命题。

第 4 章　基于嵌入视角深度剖析中国的制度基础与社会基础对供应链网络的治理模式选择问题。首先，分析供应链网络治理模式选择的影响因素与关系，构建研究模型；其次，阐明相关构念的概念与结构；最后，根据构念之间的关系研究提出变量关系假设。

第 5 章　根据实证研究设计流程，进行问卷设计、数据收集与数据分析。首先，分别选定自变量、因变量、中介变量、调节变量与控制变量的相应量表，并完成初始问卷设计；其次，简要介绍数据分析方法，包括因子结构分析、结构方程模型分析、中介作用检验与交互作用检验等方法；再次，开展预调查工作，并对预调查样本数据进行质量检验，包括样本特征、量表特征、量表项目与因子结构分析，以形成正式问卷；最后，开展正式问卷发放与正式调查样本数据收集工作，并对正式调研样本数据进行质量评价，包括样本特征、量表特征、因子结构、量表信度、量表效度与关联关系分析。此外，还需要检验不同水平的控制变量的差异性及显著性，确定各控制变量对治理模式选择的影响效应。

第 6 章 根据定量实证研究设计的基本流程，采用结构方程模型的路径分析方法分别检验：制度环境对供应链网络成员企业治理模式的直接影响作用；制度环境对供应链网络成员企业风险感知的直接影响作用；风险感知对供应链网络成员企业治理模式选择的直接影响作用；风险感知在制度环境与供应链网络治理模式选择之间的路径传导作用。

第 7 章 根据定量实证研究设计的基本流程，采用结构方程模型的路径分析方法分别检验：社会关系对供应链网络成员企业治理模式选择的直接影响作用；社会关系对供应链网络成员企业风险感知的直接影响作用；风险感知对供应链网络成员企业治理模式的直接影响作用；风险感知在社会关系与供应链网络治理模式选择之间的路径传导作用。

第 8 章 根据定量实证研究设计的基本流程，采用结构方程模型的路径分析方法检验制度环境对社会关系的影响作用，采用回归分析方法分别检验商业关系、政治关系与制度环境对供应链网络治理模式的交互作用。

第 9 章 根据定量实证研究设计的基本流程，采用层次回归分析方法检验社会关系、产权性质与市场化进程对供应链网络治理模式的交互作用，以及社会关系、产权性质与市场化进程影响供应链网络治理模式的边际效应。

第 10 章 总结本书的研究工作，阐述具有理论价值的研究结论、对管理实践的启示，并分析研究中存在的不足之处与未来的研究方向。

第 2 章　供应链网络治理模式选择的理论解析

围绕第 1 章所提出的研究问题，本章回顾并梳理与现有研究成果之间的理论继承、完善与拓展关系。首先，解析公司治理向网络治理的延伸；其次，阐述供应链网络治理模式选择研究的理论情境与理论基础的选择依据；再次，基于多理论视角发掘影响治理模式选择的关键因素；最后，在中国情境下，将情境变量转化为内生因素，构建影响因素作用路径的多层级分析框架，为后续的探索性案例扎根研究奠定基础。

2.1　公司治理向网络治理的延伸

2.1.1　公司治理的含义界定

依据研究对象范围差异，公司治理可以分为狭义的公司治理和广义的公司治理。狭义公司治理关注资本提供者和企业管理者之间的关系，也就是委托代理理论中委托人和代理人的作用关系。广义的公司治理强调股东、董事会、公司经理层及其他利益相关者之间相互作用，也就是利益相关者理论涉及的多元主体间制度安排问题。

1. 狭义的公司治理

在委托代理理论的基础上，狭义公司治理研究者认为，公司治理应着力解决公司所有者和经营者的利益冲突，特别是委托人（所有者）和代理人（经营者）之间的利益背离问题（Jensen and Meckling，1976）。在狭义公司治理的研究中，学者对其含义的界定可以分为制度倾向、结构倾向和机制倾向三个方面。制度倾向学者认为，公司治理是公司董事会的功能、结构、股东的权力等方面的制度安排（Blair，1995），通过这种制度安排来合理地配置所有者与经营者之间的权利与责任关系。结构倾向的学者认为公司治理是由所有者、董事会、高级执行人员（即高级经理人员）三者组成的一种组织结构（吴敬琏，1994）。机制倾向的学者认为公司治理就是一种解决股份公司内部各种代理问题的机制，是股东对经营者的一种监督与制衡机制（张维迎，1996）。

2. 广义的公司治理

广义公司治理是在利益相关者理论基础上探讨包括股东、董事会、公司经理层和其他利益相关者在内的多主体相互作用问题。广义公司治理的内涵依据治理目标的差异可以分为经营绩效倾向和剩余所有权倾向两个方面，其本质都是利益和利益分配问题。

Blair（1995）认为广义的公司治理是指有关公司控制权或剩余索取权分配的一整套法律、文化和制度性安排，这些安排决定公司的目标，谁在什么状态下实施控制、如何控制，风险和收益如何在企业不同的成员之间分配这样一系列问题。费方域（1996）认为公司治理是一种合同关系，是一套制度安排，它给出公司各相关利益者之间的关系框架，对公司目标、总的原则、遇到情况时的决策办法、谁拥有剩余决策权和剩余索取权等定下规则。林毅夫和李周（1997）等认为公司治理是指所有者对一个企业的经营管理和绩效进行监督和控制的一整套制度安排。张春霖（2002）则认为公司治理指的是一套规则和相关的机构，这些规则及相关机构调节股东和经理、控股股东和非控股股东、股东和利益相关者之间的关系以便公司在履行其财务的和其他法律的、合同的义务之后实现公司价值最大化。

综上所述，狭义的公司治理主要研究由公司的股东、董事及经理层构成的组织体系及其相互关系，公司治理的目标是保证股东利益的最大化，防止经营者对所有者利益的背离。广义的公司治理不局限于股东对经营者的制衡，除了包含上述的公司组织体系及相互关系之外，还包括与公司相关的整个利益相关者及其规则制定者之间的关系系统。广义的公司治理将公司视为一个利益共同体，公司的治理机制不限于以治理结构为基础的内部治理，利益相关者可以通过一系列的内部、外部机制来实施共同治理，治理的目标不仅仅是股东利益的最大化，保证公司决策的科学性，保证公司各方面的利益相关者的利益最大化也是治理的目标之一。

2.1.2 公司治理的理论基础

1. 委托代理理论

古典经济学中的古典管家理论（classical stewardship theory）是最早涉及公司治理核心问题的理论。在理性假设条件下，信息在所有者与经营者之间是完全透明的，经营者以股东利益最大化为目标和己任，两者之间是无私的信托关系。然而管理实践证明，现实中存在所有者和经营者之间信息不对称和一定条件下经营者自利行为的现象。正是在对上述问题探讨和解释过程中，基于信息经济学的委托代理理论发展起来。委托代理理论旨在探究非对称信息下激励问题，在其理论中所有者和经营者之间的制衡是公司治理的核心问题，所有权与经营权的分离为委托人选择最优契约激励代理人提供基础。Jensen 和 Meckling（1976）提出了在股权结构、资本结构、债务契约和激励薪酬方面减少代理成本的制度安排。代理人在满足委托人股东利益最大化的要求下，也具有受到尊重、掌握权力和接受挑战的期望。因此，制约和激励代理人是委托代理理论研究的重点。

2. 现代管家理论

委托代理理论发展后期，学者已经开始注意到关于代理人存在机会主义和偷懒行为的假设与实证分析结果之间存在矛盾。基于古典管家理论，Donaldson（1990）提出了与委托代理理论相对立的现代管家理论（stewardship theory），他认为成就、荣誉和责任等是比物质利益更重要的激励公司经营者的因素。经营者出于对自身尊严、信仰及内在工作满足的追求，会像善良的管家一样勤勉地为公司工作，成为公司的好"管家"。基于组织行为和组织理论下的现代管家理论认为，经营者有对自身尊严、信仰的追求，在经营者的自律基础上，经营者与股东及其他利益相关者之间的利益是一致的。

委托代理理论认为代理人具有机会主义行为，以独立的外部董事为主的独立董事会肯定会更好，因此倡导董事会的独立性。现代管家理论认为董事会的作用有待探究，现实中也确实存在以执行董事为主的公司经营业绩，反而高于董事会独立性强的公司。然而，现实中上市公司层出不穷的道德危机也给现代管家理论带来了诸多挑战，过度依赖经营者的自律很难提高企业真正意义上的治理效率，达到治理效果。

3. 利益相关者理论

传统委托代理理论是以股东利益最大化为公司治理的中心目标，也就是说确保股东利益是公司治理的核心。随着企业环境的复杂化，仅仅将股东利益最大化作为公司治理目标的委托代理理论开始受到挑战。利益相关者理论（stakeholder theory）属于广义公司治理理论，公司治理由股东利益至上的单一目标逐渐演化为包括国家、社区、顾客、员工等在内的所有利益相关者共同利益至上的多元目标。基于利益相关者理论，公司治理的核心研究内容是包括股东在内的利益相关者之间的关系及其制度安排。在利益相关者理论提出后，学者依据资源差异、对生产的影响方式、群体社会性等不同角度对利益相关者进行细分，试图进一步推进利益相关者理论的发展。然而，利益相关者边界尚不清晰，公司治理过程中如何区分和衡量多种利益相关者对企业的作用，均是利益相关者理论亟待解决的难题。虽然利益相关者理论在公司治理的实践过程中遭遇操作困境，但现有研究逐步跨出公司边界探讨利益相关者理论的适用条件，成为公司战略选择决策的重要理论支撑。

4. 制度理论

制度是一套有形或无形的框架和规则体系，它通过规范、专业、整合而降低交易成本。制度理论认为组织领域与社会范围内主要的制度化规范决定了董事会的构成。与委托代理理论不同的是，制度理论更强调制度因素对董事会构成和行为特征的影响，认为可以通过制度对董事会行使权力进行约束，增加对公司治理的影响。Scott（1995）强调了在引导、强制并且授权行为过程中，标准的框架和规章的重要性，认为"公司"是由赋予了社会性行为认知的、标准化的及调节的结构与活动组成的。制度理论指出董事会独立性水平不仅由董事会组成、首席执行官二元性决定，而且由制度性规范决定。治理的本质是关系安排，制度作为关系安排的一种显性形式，将制度因素纳入公司治理的研究中是对治理本质研究的回归。因此，需要在不同环境下进一步探究制度不同形式影响公司治理的过程。

2.1.3　公司治理的结构类型

1. 市场主导型英美模式

英国、美国两国公司治理结构具有两大特征，一是股权结构具有高度分散性，二是股权结构具有高度流动性。这种公司治理结构特征产生于自由张扬的英美历史和文化，在"完全竞争市场是配置资源的重要方式"的新古典式资本市场管制下，在降低信息不对称、限制大股东操纵方面具有优势。英美模式是市场主导型的公司治理结构，公司内部治理由股东大会和董事会组成，董事会是常设机构，股东大会是非常设机构。股东大会是公司的最高权力机构，公司的一切重大决策和人事任免均需得到股东大会的批准和认可，股东大会选出董事会成员，组成生产经营管理的决策机构。公司外部治理通过控制权市场决定，英美公司股权高度分散与流动性的特点为资本控制权市场的存在与外部治理提供了便利的条件。资本控制权市场作用体现在两方面，一是对公司的经理的威胁，二是把兼并作为企业扩张的主要方式。

2. 银行主导型德日模式

德国、日本两国公司治理结构的两大特征，一是股权结构的集中程度较高，二是法人持股和交叉持股比率较高。这种公司治理结构在历史因素的作用下具有了集体主义价值观和凝聚力量的显著特点，体现为基于所有利益相关者的共同治理。德日模式是银行主导型的公司治理结构，资本市场鼓励大投资者向企业投资并参与治理，鼓励公司所有权的集中，两国的政策都一定程度上强化了银行对企业融资及治理的控制。在这种治理结构中银行既是企业的债权人，又是企业的股东。银行能借助于贷款和收支账户的管理及时地掌握公司的经营信息，从而对企业进行监督。

3. 政府主导型俄罗斯和东欧模式

俄罗斯和东欧公司治理特征体现在两个方面：一是股权高度集中且一股独大；二是内部人获得公司实际控制权。俄罗斯和东欧的公司治理结构形成于计划经济向市场经济转轨的历史过程中，私有化过程带来了这种公司治理结构下的独特特征。俄罗斯和东欧模式是政府主导型的公司治理结构。经过私有化的改革，国家所占的股份越来越少，股权主要集中在以经理层及工人为主的内部人，以及其他外部法人手中，但内部人主要掌握这些公司的实际控制权。内部人控制不利于企业成长和持续发展，也有可能对外部股东的利益造成损害。

4. 家族主导型东亚和东南亚模式

东亚和东南亚公司治理的特征体现为：一是股权集中于以家族为主要控股人的股东手中；二是公司的间接融资受到政府和家族的干预。受儒家思想和价值观的影响，加之市场经济在这一地区起步较晚，市场机制不完善，形成了东亚和东南亚独特的家族主导型的公司治理结构。由于股权集中于家族之中，公司的内部控制主要体现为家长决策制并辅之以亲情管理，公司的外部控制主要表现为与银行和政府的关系控制。与其他治理结构相比，外部控制中银行对企业控制能力有限。这种治理结构中的主要问题是家族大股东为主要的经理管理层与小股东之间权力及利益的分配问题。

2.1.4　公司层面向网络层面的延伸

根据广义的公司治理概念界定，广义公司治理的研究视野已拓展至企业外部，包括股东、董事会、公司管理层和其他利益相关者。网络治理是公司治理的延伸（孙国强，2005）。经济全球化和技术的飞速发展，增加了经济组织环境的复杂性，这不仅加大了经济组织的竞争强度，而且更加大了提高竞争绩效的决策难度。全球公司、虚拟企业、战略联盟、小企业网络、虚拟组织等网络组织作为介于市场和科层之间的组织形式不断涌现，生生不息（Williamson，1991）。不同网络组织的成功与失败、优势与劣势、风险与绩效要求从网络治理的角度重新思考网络组织存在的问题与冲突。"网络治理"是一个跨学科的概念，是国内外学者有关技术网络、社会网络与组织网络的热点问题（李维安等，2014）。在自然科学领域，技术网络是指分布在不同地点的计算机系统通过通信线路和通信设备连接起来，并按照共同的网络协议，共享硬件、软件和数据资源系统。在社会科学领域，社会网络是指社会成员之间互动和联系，并形成针对具体问题的关系体系，强调社会互动对社会行为的影响作用。在经济学和管理学领域，组织网络是组织存在的一种结构与形态，是与市场、层级并列的资源配置模式，是"看得见的手"与"看不见的手"之间的"握手"。网络治理的内涵有三种界定方式：治理的内部网络形式、网络经济条件下的公司治理与组织间网络如何影响组织的决策问题（李维安和周建，2005）。供应链网络的治理远不是通过少数几个环境或子系统所能解决的问题，涉及治理的环境、边界、目标、结构、模式、机制与绩效等多个方面，而且各个方面密切联系、交互影响。通过对多种类型的网络组织研究，学者认为网络治理是以治理目标为导向，以治理结构为框架，以治理机制为核心，以治理模式为路径，以治理绩效为结果的复杂运作系统（Kim，2007；孙国强，2005）。本书所关注的供应链网络治理属于第三类，即组织间网络，重点研究供应链网络治理模式选择问题。对网络组织治理模式的研究与应用，有助于指导这种新型中间组织的有效运作，提高企业加入联盟或网络的意识和积极性，有助于推动组织网络化进程（彭正银，2003）。因此，网络治理逐渐成为理论界和实业界关注的焦点，网络治理研究对于在全球化、信息化与网络化环境下的企业组织提高核心竞争力，实现多赢目标具有重要现实意义。

2.2　供应链网络治理的理论研究脉络

源自西方发达国家的理论是否能够充分解释中国情境下供应链网络治理模式选择行为？为了破解上述疑惑，本书将对供应链网络治理模式选择的理论研究脉络进行溯源，并构建适合中国本土特征的供应链网络治理模式选择理论框架。学者从不同的理论视角出发对供应链网络治理问题进行了研究，形成了长期且经典的理论争论，积累了丰富的研究成果。国内网络组织治理研究领域权威专家李维安教授提炼了供应链的分析属性，构建了供应链网络治理分析逻辑框架，为本书对供应链网络治理模式选择的理论溯源提供了分析思路。然而，该逻辑框架难以解答中国情境下供应链网络治理模式选择问题。鉴于此，本书试图通过理论脉络梳理与溯源，探寻供应链网络治理模式选择行为具有差异性的原因所在，为构建适合中国本土的供应链网络治理模式选择理论模型奠定基础。理论发展不仅仅是提出特定概念与概念之间的关系，其逻辑前提与理论基础的阐述也是理论发展的重要组成部分。从现有理论来看，关于网络组织形成、发展与治理问题形成了四种理论解释范式，分别为：以经济学派为代表的市场主义解释范式（强调效率、竞争与市场结构）、以管理学派为代表的资源主义解释范式（强调资源、资源依赖与动态能力）、以社会学派为代表的网络主义解释范式（强调网络、社会资本与嵌入性）与以制度学派为代表的制度主义解释范式（强调国家、制度与政策），在四种理论解释范式下，网络组织治理模式选择分别在交易特征、资源属性、社会网络与制度环境等核心因素的作用下进行，也就是说存在"市场决定论"、"资源决定论"、"网络决定论"与"制度决定论"四种理论倾向，如表2-1所示。

表 2-1　治理模式选择的四种理论解释范式

项目	市场主义	资源主义	网络主义	制度主义
核心机制	自由市场 市场竞争	战略资源 核心能力	企业网络 社会网络	政府规制 制度建构
分析层次	微观分析	微观分析	宏观分析	中观分析
理论基础	交易成本理论、关系契约理论与技术进步理论等	资源基础理论、资源依赖理论与企业能力理论等	社会网络理论、社会资本理论与嵌入性理论等	规制经济理论与制度基础理论等
治理旨向	产业效率	资源配置	机制协调	产业升级
可能的缺陷	市场决定论	资源决定论	网络决定论	制度决定论

（1）市场主义解释范式：经济学派从交易特征（Coase，1937；Jones et al.，1997；Williamson，1979，1985，1996）、关系契约（Baker et al.，2002；Macneil，1987）与技术进步（多西等，1992）等多个视角对治理模式选择问题进行了研究。其中，交易成本理论以降低交易成本为基本原则进行治理模式选择，基于匹配性假说，遵循"交易特征—治理模式"的解析模式，交易特征为自变量，治理模式为因变量，学者将其称为治理模式选择的本源理论（Hennart，1988）。

（2）资源主义解释范式：管理学派的学者认为，解释治理模式选择的决定性因素在于企业自身所持有的资源特性与能力特征（Barney，1991；Ekeledo and Sivakumar，2004；Peteraf，1993），积累独特资源与能力的特质是形成企业竞争优势的主要来源。随着资源基础理论用于分析企业竞争优势研究的逐步深入，不同学者采用不同的研究视角考察了如何产生并保持优势的发展，从而突破了研究边界，从企业内部边界扩展到企业间边界，实现了该理论向网络资源观的拓展（Grant，1991）。同时，与交易成本最小化逻辑不同，资源依赖理论强调资源互补性是影响网络组织治理模式选择的关键因素，强调资源依赖性对治理模式选择的影响，其竞争优势来源于组织间资源及资源特征。

（3）网络主义解释范式：社会学派的代表人物 Granovetter（1985）认为，现实产业中，需求方与供应方之间可能萌发出持久关系，而不需要公司内的层级组织方法。Granovetter（2007）基于社会网络理论对治理模式选择问题进行了解释，在处理复杂交易时，在公司内部解决可能出现失序状态，而在市场上解决却出现秩序状态，这与 Williamson 的预期恰恰相反，Granovetter 认为这种现象是由公司间关系网络决定的。此外，Granovetter（2007）提到企业间纵向整合需要不仅来自市场力量，而且与企业所嵌入的社会网络具有重要关系，社会网络理论可视为一种社会关系形态的分析方法，其核心思想是"什么样的社会结构决定哪种结果"。

（4）制度主义解释范式：制度学派主要关注于转型经济体中的制度与企业经营行为的研究，而不是以组织行为与组织理论等为特征的制度理论研究（Meyer and Rowan，1977）。该流派的基本假设与经济学的基本假设相一致，即决策者将效用最大化作为决策目标，并认为制度环境是导致经济组织效率差异的决定性因素。在转型经济中，政府的商业法规缺乏一致性与连续性，政策环境缺乏稳定性与预见性，无疑增加了市场交易成本与不确定性（Peng，2003；Peng and Heath，1996；彭维刚，2018）。该观点与经济学视角下交易成本理论一脉相承。在转型经济体中的高交易成本与不确定性的市场环境中，网络组织如何选择治理模式，经济学视角下制度理论给予了合理的解释（Meyer and Tran，2006）。

综上所述，治理模式选择的理论解释范式如同钟摆在"内部—外部"之间摇摆以寻找平衡点。经济学派的战略管理范式以"交易"为分析单元，即交易特征对治理模式选择的影响；管理学派的战略管理范式以"企业"为分析单元，即资源属性对治理模式选择的影响；社会学派属于关系网络层面研究，即企业所嵌入的社会网络对治理模式选择的影响；制度学派属于制度环境层面的研究，即企业所嵌入的制度环境对治理模式选择的影响。鉴于此，将根据四种理论倾向，对供应链网络治理模式选择的理论情境与理论观点进行梳理，主要包括交易成本理论、资源基础理论、社会嵌入理论与制度基础理论，分别从经济学、管理学、社会学与制度学四个视角探寻供应链网络治理模式选择的影响因素，而制度逻辑理论跨越多个学科，以多元制度逻辑解析了供应链网络治理模式选择的异质性原因，强调不同影响因素的并存且互动。

2.2.1 经济学解释：交易成本理论

根据新古典主义的逻辑，人类经济学面对的中心问题是最优化问题——发现最有效的资源分配方式以实现个人的期望目标或效用。该原则引导着企业治理模式选择行为。如上所述，学者将交易成本理论称为治理模式选择的本源理论。

Coase（1937）发表的重要论文"The Nature of the Firm"中首次提到交易成本的概念，认为企业是以非市场化的方式，即科层组织对市场进行替代，解释了企业为什么会选择垂直整合，即企业边界问题。之后于 1959 年发表的"The Problem of Social Cost"一文中，将交易成本扩展到社会成本的范畴，将交易实质归结为产权交换，并推导出交易成本与产权界定的关系，即当交易成本大于零时，不同的产权制度下交易成本的高低不同，从而实现资源配置的效率不同。新制度

经济学代表人物 Williamson（1975）超越了 Coase 对交易成本的理解，并将市场
体制和企业科层制是两种相互替代的治理模式的观点发扬光大，认为交易成本
是经济体系运行过程中产生的成本，将研究领域扩展到市场经济组织及其不同
形态的交易关系中，指出市场交易成本的影响因素可以分为人的因素与交易因
素，人的因素是指交易主体的人性假设为有限理性与机会主义行为，交易因素
是指市场的不确定性与市场中交易者的数量。总结 Williamson 的"三部曲"研
究成果，"Markets and Hierarchies：Analysis and Antitrust Implications"（市场与
等级制），侧重于企业边界与纵向一体化研究；"The Economic Institutions of
Capitalism"（资本主义经济制度），侧重于节约交易成本趋势探讨及有关的制度研
究；"The Mechanisms of Governance"（治理机制），侧重于治理机制的比较研究
（Williamson，1996）。Williamson 开创了交易属性的相关理论，以"交易"为分析
单元，通过其构建的三重维度理论论证了三种交易协调方式的存在：不确定性、
交易频率与资产专用程度（Williamson，1975，1979）。交易成本理论的基本观点
可以概括为：在交易治理或协调过程中可选用的组织形式包括科层制、市场制与
介于两者之间的混合制，基于目标追求方面的自利性（机会主义行为倾向）、认知
方面的有限理性（所有复杂合约不可避免具有不完备性与不完全性）、不同交易特
征（交易频率、不确定性、资产专用性等）与不同治理方案相匹配的制度安排可
达到节约交易成本的经济性结果。基于交易成本理论的治理模式选择分析框架如
图 2-1 所示。当三个维度变量处于低水平时，市场是有效的协调方式，而处于在
企业与市场之间，存在基于混合协调方式的双边、多边和杂交的中间组织形态。
中间组织并不是对企业与市场的替代，而是以兼有企业与市场某些特性的杂交形
式而存在。中间组织形态中，市场原则、组织准则与社会关系三者共存，市场机
制、组织机能与关系效力相互渗透。正是这种共存与渗透，才产生了以参与者间
的关系联结为特征的网络组织形态。在三重维度中，资产专用性扮演着重要角色，
资产专用性可能会产生"可占用的专用性准租"，从而导致交易成本的增加（威
廉森，2001）。因此，需要选择适合的治理模式防范风险，减少机会主义威胁。

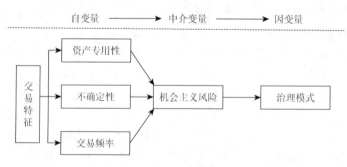

图 2-1　基于交易成本理论的治理模式选择分析框架

　　在比较制度分析框架中，主要是针对交易成本，既不考虑资产专业化分工而产生的收益，也不考虑生产成本的节约，而完整的治理模式选择必须考虑以上三种因素（Riordan and Williamson，1985）。如果上述多个因素同时发生变化，则最优治理模式问题则更加复杂。荷兰蒂尔堡大学著名学者 Nooteboom（2002）总结了交易成本理论研究思路，以"交易"为分析单元，确定各变量度量的关键维度与指标及变量之间相关关系，经实证检验的主要结论为：①资产专用性较低时，采用市场制；资产专用性较高时，采用科层制；在资产专用性程度适中时，混合制具有经济效率。②混合制适用于不确定性不太高的情形，即适用于交易扰动较低的情况。③交易频率对治理模式选择没有直接影响，但通过与资产专用性的交互作用影响治理模式的选择。④选用合适的交易治理模式，对于行动主体实现经济性目标具有显著的影响。Geyskens 等（2006）采用计量文献元分析技术研究了1975～2006 年所发表的 200 余篇关于治理模式选择的文献，分析发现交易成本理论对于治理模式选择具有很强的解释力，如表 2-2 所示。因此，交易成本理论无疑成了组织治理模式选择的首要理论。

表 2-2　基于交易成本理论的治理模式选择倾向

交易特征	科层治理 VS 市场治理		关系治理 VS 市场治理	
	科层治理	市场治理	关系治理	市场治理
资产专用性增加	+		+	
产量不确定性增加	+			+
技术不确定性增加		+		+
行为不确定性增加				+

　　资料来源：根据 Geyskens 等（2006）整理

　　注：+ 表示在相对的两种治理模式（科层治理 VS 市场治理、关系治理 VS 市场治理）选择下，更倾向于采用的模式

　　随着"中间性组织形式"的提出，学术界逐渐认同现实中的交易关系还可以表现为市场制与科层制相混合的形态，市场制、中间组织与科层制是同时并存、相互交融的。节省交易成本的制度安排、制度框架与制度创新是至关重要的（Dietrich，1999），决定了企业的经济效益。经济学家、新制度经济学和现代产权经济学的创始人之一张五常教授将"交易成本"定义为在罗宾逊经济中不可能存在的所有成本，实质上是制度成本（张五常，1995）。网络作为一种新兴的治理方式与网络组织相匹配，突破了科斯的"两分法"结构，进而与"三级制度框架"相对应，即在企业和市场这两者之间存在双边、多边和杂交的中间组织形态，归属于网络组织形态，其与网络治理方式相对应（Powell et al.，2005），即简单的交

换采用简单的治理模式，复杂的交换采用更为复杂的治理模式。学者一致认为交易属性是通过伙伴间的机会主义风险对治理模式起作用。

在对网络治理模式进行选择时，不仅需要考虑治理模式所产生的调适力，还需进一步考虑这种能力是否与所处环境的调适需求程度相匹配。根据权变理论，网络治理模式的各项能力并非越强越好，只需达到合适的水平，这样有助于保持经济性。从节约交易成本的角度，如果能力强于需求，则造成不必要的投资浪费和成本上升；反之，如果能力弱于需求，则会导致绩效的严重恶化。因此，配适度达到与环境需求相匹配的水平足矣（Gulati et al.，2005）。Williamson（1975）关于治理模式的基本论断是基于有限理性与机会主义假设，交易成本经济学的三个基本交易属性的不同特征是决定采取市场制或科层制的重要因素。Williamson的三重维度理论使交易成本能实现"可测度的定位"（calculative orientation），但是三重维度理论在分析上仍存在着不足：第一，Williamson 分析焦点主要集中在治理模式适用性的静态比较，以静态的有效性作为主导的分析方式，而不是交易运行过程中的柔性与质量（Ghoshal and Moran，1996）；第二，Williamson 没有考虑让协调作为资源配置的有效工具，特别是在价格失效、市场失灵的情况下。协调是网络治理模式的主要目的之一，表现为网络内主体之间相互调整及其对环境的适应（de Langen，2004）；第三，混合治理的目标是实现在未来预期不确定、治理形式不稳定的情况下交易成本最小化，而网络组织治理的目标是实现网络整体价值的最大化。综上所述，交易成本理论对基于混合关系的组织形态缺乏令人满意的解说且无法对混合关系在时空上的发展做出解释（Noorderhaven，1994）。众多学者认为网络与混合结构研究应该摆脱基于交易成本的推论，因此，需要采用扩展的方式引入新维度以增强交易成本理论的解释力。Jones 等（1997）整合了交易成本理论与社会网络理论对网络组织展开研究，从动态关系出发，引入任务复杂性，构成四个维度，扩展了交易成本经济学的理论分析。可见，学者将交易成本理论视为组织间制度安排的本源理论，并对逆向物流供应链（Aitken and Harrison，2013）、快销时尚品供应链（Li et al.，2014）、粮食供应链（冷志杰和谢如鹤，2016）、猪肉供应链（Alboiu，2012）与外卖供应链（王晓文等，2009）、区块链背景下供应链网络治理（Schmidt and Wagner，2019）等问题展开了实证研究。交易成本理论研究者选择交易治理模式的主要研究目标是交易成本最低，缺少了生产成本节约及价值增值方面的考虑，忽略了并存的多项交易关系中潜在的范围经济因素与规模经济因素，忽视了长期持续交易过程中所形成的信任关系。另外，该理论虽然指出了交易特性与有效交易治理模式之间具有相关关系，但并没有具体分析其中的"因"与"果"的关联关系，概念框架过于简单化。此外，许多研究者在毫不置疑应当遵从"交易成本最小化"目标的前提下，进行各权变因素对治理模式选择影响的实证研究，而且为简化数据尤其是交易成本数据的采集工作，研究中常将重点放在论证权变因素对治理模式的影响，即力图证明面临所观察权变因素情境的企业在有效率性原则的指导下，是否会倾向于选定某种治理模式。至于交易成本，常常被作为一种预期蕴藏于实证研究过程中，如在研究样本筛选的时候，只是把绩效好的企业作为研究对象，以此免除特定权变因素与所选用治理模式是否匹配（即权变因素与治理模式的联合效应）对交易成本影响的繁重的数据检验工作。这种对因果关系推论的简化，无疑不利于切实指导企业的战略选择行为。

2.2.2　管理学解释：资源基础理论

管理学派关于资源的理论不仅包括资源基础理论（Dyer and Singh，1998；Hamel，1991；Penrose，1959；Prahalad and Hamel，1990）、资源依赖理论（Aldrich，1976；Pfeffer and Salancik，1978）、组织能力理论（Barney，1991），而且包括组织学习理论（Fiol and Lyles，1985；March and Simon，1958）、知识基础理论（Gulati and Gargiulo，1999）、动态能力理论（Teece，1997）、演化理论（Kogut and Zander，1993）与权变理论（Drazin and van de Ven，1985）等。按照管理学派为代表的资源主义解释范式，其核心基础理论是资源基础理论。Wernerfelt（1984）与 Barney（1991）等提出的资源基础理论被战略管理研究学者广为接受与推崇，并作为解释企业边界战略决策的主要分析工具。资源基础理论以"企业"为分析单元，侧重于分析企业所拥有的资源，通过对企业独特的资源与能力的探讨，以提升企业竞争优势。

根据文献梳理来看，较早明确提出资源基础观点的是 Selznick（1957）在 *Leadership in Administration：A Sociological Interpretation* 一书中提到独特能力的概念，他认为组织的独特能力是一个组织所具有的特殊因素，揭示了企业资源的异质性特征。正式提出资源基础思想的是 Penrose（1959）在 "The Growth of the Firm" 一文中首次提出企业是异质资源的集合体，该重要观点认为，资源与能力构成了企业经济效益的稳固基础，并为形成企业资源观奠定了基础，要素市场与资源禀赋决定了企业能否获得和保持持续竞争优势。然而，该观点曾一度停滞发展，直到 Wernerfelt（1984）在美国 *Strategic Management Journal* 上发表了 "A Resource-Based View of the Firm"，指出企业内部资源、能力与知识积累是企业获得超额收益，并保持竞争优势的关键所在，奠定了资源基础观的基本框架。随后，出现了一批重点研究企业资源的管理学家并取得了丰硕的研究成果。Barney（1991）针对企业保持持续竞争优势的资源特征提出了一个较为综合的分析框架，他认为资源具有有价值的、稀缺的、难以模仿的与难以替代等四个基本特征，是企业获取并保持竞争优势的源泉。Peteraf（1993）指出资源基础理论是基于资源异质性假设提出的，异质性资源表现为企业的知识与能力，造成企业获利能力的不同，是企业获得核心竞争优势的源泉。

　　资源基础理论的发展经历可以归结为三个主要阶段"资源—能力—资源与能力相结合"，并形成了企业资源学派，其中传统的资源基础观与动态能力观最具代表性。

　　基于资源基础理论深入探讨供应链网络治理模式选择机制。管理学派的学者认为，解释治理模式选择的决定性因素在于企业自身所持有的资源特性与能力特征（Ekeledo and Sivakumar，2004），积累独特资源与能力的特质是形成企业竞争优势的主要来源。随着资源基础理论用于分析企业竞争优势研究的逐步深入，不同学者采用不同的研究视角考察了如何产生并保持优势，从而突破了研究边界，从企业内部边界扩展到企业间边界，实现了该理论向网络资源观的拓展（Grant，1991）。根据资源基础理论，在供应链网络中的各个组织被视为差异的、不完全流动的资源综合体，在信息不完全和获取信息成本高昂的条件下，每个组织都是独立的实体。因此，组织之间的资源具有极大差异，而且不能在市场上进行买卖。例如，"组织才能"这类复杂且相互关联的资源，相对于设备等有形资源，更有助于长期竞争优势的发展，但难以在市场上购买，获取与利用资源具有独特的"路径依赖"。

　　根据企业不断提升的发展目标，任何企业不可能拥有发展所需的所有资源，在资源与目标之间存在战略差距（strategic gap）。从根本上讲，企业竞争优势最终取决于内部与外部资源的融合能力，而内部资源属于企业内生变量，具有相对稳定性，企业获取外部资源的能力就显得更为重要。因而，在现实中，供应链网络作为一种获取网络资源的重要组织形式，通过建立供需关系获取外部异质资源，可以弥补企业自身资源不足的问题。基于资源基础理论，Barney（1999）提出了网络组织治理的概念分析框架，如图 2-2 所示。该模型从资源的价值生成条件出

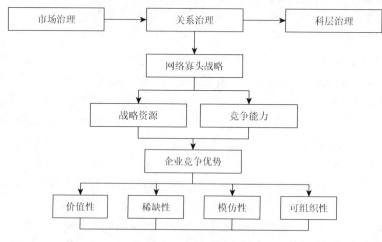

图 2-2　基于资源基础理论的治理模式选择分析框架

发，针对战略选择的丰富内涵，从价值性、稀缺性、模仿性和可组织性四个方面，分析治理模式选择并创造可持续竞争优势的条件。Barney（1999）认为企业交易关系治理作为一种治理模式的连续体，战略选择表现为在什么样的条件下选择什么样的治理模式。

供应链网络是连接企业与市场的中介组织形式，发挥着"组织化市场"的功能，通过企业资源的运筹范围从企业内部扩展到外部，从而实现企业间资源互补效应，实现更大范围内资源合理配置。从核心竞争能力的角度，企业参与供应链网络的目标是通过控制并利用外部独特的战略资源，强化企业的战略环节，并通过扩展价值链增强自身总体竞争能力。然而，在实际运作过程中，供应链网络中的合作关系隐含着一对内在矛盾：一方面，企业间合作关系有助于提高资源整合、相互学习、能力构建与价值创造等效率；另一方面，由于伙伴间具有直接或间接的竞争关系，所以相互侵占对方专有知识或核心能力，并将之转化为自身竞争力的合作风险更加显著，从而使得供应链网络的管理变得更为复杂（Huxham and Vangen，2005；Mahdi et al.，2019）。因此，适配性的治理模式是供应链治理的关键所在。

综上所述，无论采用何种治理模式，都需要进行成本的比较，权衡获得相同回报所需的成本，只有了解企业存在显著绩效差异的根本原因所在，才能更好地厘清制度化的结构或选择最优的治理模式（Langlois，2002）。因此，在治理模式选择问题上，企业资源与能力显然会影响到治理模式选择行为，生产成本与交易成本共同对选择起到重要作用，而不是交易成本一统天下，也就是说资源基础理论视角下，对治理模式选择起到重要作用的两个条件如下：一是企业难以依靠自身获得某种资源或能力（成本极高）；二是企业难以通过收购其他企业而达到获取资源或能力的目的（成本极高）。由此可见，供应链网络治理模式选择问题需要融合交易成本理论与资源基础理论，不仅应该解释交易特征对选择的影响，还应该考虑资源战略性与资源依赖性如何更好地配置与开发以获取竞争优势，即相似的交易属性条件下，为什么不同的治理模式产生不同的效果。

2.2.3 社会学解释：社会嵌入理论

历经十余年的理论思想碰撞，嵌入性在社会学、经济学、管理学等各个学科领域的研究中备受关注，学者开始致力于社会嵌入性对经济行为的影响，分别从社会嵌入性视角对网络形成（the formation of alliances）、网络治理（the governance of alliances）、网络演化（the evolution of networks）与网络绩效（the performance of alliances）及网络所带来的优势等研究主题进行探讨，社会嵌入理论得到了不断扩展与丰富。

嵌入性概念最早出现于 Polanyi 发表的"The Great Transformation: The Political and Economic Origins of Our Time"一文中，Polanyi 等基于历史学与人类学的研究，对原始社会中的经济与社会关系进行了考察，认为经济作为一种制度过程，嵌入于经济与非经济的制度环境中。随后在 Polanyi 1957 年发表的"The Economy as Instituted Process"一文中，提出了一个著名的命题：在原始社会中，经济并不是孤立存在的，而是嵌入并纠结于经济与非经济的制度之中。Polanyi 是从满足人类物质欲望的实质主义经济学视角对嵌入性概念进行定义的，并对不同制度环境下的嵌入形态进行了区分：在工业革命前，市场交换机制尚未占据统治地位，经济行为是嵌入于社会与文化结构中的；在工业革命后，经济行为由市场价格决定，经济体制不受社会与文化结构的影响。然而，由于 Polanyi 关于"市场经济非嵌入性"的观点具有一定的片面性且嵌入性概念并非其讨论的中心问题，嵌入性思想并未引起其他学者的注意。

直到 20 世纪 80 年代，White（1981）指出市场问题的关键要素，必须在经济行为人所处的社会关系中发掘。1985 年，White 的学生 Granovetter 在 Polanyi 的启发下，对嵌入性问题进行重新界定。Granovetter 的研究对社会学界与经济学界将社会与经济视为两个独立子系统的传统且权威的帕森斯研究表示质疑，并创造性地重塑了嵌入性概念，将社会关系纳入经济行为分析框架，强调社会关系对经济行为的影响作用（Granovetter and Swedberg，1992）。

Granovetter（1985）的嵌入性理论认为社会学与经济学对经济行为的研究存在"过度社会化"（over-socialized）与"低度社会化"（under-socialized）的倾向。社会学的主流观点是基于社会价值与规范是由社会化过程而内化的假定，行为人对他人意见的敏感性导致其屈从于共同价值与规范体系，经济行为受到社会结构的约束，依从于各种制度规范，属于方法论整体主义的立场，即过度社会化的观点；古典与新古典经济学的主流观点则是持续功利主义的传统，基于经济行为完全不受社会关系和社会结构的影响，只受个人偏好的影响，属于方法论个体主义的立场，即低度社会化的观点（Granovetter and Swedberg，1992）。由此可见，无论是经济学观点，还是社会学观点，均将社会关系对经济行为的影响从各自的理论模型中剔除，形成了经济行为的原子式研究主线。针对两种倾向，Granovetter（1985）将嵌入视为一种出于中间范围的影响机制，是一种解释经济行为人在"中度"社会化情景中的行为理论，并将经济社会学理论归纳为三个核心命题：①经济行动具有社会学定位；②经济行动是社会行动的一种特定类型；③经济制度是一种社会学的建构。

Granovetter（1985）的嵌入性理论标志着"新经济社会学"的兴起，对 Williamson（1979）所构建的基于交易成本理论的经济组织治理模式的新制度主义经济学的解释模型发出了挑战。Williamson 针对 Granovetter 对新制度主义经济学的批评做出了回应,认为将 Granovetter 的社会关系与 North 的制度环境相结合,交易成本理论与嵌入性逻辑将具有显著的互补性。Uzzi(1996)则认为嵌入性理论为经济行为的社会学与经济学两大研究视角的统一提供了潜在的可能。Uzzi(1997)进一步发展了嵌入性概念,认为嵌入性关系不同于保持价格、数量等信息交换的距离关系(the length relation),而且包含着信任、信息共享与共同解决问题等社会因素。在 Granovetter、Uzzi 等的研究基础上,众多学者开展了基于嵌入性理论的实证研究,刘世定(1999)对 Polanyi 与 Granovetter 的嵌入性理论进行比较,提出 Polanyi 认为"人类社会嵌入并纠结于经济与非经济的制度之中"的观点极其重要,而 Granovetter 侧重于强调将社会关系网络引入到经济学研究中。Nee 和 Ingram(2002)则认为融合 Polanyi 与 Granovetter 两位学者观点,把社会关系与制度约束内选择的观点相结合可以提供一个缺失的联系。然而,制度与网络如何共同决定经济与组织行为,尚处于探讨阶段。

交易成本理论对基于混合关系的组织形态缺乏令人满意的解释且无法对混合关系在时空上的发展做出解释。Granovetter(1985)认为应该摆脱基于交易成本的推论,在批判 Williamson 的交易成本理论时指出,属于公司层面的权力效能被过分强化,忽略了不同公司所处的社会网络潜在的经济秩序。Williamson 在研究过程中意识到基于完全竞争的市场图景的研究具有适应性问题,但是,交易成本理论仍是经济效率最大化或个人效能最大化逻辑,没有将社会关系及营造社会关系的宏观社会结构纳入分析框架。Granovetter(1985)认为,现实产业中,需求方与供应方之间可能萌发出持久关系,而不需要公司内的层级组织方法。正如 Eccles(1981)引述了众多国家制造业的实际案例以说明不需要制度化的竞标方式,供应方(承包方)与需求方(转包方)之间的关系往往是稳定而持续的,并指出相对于纯粹的市场交易与正式的垂直整合而言,这种"准整合"形态是最受欢迎的整合形态。由此可见,由供应方与需求方组成的供应链网络是嵌入于社会网络之中的,仅从经济学视角来推断供应链网络治理模式具有一定的偏颇性。Granovetter(1985)基于社会网络理论对治理模式选择问题进行了解释,在处理复杂交易时,在公司内部解决可能出现失序状态,而在市场上解决却出现秩序状态,这与 Williamson 的预期恰恰相反,Granovetter 认为这种现象是由公司间关系网络所决定的。此外,Granovetter(2007)提到企业间纵向整合需要不仅仅来自市场力量,如资本需求来自保留盈余或资本市场,而且源于与权威当局的关系。因此,社会网络理论可视为一种社会关系形态的分析方法,其核心思想是"什么样的社会结构决定哪种结果"。

需要强调的是,从 Polanyi(2001)的嵌入性概念,到 Granovetter(1985)的关系嵌入,再到 Nee(1992)的制度嵌入,嵌入性理论经历了从概念到命题,再到操作性分析框架的发展过程。嵌入性分析不同于某种因素对某种行动结果的影响研究，亦不同于社会网络分析与制度分析。首先，嵌入性分析不同于一般的影响因素分析，影响因素分析是指一个或诸多因素的影响作用，而嵌入性分析是指经济行为嵌入某种结构的程度、机制与结果；其次，网络嵌入分析不同于一般的社会网络分析，社会网络分析强调行动者所在网络的结构特征、网络中的位置与网络中互动频率等，而网络嵌入性分析侧重于强调经济行为嵌入于社会关系的程度、方式与范围；最后，制度嵌入分析不同于一般的制度分析，制度分析侧重于制度供给的条件、制度变迁的路径及制度环境等，而制度嵌入分析侧重于经济行为嵌入于制度之中的程度、约束机制及制度嵌入的边界。

由此可见，传统的组织研究将环境视为企业获取资源的场所，忽略了社会因素在组织发展过程中扮演的角色（Chaskin，2001），而 Granovetter（2007）的解释与现实观察与访谈结果是一致的，如某制造企业在成本持续上升过程中，始终保持产品价格不变，甚至出现负利润的情况，原因在于不想中断与大客户之间的关系，只能通过与不稳定的新客户的交易来弥补固有关系的损失。管理学者将 Granovetter 的嵌入性理论引入到组织研究中，丰富了管理学界对组织与环境关系问题的理解，即组织嵌入于各种形式的社会关系与社会结构中，从而嵌入性对组织行为与经济绩效、创新绩效等产生影响（Clegg and Berrell，2007；Kollmann et al.，2021；Lee et al.，2018；Zhou et al.，2003），特别是中国转型经济过程中的"关系"对组织理性选择行为具有重要的影响作用（Guo et al.，2018；Keister，2001，2009；Park and Luo，2001）。然而，Granovetter 并没有详细论证关系网络如何作用于企业间治理模式的选择，或者说只是在方法论上提出分析的立场，而没有深入分析原因、过程与结果。学者通过实证研究验证了社会关系对治理行为、具有不同调适力的治理模式选择倾向的影响作用（康凯等，2015；张敬等，2018）。然而，关于市场力量与上述关系力量有何不同？什么情况下市场力量发挥作用，什么情况下关系力量发挥作用？同一产业内不同企业，为何选择不同的治理模式？原因在于网络结构不同，还是网络成员特征与位置不同？基于对上述诸多问题的思考，需要基于嵌入视角深入研究供应链网络治理模式选择问题。

2.2.4 制度学解释：制度基础理论

经典的战略选择理论是基于资源基础观与产业基础观的战略观点，基于制度基础的战略观是战略研究领域的新趋势。制度作为游戏规则，对处于其中的企业战略选择行为具有重要而深刻的影响。新制度经济学的主要代表人物 Coase、North 与 Williamson 先后获得了诺贝尔经济学奖，显示了制度因素在经济活动中不可忽视的作用和地位。什么是制度呢？制度基础理论可以追溯到 19 世纪，源于经济学、政治学与社会学，强调制度对组织决策与组织行为的影响作用（Meyer and Rowan，

1977)。早期制度理论学者 Selznick（1957）提出组织不是封闭系统，会受到所处环境的影响，包括企业所嵌入的规范、文化与信念等社会文化系统，不同于资源要素，是制度环境。Meyer 和 Rowan（1977）将组织环境概括为组织所处的法律制度、社会规范、文化与观念等，并用合法性机制说明制度理论的一般性假设。DiMaggio 和 Powell（1983）从组织场域层面提出强制性趋同机制（coercive isomorphism）、模仿性趋同机制（mimetic isomorphism）与规范性趋同机制（normative isomorphism）等三种趋同机制，强调组织间的关系，解释制度环境与组织之间的作用机制。Oliver（1997）整合了资源基础理论与制度基础理论，解释了两者对企业差异化与竞争利益的影响，提出组织的制度环境包括规则、规范、惯例与信仰等。Grewal 和 Dharwadkar（2002）按照制度和合法性的不同属性，将制度化过程分为三个阶段，并阐述了六个制度机制，即强制性（imposition）机制、诱导性（inducements）机制、认可性（authorization）机制、习得性（acquisition）机制、印刻性（imprinting）机制与省略性（bypassing）机制。Scott（1995）将组织中的制度划分为强制制度、规范制度与认知制度等三大支柱。可见，Scott 的制度要素支柱与 DiMaggio 和 Powell 提出的组织趋同性三大机制具有异曲同工之处。

　　由此可见，新制度经济学认为制度是决定经济行为主体间相互关系的游戏规则，包括正式制度与非正式制度（North，1990），而组织社会学则将制度定义为通过规章（regulatory）、规范（normative）及认知（cognitive）制约人们之间的社会行为与活动（Scott，1995），基于制度理论从经济学与组织社会学两个视角提出了对网络组织治理模式选择问题的解释。

　　基于经济学视角的制度理论，主要侧重于对转型经济体中的制度与企业经营行为的研究（North，1990），而不是以组织行为与组织理论等为特征的制度理论研究。该流派的基本假设与经济学的基本假设相一致，即决策者将效用最大化作为决策目标。North（1990）将制度定义为约束组织行为及其相互关系的博弈规则，包括正式制度、非正式制度与制度实施，并认为制度环境是导致经济组织效率差异的决定性因素，将交易成本作为因变量，通过制度和规范对交易成本的变化进行解释，并由此揭示制度变迁的内在机制。因此，经济学视角的制度理论研究焦点主要集中在制度环境约束与经济成本上，经济成本包括交易成本与代理成本。在转型经济中，政府的商业法规缺乏一致性与连续性，政策环境缺乏稳定性与预见性，无疑增加了市场交易成本与不确定性（Xin and Pearce，1996）。该观点与经济学视角下的交易成本理论一脉相承。由此可见，在转型经济体中的高交易成本与不确定性的市场环境中，网络组织如何选择治理模式，经济学视角下的制度理论给予了合理的解释。

　　基于组织社会学视角的制度理论，克服了理性选择模型的内在局限，被广泛应用于公司战略管理问题。不同于经济学视角下的制度理论，组织社会学视角下的制度理论将制度定义为符合合法性行为的社会规则与规范，组织需要遵守社会主流信念体系，并获取合法性（Suchman，1995）。值得注意的是，合法性的获取可能是以公司效率损失为代价的。由此可见，组织社会学视角下的制度基础理论与交易成本理论之间存在的显而易见的差异是：交易成本理论是为了实现效率与效用最大化目标，而制度理论要求在社会范围内通过强制认同、规范认同与认知认同三种机制获取行为的合法性。强制制度、规范制度与认知制度三种制度支柱形成了从有意识到无意识、从合法强制到理所当然的连续过程（Eisenhardt，1989；Hoffman，2001；Weiner and Alexander，1998）。由此可见，组织社会学视角下的制度理论是与基于效率的交易成本理论结合在一起来解释治理模式选择问题的。

制度理论的核心命题是处于制度系统中的个体经济行为或行动受到制度因素的影响（Thornton and Ocasio，1999）。根据 Granovetter（1985）的社会嵌入理论，企业嵌入于公司内部制度环境（由固化的结构、标准与实践构成）与外部制度环境（由供应商、顾客、竞争对手与规制者构成）中。制度理论发展的原动力来自转型经济体中现实问题的推动及对西方主流管理理论的反思（王益民，2009）。转型期制度环境对企业经济行为的影响，包括正式制度规则的缺失（Khanna and Palepu，2000）、政府对资源的控制与政府对企业运营的干预（Child and Yuan，1996）。此外，不同国家之间的制度距离对跨国企业经济行为同样具有影响作用（Peng et al.，2020）。然而，制度问题被当作管理和组织研究的"外生变量"而予以抽象化、一般化。随着以东欧和中国为代表的地区和国家推行经济转型政策，学者发现根植于西方的经典管理理论已经无法完全解释这些地区和国家的企业行为与绩效。学者认为，用制度作为研究的内生变量，其解释能力更强。制度影响着组织的战略选择，并最终影响组织绩效，并且组织的战略应是组织所处的正式、非正式制度环境与组织的产业特征、所拥有的资源共同决定的。

随着转型经济体的发展，新的正式制度得以创建，并通过法律与制度改革逐步合法化，但相对于正式制度的变革过程，非正式制度的变迁则是一项复杂、费时而又难以理解的过程（North，1990；Yiu and Makino，2002）。中国正处于制度转型过程中，制度转型可以概括为以关系为主导的非正式经济制度转型到以规则为主导的正式经济制度（Peng and Luo，2000）。处于中国转型经济中的企业经济面临着如何在不连续、不确定的制度转型时期提高运作效率的问题。受益于新兴经济体实践的推动和 Peng 等学者的倡导，近几年来，学者尝试着使用制度理论的视角研究治理模式，并且认为制度基础观已成为战略管理研究的重要研究支点。但是，除了少数学者探索性研究之外，学术界对处于转型经济中的制度环境对治理模式影响的研究仍处于初级阶段，缺乏系统性，很多制度理论的元素尚未引入战略研究之中。因此，制度转型成为供应链网络治理模式选择的基本情景，缺乏适应性的交易成本经营运作活动起支撑作用的制度框架，将在很大程度上影响处于其中的经济行为主体的治理模式选择。从现有零散的研究成果，总结一个完整的理论框架是一项十分必要的工作。

2.2.5　跨学科解释：制度逻辑理论

新制度理论解释了制度环境对组织行为趋同化的影响机理，包括强制同构、认知同构与规范同构三种不同的制度同构机理，但难以解析为什么组织在制度同构压力下存在异质化行为。近年来，致力于制度同构研究的新制度理论学者将注意力转移到特定制度情境下组织行为多样化与制度变迁过程问题（MacLean and Behnam，2010），并且开始致力于制度逻辑理论（institutional logic theory）的研究。制度逻辑概念最早源自社会学研究，Alford 和 Friedland（1985）用制度逻辑描述现代西方社会固有的资本主义、国家官僚政治与民主之间的矛盾。Friedland 和 Alford（1991）首次将制度逻辑理论应用于组织行为学领域，从此 Haveman 和 Rao（1997）、Thornton 和 Ocasio（1999）开创了制度理论的全新研究方向：基于制度逻辑视角重新界定制度环境的内涵与意义。Thornton 等（2012）出版了第一部论述制度逻辑的专著，全面综述和评价了制度逻辑观（institutional logics perspective），系统地介绍了学术界关于制度逻辑的研究成果，并获得了国际著名的乔治特里图书奖，标志着制度逻辑理论获得了国际管理学界的认同。

与社会嵌入理论的理念相同，制度逻辑理论认为理解企业组织行为必须深入理解企业组织所嵌入的制度情境，多元制度逻辑是彼此分离、相互竞争且长期并存的（Thornton，2004；杨书燕等，2017）。虽然制度逻辑理论认同传统的新制度理论的奠基者 Meyer 和 Rowan、DiMaggio 和 Powell 强调文化规则与认知结构对组织结构的"塑造"作用，但与传统新制度理论学者强调单一主导制度逻辑（dominant institutional logic）对企业组织行为的同构作用有所不同，制度逻辑理论认为在特定制度体系下多元制度逻辑对企业组织行为产生不同影响，导致企业行为差异化（Thornton et al.，2012；邹国庆和郭天娇，2018）。因此，企业组织战略选择行为离不开其所处的社会地位及其自身对社会地位的理解，制度逻辑是塑造组织行动者认知及行为的规则，制度逻辑理论为解释供应链网络治理模式选择行为的差异性提供了全新视角。

制度逻辑理论的基本原理与假设可分为嵌入式能动、交互制度系统、物质与文化双重基础、制度多层次性、历史权变性等（杜运周和尤树洋，2013）。其中，Thornton 和 Ocasio（2008）认为，社会可以界定为交互制度系统，并且交互制度系统中的每种制度秩序（institutional orders）都具有各自特定逻辑，不同逻辑对企业组织行为具有不同的要求，而企业组织选择遵循不同的制度逻辑，因此表现为企业组织行为的异质性。也就是说，不同制度逻辑之间的矛盾和冲突可以从理论上解释企业组织行为的能动性和异质性。然而，有两个问题需要注意：第一是不同制度秩序均对企业组织行为逻辑产生影响，不同制度逻辑应该被赋予因果关系解释的优先权，不能只关注主导逻辑，而忽视其他制度逻辑；第二是企业组织研究中的关键构念，如效率、理性、价值观等，都是由不同制度逻辑构成的交互制度系统塑造的，可作为组织知识分类的制度基础。基于制度基础理论的基本原理与假设，Thornton 和 Ocasio（2008）进一步探讨了多元制度逻辑对企业组织行为的影响机制，分别为：①通过企业组织的集体身份认同，特定制度逻辑可塑造企业组织的群体特征；②制度逻辑通过社会阶层和分类塑造企业组织行为主体的认知；③制度逻辑通过改变决策者的注意力配置来影响企业组织行为；④制度逻辑影响权力与身份的争取。上述四个机制可以用来解释造成企业组织行为差异性的深层次原因。

诺贝尔经济学奖获得者 North（1990）认为正式制度与非正式制度共同塑造了企业战略行为，而对相互竞争的多元制度逻辑的选择性响应导致企业行为多样化。那么，中国情境下供应链网络治理模式选择行为是否遵从正式制度逻辑与非正式制度逻辑的二元划分范式？如果遵从，什么制度逻辑作为主导直接影响供应链网络成员企业的治理模式选择行为？其他制度逻辑是否对供应链网络治理模式选择行为产生影响，其作用路径是什么？作为新兴经济国家，我国与发达国家之间的巨大差别在于正在经历"游戏规则的根本、全面的变化"，制度转型的显著特征是制度不确定性强、市场稳定性弱（张维迎，2010），社会关系的运用可以降低交易成本，有其存在的合理性和必要性（Lovett et al.，1999）。中国情境下，社会关系作为非正式制度起到替代正式制度的作用，影响了企业社会交换关系管理策略与决策过程，关系逻辑成为主导制度逻辑（陈维政和任晗，2015）。根据社会嵌入理论，供应链网络成员企业并非存在"真空"中，而是嵌入于社会关系，不仅追求提高自身经济效率，而且追求合法性以求生存（Granovetter，1985；Walder et al.，2013）。供应链网络成员企业只有策略性地遵从关系逻辑，才能获得认可与支持，提升自身的合法性，进而实现企业的生存和成长（Zimmerman and Zeitz，2002）。与此同时，我国于 20 世纪 80 年代引入市场逻辑，但政府逻辑仍然强势（杜运周和尤树洋，2013），转型期内政府与市场共同参与资源配置（张维迎，2010）。政府逻辑与市场逻辑作为正式制度逻辑，是否对社会关系与供应链网络治理模式选择行为之间的关系产生影响？根据制度逻辑理论，制度情境是交互制度系统，不同制度逻辑之间的冲突、矛盾与互动决定组织行为的异质性（Thornton et al.，2012）。中国企业管理的特殊情境体系由相互作用、相互制约的社会情境、市场情境与政府情境构成，处于该体系中的不同企业组织所受到的影响则不尽相同（Cuervo-Cazurra and Li，2021；林海芬和苏敬勤，2017）。面对转型期内政府干预的企业产权性质划分与渐进式市场化改革等中国特色情境，原本只属于经济学范畴的供应链网络治理模式选择问题，成为涉及社会、经济与政治多方面的管理问题，仅从单一视角难以全面解释其本质。因此，有必要探究政府逻辑、市场逻辑与关系逻辑的交互效应。

综合经济学、管理学、社会学与制度学的不同理论视角对供应链网络治理模式选择问题的解释，制度逻辑理论从跨学科角度，将不同理论视角逻辑解释视为交互制度系统分散独立的、相互竞争的多元制度逻辑，共同影响供应链网络治理模式选择行为。根据上述理论溯源及不同理论的解释，整理出多理论视角的供应链网络治理模式选择分析框架图，如图 2-3 所示。

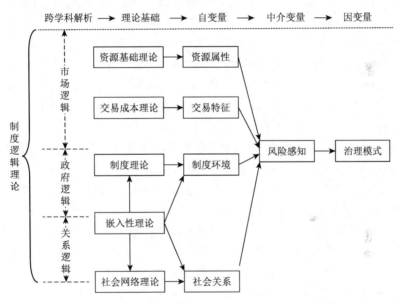

图 2-3　基于多理论视角的供应链网络治理模式选择分析框架

2.3　供应链网络治理模式选择的影响因素

本书与以往的研究视角不同，从多元制度逻辑视角探究供应链网络治理模式选择行为的影响因素。结合 Granovetter（1985）提出经济行为嵌入于社会结构的观点、Nee 和 Ingram（1998）提出的制度环境与社会关系双重嵌入相互补充的观点，以及 Thornton 和 Ocasio（2008）提出的多元制度嵌入的观点，针对中国情境下供应链网络治理模式选择问题构建了包含市场逻辑、政府逻辑与关系逻辑等三大视角的多层级分析框架，探究供应链网络所嵌入的市场环境、制度环境与社会关系对其治理模式选择行为的影响机制，而将其他因素作为控制变量，不介入分析。本节将重点梳理多元制度逻辑视角下供应链网络治理模式选择的影响因素，分别为市场环境、制度环境、社会关系与风险感知。

2.3.1　市场逻辑：市场环境

自 1978 年改革开放以来，我国实行从计划经济向市场经济转轨的体制改革，目标是建立完善的市场经济体制。经过 40 多年的发展，我国基本上从传统的计划经济体制转向了市场经济体制，经济发展取得显著成就并创造了"中国奇迹"，实际 GDP（gross domestic product，国内生产总值）以年均 9.5% 的速度增长，我国人均国民总收入由 1978 年的 200 美元提高到 2016 年的 8250 美元；经济总量上升到世界第 2 位；居民收入实现了大幅度提高，福利大为改善，2.5 亿农村贫困人口摆脱了绝对贫困。中国经济能够实现如此大的进步，最根本的原因就是市场化改革。市场化改革释放了巨大的制度红利，是中国经济增长的主要驱动力。中国这一全世界最大的新兴市场国家，为研究市场环境如何影响企业战略决策提供了很好的机会，而市场化进程是转型期内市场环境的重要表征变量（王磊和张华勇，2015）。

多年来，市场化改革一直是学术界研究的持续热点问题。市场化改革意味着行政计划的减少与退出，可有效改善资源配置效率（方军雄，2006）。然而，由于政策、地理、历史等因素的影响，虽然我国的市场化改革步伐较快，但不同区域的经济转型道路呈现出明显不同的路径，市场化进程各不相同。市场化程度不平衡主要表现在地区和行业两个层面，可用市场化指数来表示。Babecký 和 Campos（2011）认为，关于转轨经济市场化的跨国研究，不同国家在转型过程中的度量标准存在差异，政治制度、政府政策、地缘环境及转轨路径的差异等都会影响实证结果的稳健性。随着中国市场化改革的快速推进，国内学者积极探索适合中国国情的市场化进程测度方法，并取得了卓有成效的研究成果，包括国家计委市场与价格研究所课程组（1996）对市场化程度的判断；陈宗胜（1999）构建的市场化进程指标体系；樊纲等（2003）剖析了全国不同区域市场化进程的相对指数等。目前关于市场化改革或市场化进程的相关指标，多采用樊纲等的市场化指数报告，最新版本为王小鲁等（2017）撰写的《中国分省份市场化指数报告（2016）》，该报告对 2008～2014 年我国各省（自治区、直辖市）市场化改革进展的总体情况和不同方面的进展情况进行了评价。

中国市场化指数由五个方面指数组成，分别反映市场化的某个特定方面。它们是：政府与市场的关系、非国有经济的发展、产品市场的发育程度、要素市场的发育程度、市场中介组织发育和法律制度环境。为了全面反映市场化各个方面的变化，每个方面指数由若干分项指数组成，有些分项指数下面还设有二级分项指数，共由 18 项基础指数构成，如表 2-3 所示。

表 2-3　中国市场化指数指标体系

一级指标	二级指标	三级指标
1. 政府与市场的关系	1a. 市场分配经济资源的比重	—
	1b. 减轻农村居民的税费负担	—
	1c. 减少政府对企业的干预	—
	1d. 减轻企业的税外负担	—
	1e. 缩小政府规模	—
2. 非国有经济的发展	2a. 非国有经济在工业总产值中的比重	—
	2b. 非国有经济在全社会固定资产总投资中的比重	—
	2c. 非国有经济就业人数占城镇总就业人数的比例	—
3. 产品市场的发育程度	3a. 价格由市场决定的程度	3a1. 社会零售商品中价格由市场决定的部分所占比重
		3a2. 生产资料中价格由市场决定的部分所占比重
		3a3. 农产品中价格由市场决定的部分所占比重
	3b. 减少商品市场上的地区贸易壁垒	—
4. 要素市场的发育程度	4a. 金融业的市场化	4a1. 金融业的竞争
		4a2. 信贷资金分配的市场化
	4b. 引进外资的程度	—
	4c. 劳动力流动性	—
	4d. 技术成果市场化	—
5. 市场中介组织发育和法律制度环境	5a. 市场中介组织的发育	5a1. 律师人数与当地人口的比例
		5a2. 注册会计师人数与当地人口的比例
	5b. 对生产者合法权益的保护	5b1. 市场秩序
		5b2. 执法效率
	5c. 知识产权保护	5c1. 三种专利申请受理数量与科技人员数的比例
		5c2. 三种专利申请批准数量与科技人员数的比例
	5d. 消费者权益保护	5d1. 消费市场秩序
		5d2. 对消费者保护的程度

　　聚焦于供应链网络治理模式选择问题,经济学视角下将交易特征(交易频率、不确定性、资产专用性等)、资源属性与能力属性作为控制变量,而将市场化进程这一具有中国特色的变量作为前置变量探究其对供应链网络治理模式选择的影响作用。

2.3.2　政府逻辑:制度环境

　　根据政府逻辑,经济行动与社会互动是在各种法律、规章制度约束的基础上进行的,既包括正式的制度约束,也包括非正式规范的约束(North,1990)。在以往的治理模式选择研究中,占据主导地位的是有关任务环境、交易环境的观点,即研究集中于企业资源特征、能力特征、交易属性等经济性变量对治理模式选择的影响,忽略了制度环境的影响。制度和组织之间的作用日益成为人们关注的焦点,企业所处的外部环境的重要性又被重新审视,在所有的外部因素中,制度正在作为内生变量用来解释不同情境下企业的行为差异。企业进行战略行为选择时需要考虑国家、地区的社会背景和制度结构等因素,将影响因素归类为制度框架,为了解释企业战略选择的差异,新的观点被称为基于制度基础观的企业战略理论(institutional-based view of business strategy)。该理论将战略选择行为作为因变量,聚焦于制度与企业动态的交互作用,而战略选择正是交互作用的结果。特别指出,战略选择不仅由传统战略研究强调的企业资源、能力,以及交易成本经济学所强调的交易成本决定,而且表现为决策者面对的特殊制度框架(Scott,1995)。特别对于处于大规模制度转轨的中国企业,由于独特的制度背景,治理模式选择具有西方成熟经济制度框架下的差异化特征。因此,制度的选择、建构与塑造本身必须作为至关重要的内生变量纳入中国情境下供应链网络治理模式选择的理论分析框架。

　　目前,基于制度理论视角下的治理模式研究因素的讨论,更多是从正式制度与非正式制度的分类角度进行,这一分类具有强烈的交易成本的经济学印记;而从组织社会学的强制制度、规范制度与认知制度的视角,对治理模式进行研究的较少。Scott(1995)提出了制度理论模型,包括强制制度、规范制度与认知制度,该模型已经成为战略管理研究中测量制度变量的基准模板。其中,强制制度是指法律、政策与规定等具有法律权威组织(国家、政府等)颁布的细则,通过奖励或者惩罚来制约经济行为;规范制度属于社会责任,包括规则、规定、准则与行为标准等,带有"道德"权威色彩;认知制度属于个体或者集体对现实世界的认识与理解,是一种自觉自愿、不需要证明也难以证明的心理活动。三个维度跨越了学科界限,基本涵盖了人类社会所有的制度因素。基于组织社会学视角,重新审视中国情境下制度对供应链网络治理模式选择的影响,本书认为供应链网络嵌入于由强制制度、规范制度和认知制度构成的制度环境之中,如图2-4所示。

图 2-4　制度环境的三个维度

（1）强制制度。强制制度是指供应链网络嵌入于强制制度中，受到法律、法规和政府的管控，是治理模式选择的基础。强制制度通过正式的法律法规来管控、激励或者约束组织行为，引导组织活动和组织观念，借以强制性实施机制完成。Mutlu 等（2018）认为企业与企业、企业与政府之间存在强联系与弱联系，强联系可以被理解为强制制度对组织行为的约束作用，而弱联系是对组织的激励作用。在供应链网络治理模式选择过程中，遵循强制制度主要是出于对私利权衡的考虑，合法性的基础是法律认可。

（2）规范制度。规范制度是指供应链网络嵌入于行业性的行为规范中，市场竞争中其他竞争者的价值观、信仰和规范影响治理模式的选择，表现为经验法则、标准化操作程序和职业标准等形式。规范制度源于社会责任与专业化需求，基于规范制度的合法性受到社会道德的控制和社会公认的行为准则的约束。规范性嵌入于文化、价值观和信念之中，是组织对制度环境的一种适当性的逻辑。

（3）认知制度。认知制度是指供应链网络嵌入于共享的价值观、信仰与认知框架，包括构成社会生活特征的观念和价值观、约定俗成的行为习惯和社会心理认知，引导治理模式选择的内在的、理所当然的价值观和信仰中。认知制度的合法性源自文化支撑，组织价值观、信仰和社会认知，成为一种共享的文化认知框架，认知制度通过模仿机制实施。当组织面临市场不确定或者动荡环境时，应遵守被认为是理所当然的行为习惯，模仿共同接受的行为模式来获得领域内其他成员的认同。

然而，强调制度变量对于供应链网络治理模式选择的重要性仅仅是第一步，毋庸置疑，任何企业均置身于特定的制度环境之中，其行为都会受到所处制度框架的制约。更为重要、更具挑战性的问题在于制度因素对于治理模式选择为何重要？制度因素在多大程度上及以何种方式对治理模式选择产生影响？如何将制度因素整合进入现有的理论架构以对治理模式选择行为与路径选择做出更加强有力的解释？因而，探寻制度因素对选择行为产生影响的内在逻辑及其作用机制则是本书的重点内容之一。

综合 2.1 节的理论解析与上述论述，构建了基于政府逻辑视角的供应链网络治理模式选择分析框架，如图 2-5 所示。

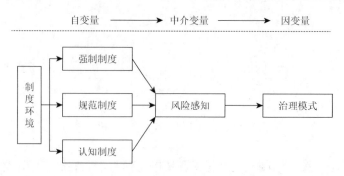

图 2-5　基于政府逻辑视角的供应链网络治理模式选择分析框架

2.3.3　关系逻辑：社会关系

制度环境与社会关系均指社会结构对经济行为的约束，制度环境侧重于宏观结构，属于宏观的经济社会层面，而社会关系侧重于微观事实，离开了制度与规范，社会关系网络是不能独立存在的。Granovetter 和 Swedberg（1992）在 *Problems of Explanation in Economic Sociology* 一书中将嵌入分为关系嵌入与结构嵌入，其中，关系嵌入指主体的经济行为嵌入与他们有直接互动的关系网络中，结构嵌入指主体的经济行为嵌入其所在的社会网络中。实际上，关系嵌入是对行为主体嵌入网络中二元关系的结构和特征的刻画，其测度指标经常为关系强弱和关系质量等；结构嵌入是对行为主体嵌入关系构成的各种网络的总体描述，其测度指标经常为网络规模大小及企业在网络中的位置。

Granovetter（2007）在评价社会嵌入理论时指出"关于这类文献的一个不好倾向是对文化、政治及制度框架的贬抑，就是我自己也不免会犯这一错误"。Zukin和 DiMaggio（1990）则避免了这一错误，他们基于上述内涵将嵌入分为四种类型：政治嵌入、文化嵌入、结构嵌入和认知嵌入。政治嵌入指外部制度框架，如政治、法律制度对经济行为的影响；文化嵌入指理性的经济行为主体在制定经济战略和目标时受到来自外部共享的集体理解的制约，如价值观和行为规范等，主要是非正式的隐性约束（行为编码），对人们行为的影响多是潜在的或无意识的，处在其中的人经常被打上隐性的集体知识或信念的"烙印"；结构嵌入与 Granovetter（1985）界定的含义相同；认知嵌入指行为主体在进行理性计算时受到原有意识结构的限制。

陈仕华和李维安（2011）提出了"主体嵌入于客体情境"的概念模式，将嵌入分为主体嵌入和客体嵌入。其中，认知嵌入属于主体嵌入，是从主体角度来讲，指"'认知'嵌入于……中"，即认知受到哪些情景的影响。而关系嵌入、结构嵌入、文化嵌入和政治嵌入属于客体嵌入，是从客体角度来讲，指"……嵌入于'关系'、'结构'、'文化'和'政治'"中，即影响认知的诸多情景。另外，这些嵌入分属不同层次，认知嵌入主要关注经济行为人的认知，属于个人层面；关系嵌入主要关注企业与其他企业之间的关系，属于企业层面；结构嵌入主要关注企业在企业网络中的位置，属于网络层面；政治嵌入和文化嵌入主要关注企业所处国家的宏观制度，既有正式的法律法规，也有非正式的社会惯例和文化等，属于国家层面。

　　网络与社会关系是密不可分的，网络是"嵌入的社会关系"（Granovetter，1985），甚至有学者认为网络就是社会关系。总之，学者都将个人网络看成一种可以利用的社会关系资源，它是非正式制度的重要组成成分，影响着人们的认知方式和交易行为。特别是中国作为处于转型经济中的新兴经济体，政府与企业成为网络边界内的两个关键行动者。政治联系治理作为一种非正式治理机制的内在基础、制度诱因及治理效果，逐步成为治理研究的"新亮点"（李维安等，2010）。根据中国国情，弱政治关系企业以私有企业为主，强政治关系企业以国有企业为主，因此，蕴含了多种企业性质研究与多种关系强度研究。同时，部分学者指出资源配置行政化可以从政治联系及地方政府的干预两个指标来测量。当前，政治联系与制度环境已成为学术界研究的热点（Fan et al.，2007），其核心是讨论在行政型治理环境和经济型治理环境的模式下，如何通过不同治理模式实现或影响资源配置的过程。大量研究表明，无论是在制度环境不发达的转型经济国家还是在市场经济较为成熟的发达国家，这种以社会关系为代表的非正式制度在企业的交易行为中扮演着重要角色。因此，主要采用的是企业管理者社会关系。

　　企业管理者所做出的经营决策不可避免地与其社会背景具有密切关系（Hambrick and Mason，1984）。由于决策者社会联系、社会网络与企业绩效之间存在跨越微观层面与宏观层面的联系，目前决策者社会关系的研究呈上升趋势。笔者以"managerial ties"、"managerial relationship"与"guanxi"为检索词，在Google Scholar 进行检索，Peng 和 Luo（2000）在 *Academy of Management Journal* 上发表的 "Managerial Ties and Firm Performance in a Transition Economy: The Nature of a Micro-Macro Link" 一文引用达 2000 余次，位居同类文章的首位，是该研究方向中的经典文献，该文将社会关系网络分为横纵两向，分别为横向商业关系与纵向政治关系，并首次通过实证研究方法验证了管理者社会关系与企业绩效之间的关系。

　　Geletkanycz 和 Hambrick（1997）将管理者关系（managerial ties）定义为管理者的边界中介关系（boundary spanning activities），以及与其相关的外部实体间互动（interactions）。研究表明，管理者关系与企业特征具有密切关系，如管理者关系与企业规模（size）、建立时间（age）、所有权性质（ownership）、地理位置（location）、管理技能（management skills）与战略导向（strategic orientation）等企业特征具有密切联系。

综合本章理论解析与上述论述，构建了基于关系逻辑视角的供应链网络治理模式选择分析框架，如图 2-6 所示。

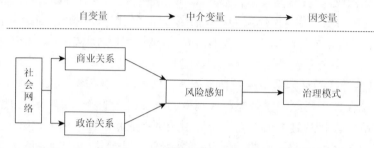

图 2-6   基于关系逻辑视角的供应链网络治理模式选择分析框架

2.3.4   治理过程：风险感知

供应链网络成员企业作为独立的利益主体，存在彼此之间信息不对称的现象。供应链网络成员企业在与其他合作企业进行商务谈判过程中，为了获得谈判优势，往往会保留企业生产能力、原材料成本、产品质量等无法验证的私有信息。获取或检验私有信息将支付高昂的成本，导致难以签订有效的契约对供应链网络成员企业进行监督和控制，使得供应链网络合作企业不得不承担事后"敲竹杠"或机会主义行为掠夺或损害的潜在风险（Jajja et al.，2018）。

风险是战略管理中一个重要因素，对不确定性与风险进行控制是管理的根本所在（Thompson，2003）。网络组织不仅具有经济属性，而且具有社会属性，但关于风险认知这一社会心理特征研究比较匮乏（Biesbroek et al.，2014）。供应链网络治理是预防与控制合作伙伴实施机会主义行为的重要保障，通过风险评估和完备的契约、监督与控制等措施抑制或消除机会主义行为（Qazi et al.，2018；Qazi et al.，2017）。供应链网络运作过程中，成员企业不仅关注不同供应链网络治理模式能否创造潜在效益，而且关注潜在的机会主义风险。在不完全契约的条件下，网络组织中存在事前与事后的机会主义行为，导致网络组织中产生契约交易风险，而治理具有缓解风险的可行性与效能（威廉森，2001）。交易成本理论对机会主义的解释，事实上是针对合作关系中的风险成因及治理机制等问题展开的。机会主义行为可能导致网络组织效率损失（Klein et al.，1978；马国勇和石春生，2013），存在着限制价值创造的潜在机理（Wathne and Heide，2000）。Yu 等（2006）在有关供应商进行资产专用性投资时存在的风险治理的研究中，阐述了正式治理机制（合同协定与财务承担）与关系治理机制（信任）之间的影响关系，从资产专用性、资源互补性及不确定性三个方面来区分这两种治理机制。因此，需要从治理的角度来思考网络组织中存在的问题与冲突，面对网络组织的负面效应及高失败率，企业迫切需要建立适应性的治理模式以减少运作风险。理论界需要重点考察机会主义风险在影响因素与治理模式选择之间的路径传导作用。

　　Miller（1992）按照风险来源的不同，将风险分为关系风险与绩效风险，关系风险来源于网络组织内部，即内在风险，Miller 将其视为非系统性风险；绩效风险则来源于网络组织成员所处的外部环境，即外部风险，很大程度上是难以预测与规避的，Miller 将其视为系统性风险。Ring 和 van de Ven（1992）则将合作风险视为内部风险，将环境风险视为外部风险。在此基础上，Das 和 Teng（1999）对在网络组织形成与运作过程中网络成员所面临的关系风险与绩效风险进行了详细的定义。关系风险是指对企业间的合作关系不满意，主要关注于伙伴企业所做出不可置信承诺的可能性、伙伴实施对其造成消极影响的机会主义行为的概率，以及机会主义行为下企业可能遭受的损失，如不履行承诺、不按合同约定进行资源投入、搭便车、工作打折扣、意外更换合作伙伴等。绩效风险则指的是即使伙伴充分履行承诺，仍然不能够实现既定目标的风险，导致绩效风险的因素除了自身能力不足之外，还有外部环境的不确定性。对战略制定者来说，关系风险与绩效风险的来源及其对网络组织运作过程的影响原理、可规避性等方面具有根本性的不同（Thompson，2003）。因此，应将其视为相互独立的风险。

　　自从 Das 和 Teng 提出上述风险思想之后，研究学者长期沿用了关系风险和绩效风险的分类方法，同时基本沿袭了 Das 的研究模式，即采用关系风险与绩效风险的整体概念，并同时对这两者进行研究，但是在选择具体刻画指标时则依据各自情境。如前所述，Ring 和 van de Ven（1992）将风险感知分为合作风险与环境风险，合作风险为新业务合作导致的战略风险，环境风险包括自然危机、市场变动与行业规则变动导致的风险。Delerue（2004）将关系风险划分为机会主义行为、依赖性风险、不履行风险、不兼容风险、矛盾冲突、僵化风险、侵犯风险、失去竞争力、不易学习风险。Nooteboom（2004）则将合作风险划分为资源的丧失、坚持的风险、心理/社会风险、溢出风险。国内学者刘益等（2003）将风险感知分为合作风险与绩效风险两类，其中合作风险包括公平性、信息提供、窃取资源、决策受制、稳定性，绩效风险包括资源专用性、退出成本、发展前景、合作伙伴竞争力、竞争激烈程度等。

　　不难看出，关于风险的刻画指标数量众多，但侧重点各不相同，这意味着网络组织风险是一个整体概念，涵盖的内容多且范围广，研究问题往往存在关系风险与绩效风险两个概念，从而导致针对同一问题的研究，借助不同的风险指标度量与刻画，得出不同甚至相互矛盾的结论。因此，本书采用细分研究模式，构建其指标刻画体系，以期得出较为深入、系统与明确的研究结论。

2.4 多元制度逻辑下供应链网络治理模式选择理论框架

本书的理论意义与创新性在于，通过跨领域的交叉研究，弥补单一理论视角解释现象的认知偏见，探究多元制度逻辑下供应链网络治理模式选择理论。

通过梳理供应链网络治理的理论研究脉络发现，战略领域呈现出不同理论视角的整合趋势，学者试图整合不同战略流派的理论观点，用优势互补来解释复杂的战略情境与战略行为。由前文理论脉络梳理发现，学者从不同的研究视角阐述了网络组织的形成及治理，但由于治理模式的独特性，通过不同理论演绎的研究模型只从不同侧面为治理模式选择分析框架提供"碎片式"的贡献，无法完整阐述治理模式的选择过程（张敬等，2019）。此外，由于供应链网络治理机制相对重要程度不同，不同供应链网络治理模式呈现不同演化路径（王影和张纯，2017）。根据上述章节的论述，各主流学派为网络组织治理模式选择研究提供了理论基础，交易成本理论以"交易"为基本分析单位，认为网络组织治理模式的选择是以降低交易成本为基本原则的。资源基础理论认为企业是资源的集合体，当企业无法通过市场获取所需资源或采用自制的方式不经济时，企业将选择网络化的治理模式。虽然各有优势，但两者均未考虑到对治理模式选择起到关键性决定作用的社会环境因素的影响，忽略了对经济行为所嵌入的制度环境与社会关系的重视与深入研究，采取存而不论或简单化界定的态度，将其作为研究框架的外生变量，或置于框架之外。这无疑是一个严重的理论缺陷。社会嵌入理论直面经济理性逻辑所回避的社会关系问题，基本分析单元转向"关系"，扩展了交易特征与治理结构维度的观察视野。关系网络是不断发展的社会互动，必须具有社会过程的动力，因此，需要将制度约束与网络嵌入性相结合，制度嵌入与关系嵌入相互补充，探索社会关系与社会制度对企业战略选择行为的影响机理。制度嵌入与关系嵌入实际上均指社会结构对行为的约束，前者侧重于宏观的经济社会层面，而后者侧重于微观具体的人际关系及人际关系网络。

因此，嵌入性理论为解决中国情境下的管理问题提供了全新的研究视角。由于不同的历史与制度遗留，中国经济特征异于西方经济与管理理论，在经济与商业中，个人关系（personal relationships）与社会联系长期占据主导地位（Dodgson，2009）。同时，中国转型过程中的显著特征是市场制度较弱、产权保护缺乏与制度环境的不确定性，各级政府干预企业的现象是经常出现的，企业的行为受到高昂的交易成本、不发达的市场制度和政府强势干预的约束，这是处于转型经济中的国家普遍特征。不同于以往研究视角，基于制度逻辑理论关于多元制度逻辑彼此分离、相互竞争且长期并存的观点，围绕着"中国情境下供应链网络的嵌入性如何影响治理模式选择"这一核心问题,深入发掘出供应链网络治理模式选择的影响因素,从市场逻辑、政府逻辑与关系逻辑等视角探究供应链网络所嵌入的市场环境、制度环境与社会关系对其治理模式选择行为的影响机制,而将其他因素作为控制变量,不介入分析。由此形成多元制度逻辑下供应链网络治理模式选择理论框架,如图 2-7 所示,并作为第三章的预设理论模型。

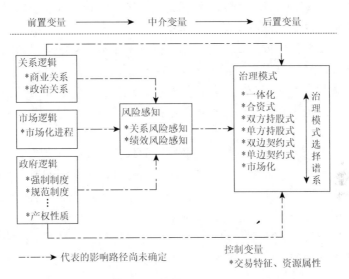

图 2-7 多元制度逻辑下供应链网络治理模式选择理论框架

2.5 本章小结

本章属于理论研究部分,回顾并梳理了与现有研究成果之间的理论继承、完善与拓展关系,主要包括以下研究工作。

第一,对公司治理问题的相关研究成果进行了详细的回顾与评价,包括公司治理的狭义含义界定与广义含义界定,基于委托代理理论、现代管家理论、利益相关者理论与制度理论等视角解析了公司治理问题,介绍了市场主导型英美模式、银行主导型德日模式、政府主导型俄罗斯和东欧模式、家族主导型东亚和东南亚模式等四种公司治理结构类型,并详细阐述了由公司治理向网络治理延伸的原因及其必要性。

第二,对供应链网络治理模式选择问题相关的研究成果进行了详细回顾与评价,认为治理模式选择的理论解释范式如同钟摆在"内部—外部"之间摇摆以寻找平衡点。经济学派的战略管理范式以"交易"为分析单元,即交易特征对治理模式选择的影响,其经典理论为交易成本理论;管理学派的战略管理范式以"企业"为分析单元，即资源与能力属性对治理模式选择的影响，其经典理论为资源基础理论；制度学派属于制度环境层面的研究，即企业所嵌入的制度环境对治理模式选择的影响，其经典理论为经济学视角与组织社会学视角的制度基础理论；社会学派属于关系网络层面研究，即企业所嵌入的社会关系对治理模式选择的影响，其经典理论为社会嵌入理论。从跨学科角度，综合经济学、管理学、社会学与制度学的不同理论视角，制度逻辑理论认为市场逻辑、政府逻辑与关系逻辑等多元制度逻辑共同影响供应链网络治理模式选择行为。

第三，基于多元制度逻辑理论视角发掘了影响供应链网络治理模式选择的关键因素。从市场环境层面探寻影响因素为市场化进程；从制度环境层面探寻影响因素，包括强制制度、规范制度与认知制度；从社会关系层面探寻影响因素，包括商业关系与政治关系；从治理过程层面探寻影响因素，包括关系风险感知与绩效风险感知。

第四，由于治理模式的独特性，通过不同理论演绎的研究模型分别从不同侧面为治理模式选择分析框架提供"碎片式"的贡献，无法完整阐述治理模式的选择过程。基于中国社会现实与西方理论逻辑之间悖论的思考，融合交易成本理论、资源基础理论、社会嵌入理论与制度基础理论，基于多元制度逻辑视角，将市场环境、制度环境与社会关系三大变量纳入到分析框架，构建了中国情境下供应链网络治理模式选择的多层级分析框架，为后续的探索性案例扎根研究奠定基础。

第3章 供应链网络治理模式选择的探索性
案例扎根研究

通过第 2 章的理论回顾与梳理，在中国情境下，除了交易特征、资源属性与能力属性等影响因素，供应链网络所嵌入的市场环境、制度环境与社会关系是供应链网络成员企业治理模式选择决策的重要前因条件。然而，现有研究关于市场环境对供应链网络治理模式选择的影响研究成果颇丰，制度环境与社会关系如何影响供应链网络治理模式的选择尚未澄清，探究并回答上述问题需经历从无知或模糊到求知的过程。因此，采用探索性案例扎根研究方法，展开"中国式理论"的探索与实证研究，通过对实际供应链网络治理模式选择决策过程的探索，从制度环境与社会关系两个视角归纳总结影响供应链网络治理模式选择的前置因素及其涉及的重要构念，以此建立供应链网络治理模式选择的初始概念模型，并提出初始研究命题。

3.1 探索性案例扎根研究方法介绍

定性研究作为理论与文献匮乏的领域进行理论构建工作的有效方法，成为必要且适宜的研究工具（徐淑英和刘忠明，2004）。社会学五大传统定性研究方法分别为扎根研究、案例研究、传记研究、现象研究与民族志。其中，案例研究的目标正是澄清和提炼概念（纽曼，2007），而扎根理论强调研究者深入情境中发现问题、提炼概念与构建理论，是具有情景敏感性的研究方法（Suddaby，2006）。因此，探索性案例扎根研究是在中国情境下创建新理论的最佳选择。

3.1.1 案例研究方法

案例研究方法（case study method）作为定性研究方法，与实验研究、问卷调研等方法同属于社会科学研究方法（Eisenhardt，1989），关键在于通过对现实现象的详细描述（thick description）与各种因素的系统解释，回答现象背后"为什么"（why）与"怎么样"（what）的问题（Yin，2003），而且通过对动态互动历程与所处情境脉络的分析，获得较为全面而整体的观点（Gummesson，2000）。因此，案例研究广泛应用于复杂多变的管理学研究领域，特别是近几年广泛应用于中国情境的研究。

按照研究目的，案例研究可以分为四大类，包括探索性案例研究、描述性案例研究、因果性案例研究与评价性案例研究（Yin，2003）。探索性案例研究是指当研究者对于个案特性、问题性质、研究假设及研究工具不是很了解时所进行的初步研究，以作为正式研究的基础，适用于寻找对事物的新洞察或应用新的观点去评价现象；描述性案例研究是指研究者对案例特性与研究问题已经有了初步认识，通过对案例进行更仔细的描述与说明，加强对研究问题的认识深度；因果性案例研究旨在分析案例现象中的相互因果关系，以了解不同现象之间的确切函数关系，并对现象或研究的发现进行归纳分析，以最终结果做出结论；评价性案例研究是指研究者对研究的案例提出自己的意见和看法，并提出政策指导等。

根据案例研究中所选用案例数量，案例研究可以区分为单一案例研究和多案例研究（Meredith，1998）。单一案例研究是指针对一个案例现象进行分析，证实或证伪已有理论假设的特定问题，或者用来分析一个极端的、独特的或者非常见的管理情景。单一案例研究虽然可以清晰说明特定方面的问题，但是其并不能支持建立一个完整的理论框架。相对地，多案例研究包括案例内分析（within case analysis）与跨案例分析（cross case analysis）两个分析阶段，能够深入分析不同案例之间的异同，并在不同案例之间进行逻辑重复，从而归纳出适用性更为广泛的理论体系，形成更为完整的理论（陈国权和李赞斌，2002）。

案例研究必须遵循科学研究中的信度与效度要求，以保证研究方法的严谨性与可复制性。根据 Yin（2003）的研究，判断案例研究设计质量的四项指标分别为：构念效度、内部效度、外部效度与信度。具体检验标准、威胁因素、处理方法与步骤如表 3-1 所示，研究者应系统地收集资料、严谨地分析资料，并保证研究设计与过程符合研究问题与研究概念，以满足信度与效度要求（陈晓萍等，2008）。

表 3-1　案例研究的信度与效度检验标准与方法

检验标准	威胁因素	处理方法	步骤
构念效度	操作性测量不能表示构念	多证据来源 掌握证据链 审查资料提供人	资料搜集 资料分析
内部效度	存在其他的因果解释，或因果关系受到污染	类型比对 建立解释 时间序列分析	资料分析 研究设计/资料分析 研究设计
外部效度	研究结论只适用于特定范围	多案例复制 分析类推	研究设计 资料分析
信度	重复实施得不到相同结果	周详的研究计划 案例库	研究设计/资料收集 资料收集/研究设计

资料来源：根据 Yin（2003）整理

3.1.2　扎根理论方法

近年来中国管理实践对西方管理理论"水土不服"的现象屡见不鲜。发展中国本土的管理理论已经成为我国管理学者的共识，研究中国情境嵌入和中国情境依赖的管理科学是中国管理学界的责任（郭重庆，2008）。

在中国特定情境下的管理学研究，更适合于应用扎根理论（贾旭东和衡量，2016，2020）。近年来，我国学者大多运用国外学者提出的概念或理论进行本土化研究，能够提出新的概念或理论的则为数甚少。然而，我国处于经济与制度双重转型时期，传统的文化、价值观不断与西方的文化、价值观发生碰撞，同时我国的整体经济发展不断与区域经济发展相互作用（王璐和高鹏，2010）。因此，我国的诸多管理问题无法在国外文献中找到恰当的诠释，需要运用科学的方法开展本土化的研究，提出适合我国国情的新的管理理念与模式，解决我国转型时期与发展过程中的实际问题。扎根理论研究方法正是不完全依赖已有研究和假设的方法，能够帮助管理者关注管理过程，发现并解释管理问题，最终找到解决问题的办法。

扎根理论是定性研究中最科学的方法论，被认为是社会学五大传统定性研究方法中最适于进行理论建构的方法，被誉为"定性革命"的先声（Denzin and Lincoln，1994）。扎根理论作为一种重要的质性研究方法论，日益受到组织与管理研究者的关注，原因有二：一是量化研究主要适用于考察已识别变量间关系的研究，对于难以清晰界定或难以用既有理论推导的现象缺乏识别力与解释力。因此，采用质性研究方法对研究现象进行界定，并构建理论框架。二是由于科学规范的操作流程与注重实践的方法论特点，扎根理论受到重视。在诸多定性研究方法论中，扎根理论强调研究者深入情境中发现问题、提炼概念与构建理论，是具有情景敏感性的研究方法，因此，运用经典的扎根理论在中国情境下创建新的理论是最佳的选择。

扎根理论由 Glaser 和 Strauss（1999）率先提出，基本思想是通过阅读和分析经验资料构建理论。扎根理论对"极端实证主义"（extreme empiricism）与"完全相对主义"（complete relativism）进行折中，用一整套系统的数据收集方法以完成理论构建，并强调"持续比较"（constant comparison）与"理论取样"（theoretical sampling）的重要性。扎根理论认为先验假设不是固定不变的，而是认为有新的数据就可能产生新的理论。持续比较是指数据收集和分析同步，遵循"收集数据—形成理论—再收集收据—完善理论"的不断循环过程，不断提炼和修正理论，直至达到理论饱和。其中，"理论取样"是指依照目前建构的理论来确定下一步该如何收集数据。

　　扎根理论的"扎根精神"体现于"理论源于实践"的思想，主要适用于两种情景：第一种适用情景是"纵向理论建构"，即按照时间顺序对已发生的事件进行回顾，并且在回顾过程中展现相关事件的因果关系（贾旭东和谭新辉，2010）；第二种适用情景是"横向理论建构"，即基于现象提出理论概念并进行明晰化，从实践中挖掘概念的内涵和外延（王璐和高鹏，2010）。此外，扎根理论分析方法有两大分支，第一分支是 Glaser 的古典扎根理论，该方法对资料进行大量编码，通过不断比较的方法得出初步理论；第二分支是 Strauss 的三阶段分析法，该方法通过开放编码、主轴编码和选择编码逐步分析资料，"发现"或"标签"类属、概念和性质等变量，以因果脉络建立变量间相互关系，并通过故事线将所有变量联系在一起形成理论。因此，更适合应用 Strauss 三阶段分析法，通过开放编码类属化案例中的变量，通过主轴编码按类属性质将其层次化和因果关系化，通过选择编码将分布于各层次的类属聚类为构件后建立具有构件化、层次化和因果关系化特征的理论模型。

3.1.3　具体研究步骤

　　在明晰供应链网络治理模式概念内涵的基础上，探索供应链网络治理模式、供应链网络成员企业所处的制度环境、供应链网络成员企业拥有的社会关系及风险感知等变量之间作用关系，即研究"某变量是怎么样影响其他变量的"及"某变量是怎么样调节其他变量间的关系的"。因此，应用扎根理论进行探索性案例研究，试图建构治理模式、制度环境、社会关系，以及风险感知等变量之间的整体理论框架，并提出初始研究命题。

　　综合考虑 Yin（2003）的案例研究步骤与 Suddaby（2006）的扎根理论研究步骤，探索性案例扎根研究的步骤如表 3-2 所示。

表 3-2　探索性案例扎根研究步骤

步骤		活动	原因
准备阶段	启动	界定既有针对性又有广泛性的研究问题 找出可能的前导观念	理论聚焦 提出构念测量的基础
	研究设计 案例选择	不受限于理论与假说，进行研究设计并聚焦于特征总体 理论抽样，并非随机抽样	确保数据收集和分析同步进行 限制外部变异与定义外部效度 聚焦于对理论建构有用的案例
	研究工具 方法选择	采用多元资料收集方法 选择研究工具，并掌握质化与量化资料 多位研究者	通过三角验证，强化研究基础证据的综合 采纳多元观点，集思广益
执行阶段	资料搜集	根据初步数据的分析结果确定下一步数据收集计划，并实际收集数据	即时分析，随时调整资料收集 帮助研究者掌握浮现的主题与独特的案例研究

续表

步骤		活动	原因
执行阶段	资料分析	对单个案例进行编码处理（开放编码、主轴编码、选择编码） 根据数据提出概念、形成范畴并建构理论 采用发散方式，寻找跨案例的共同模式	熟悉数据，初步形成理论 使观察者摆脱先前印象，并从不同视角观察理论证据
	形成假设	重复为每个构思寻找证据的过程，在案例间重复相同的理论逻辑，寻找关系存在的证据	精练构念定义、效度与可测量程度确认、扩展，完善理论 建立内部效度
对话阶段	文献对话	与矛盾的研究进行比较 与类似的文献进行比较	建立内部效度，提高理论层次及强化构念定义 提高类推能力，完善构念定义及提升理论层次
	结束	判断理论是否达到饱和，直到理论饱和方可结束研究	当改善的边际效应越来越小时，则结束研究

资料来源：根据 Eisenhardt（1989）、Yin（2003）、Suddaby（2006）整理

3.2 供应链网络治理理论预设与数据收集

3.2.1 理论预设

源于中国现实与理论逻辑的背离现象，深入研究"中国式理论"，以求更深层次地探究发达国家供应链网络治理模式选择模型在中国情境的适应性（黄光国等，2014）。根据 Yin（2003）的观点，案例研究的有效性依赖于基于理论指导的资料分析，通常从理论命题开始，并采用"分析性概括"的方法，而不采用"统计性概括"的方法。根据第 2 章关于供应链网络治理模式选择的理论情境分析及多理论视角影响因素发掘，各主流学派为供应链网络治理模式选择研究提供了理论基础。基于中国社会现实与西方理论逻辑之间悖论的思考，除了交易特征、资源与能力属性、市场环境外，社会关系与制度环境同样影响供应链网络治理模式选择，并以此为切入点，融合社会嵌入理论与制度基础理论，围绕核心问题"中国情境下供应链网络治理模式选择的影响因素与作用机制"，提出制度环境与社会关系影响供应链网络治理模式选择的多层级分析框架，理论探究供应链网络所处的制度环境与所拥有的社会关系对其治理模式选择行为的影响机制，而将其他因素作为控制变量，不介入分析，影响因素作用路径的预设理论模型，如图 3-1 所示。

3.2.2 案例选择

探索性案例扎根研究，不同于一般的探索性案例研究，需要不断抽取案例样

本，对数据进行编码处理，根据数据提出概念、形成范畴并建构理论，并判断理论是否达到饱和。如果理论饱和（即新收集到的数据不再对理论建构有新的贡献），就可以结束，否则继续进行理论取样、数据收集和分析等工作，直到理论饱和，方可结束研究。由于案例选择的好坏不能只从数量上决定，因为大量来源相同的相似案例只能增加研究的广度而难以提高研究的深度。因此，依据三个准则对案例进行选择，以提高案例研究的代表性。三个准则分别为：根据访谈整理的案例记录不少于两页；案例中企业拥有至少三家供应商且依赖所在产业网络发展；案例企业具有良好的绩效或实现了预期目标。

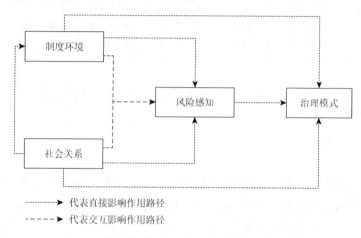

图 3-1　供应链网络治理模式选择的预设理论模型

3.2.3　数据收集

鉴于现阶段对供应链网络的研究还很不完善，理论基础及权威性研究成果都相对欠缺，采用深入访谈法进行案例资料收集，访谈提纲请参见附表 2-1，共收集案例 35 例。根据案例选择准则，经筛选确定最终跨案例扎根研究案例 27 例，如附表 2-2 所示。

深度访谈法是一种以无结构的、直接的、个人的访问为主要特征的调查研究、收集数据的方法，其核心在于"深入"，信息特点在于"个性"。在访问过程中，采用面对面、一对一的方式对调查对象进行深入访谈，并记录回答内容。根据采访对象的状态，研究者可以灵活地选择提问的方式、语气和用词。深度访谈法的主要优点是当面交谈容易形成友好的合作气氛，并且能够清楚地解释研究目的、要求和问题；提出附加问题时，答案更为精确与深入；主要缺点是费时、成本高，样本数量有限。因而，需要将深度访谈法与问卷调查法相结合。在访谈过程中，遵从了 Yin（2003）所提到的案例分析数据收集原则。

（1）使用多维度的证据来源收集数据，以提高研究效度。针对每个案例，对企业的一名或者多名管理者进行了半结构化的深度访谈，并且保证每次访谈时间在一个小时以上。同时，依靠研究团队的社会关系，对企业所在地的地方政府官员与行业协会进行开放式访谈，以保证案例资料来源多元化。访谈之后，根据资料整理进度，通过电话、邮件等多种方式进一步核实或补充相关信息。此外，还通过索取、查阅企业的内部文档资料，并通过网络公开资料、新闻媒体报道获取样本企业的相关信息，并注重发掘政府政策、法规、条例，以及行业协会的行律、行规等文献或资料。

（2）建立案例研究资料库并对资料进行记录与整理，以提高研究信度。案例记录与整理的具体的做法：访谈前，通过公开资料的收集获取对案例企业的初步了解，并增加有针对性的访谈内容；访谈时，必要情况下对访谈过程进行录音（在被允许的条件下）；访谈后，立即对访谈记录进行整理和分析；此外，在条件允许的情况下，进一步向案例企业收集非公开的企业内部资料和相关数据。

3.3　基于案例扎根方法的数据分析

3.3.1　编码策略

扎根理论研究的资料分析技术是高度系统化程序，如有效按程序执行，则可以达到较高的研究水准，满足研究发现的准确性、严谨性、复制性、推广性与可验证性（Corbin and Strauss，1990）。严格按照 Corbin 和 Strauss（1990）的编码技术程序进行构念归纳与模型构建，以保证研究的信度与效度，主要采用"编码小组"分析策略以规避编码者个人偏见对编码结果的影响，并减少案例研究中的误差和提高理论敏感性。

本人与研究团队的三位硕博研究生组成编码小组，小组成员经过学习与培训后，各自负责部分的案例标签化，但每个案例的概念化、类属化，以及主轴编码等工作由三名成员共同完成，当存在不同意见时共同讨论直到达成一致。每个案例的编码经过与修改过程通过备忘录形式存档。"理论抽样与不断比较分析"是扎根理论的核心分析策略，贯穿于整个编码过程，已形成的初步概念与类属将对后期案例编码起到重要的指导作用，而当出现新的或难以归纳的概念与属性时，则与原编码结果进行比较分析，甚至返回案例修改概念与类属，以保证归纳提炼的概念与类属及类属之间的关系不断精细化与准确化。

3.3.2　开放编码

开放编码包括三个步骤：标签化、概念化与类属化，在逐句标签化所有案例后，根据理论抽样与不断比较的编码策略，采用螺旋式的跨案例概念化与类属化方法。首先，将第一个案例的标签化结果作为标签列表，第二个案例标签化时与标签列表对照，修改并补充标签后形成新的标签列表，第三个案例与新标签列表进行对照，以此类推。其次，将案例中的标签概念化，查看标签之间的关系，判断是否能归纳在一起。最后，当具有一定数量概念后，根据概念间关系进行类属化。编码小组历经 3 个月的时间，编完所有案例，最终得到 73 个概念，再将概念进一步抽象为 18 个类属。

3.3.3　主轴编码

主轴编码通过典范模式"因果条件—现象—情景—中介条件—行动—结果"建立类属或概念间因果关系，以治理模式选择为主类属，按照供应链网络所处情境、中介条件等将各个类属按照性质分到各个层次。

3.3.4　模型构建

对每个层次的类属性质进行聚类分析，如商业关系与政治关系类属聚类为社会关系构念，并作为该构念的子构念，最终形成具有三级结构的构念，并做进一步的因果关系调整，并将调整后的层次重新命名，分别为动因层、目标层、情景层、行动层与结果层，构建供应链网络治理模式选择的三维结构模型，如表 3-3 所示。

表 3-3　供应链网络治理模式选择的三维结构模型

层次	构件	子构件	属性
动因层	领导者	企业家精神	开拓进取、胆识、执着、合作意识、危机意识
		个人能力	战略定位、决策力、市场洞察力
	经营战略	竞争战略	差异化、专一化、成本领先、精益质量
		资本战略	轻资产运营、重公司
目标层	企业发展	发展意图	市场份额、市场扩张、竞争威胁、可持续性、资本运作
		发展速度	短期快速、长期稳健
情景层	企业特征	人口特征	行业地位、经营业务、经营规模、企业所有制、经营历史、管理水平、经营经验程度
		企业文化	经营哲学、价值观、企业形象、愿景、企业精神
	能力与资源	企业能力	研发能力、生产能力、管理能力、营销能力、自我供应能力、物流能力、资源整合能力、成本控制能力、财务管理能力、协调能力、沟通能力、凝聚能力

续表

层次	构件	子构件	属性
情景层	能力与资源	内部资源	资金、人才、资产、人力、土地、物流、客户群、销售网、经营经验
		外部资源	供应资源、渠道资源、投资者、合作者、竞争者、现实与虚拟整合的非竞争性资源
	交易属性	资产专用性	地理区位、人力资产、物理资产、特定协约服务、名牌商标
		不确定性	产量不确定性、技术不确定性、协议不确定性
	市场环境	市场化进程	赋税外的政府租金、知识产权保护、市场定价、消费者权保护、投融资风险
	社会关系	商业关系	与客户公司的关系、与供应企业的关系、与竞争企业的关系
		政治关系	与政府部门的关系、与工商机构的关系、与税务机构的关系、与国有银行的关系
	制度环境	强制制度	司法系统、法律途径、法律法规、地方政府、政府机构、准入政策、激励政策、扶持政策、企业性质
		规范制度	行业竞争层次、行业规则、行业内制约规则、行业产品标准、社会价值观念与期
		认知制度	模仿性投资、公司经验、员工看法、习惯性行为模式、同构化制度
行动层	治理模式	公司治理	管理团队构成、决策制定方式、企业制度类型、制度控制对象、制度保障方法
		网络治理	市场化、单边契约、双边契约、单方持股、双方持股、合资、纵向一体化、横向一体化、供应链集成、同心多元化、水平多元化
	利润函数	企业收入	收入来源、收入提高方式
		企业成本	成本结构、降低成本方式
结果层	经营效益	财务绩效	净利润、利润比率、收入增长值、订单履行期、存货周转率、市场占有率、行业地位
		社会效益	社会影响力、企业形象、品牌形象
		市场价值	资产响应度、资产市场评价
		客户绩效	客户规模、客户规模增长率、客户满意度、客户忠诚度

资料来源：根据案例类属聚类结果整理

3.3.5　信息编码

根据研究目的与研究内容，在对案例数据标签化、概念化、类属化与聚类分析的基础上，针对每个案例的现实情况对制度环境、社会关系、风险感知及治理模式的各维度进行了评判打分，并请被访人员及专家做出审核与修正，用较低、一般、较高、很高四个等级依次从低到高表示案例的各项指标水平，分析结果如表 3-4 所示。

表 3-4　供应链网络治理模式选择的构念维度信息编码

案例编码	社会关系		制度环境		风险感知		治理模式
	商业关系	政治关系	强制制度	规范制度	关系风险感知	绩效风险感知	
京_TY_L1	一般	较高	一般	较低	较高	较低	一般
京_SR_L1	较高	较低	较低	一般	较高	较高	较低
京_AH_G2	较高	一般	一般	较低	较低	一般	较高
津_JS_L1	一般	一般	一般	较低	一般	较高	一般
津_TY_D2	较低	一般	一般	较高	较高	较低	一般
津_KC_X1	较低	较高	较高	较低	一般	一般	较低
津_JA_Z1	较高	一般	一般	较低	一般	较高	一般
津_AX_W1	较高	较低	一般	较高	较低	较低	较高
津_LM_Y1	较高	一般	较高	一般	一般	较高	一般
津_ZR_S1	一般	一般	一般	一般	较高	一般	一般
津_DC_C1	较高	较高	较高	较低	较高	较高	较低
津_OT_M1	一般	较低	一般	一般	一般	较低	一般
冀_TD_Y1	较高	较高	较低	较低	较高	一般	较低
冀_XG_L1	较高	较低	一般	较低	较高	一般	较低
冀_BD_W1	一般	一般	较高	较高	一般	较低	一般
冀_JS_D1	一般	较高	较高	较低	一般	一般	较高
冀_FLK_Z2	一般	较高	较低	较低	较低	一般	一般
冀_FT_Y1	较高	较低	较高	较高	一般	一般	较高
冀_SDD_Y1	一般	较高	一般	一般	一般	较高	较低
冀_FL_Y1	较高	较低	一般	一般	较高	较高	较低
浙_HK_Y1	一般	一般	较低	较低	一般	较高	一般
浙_ZB_W1	较高	较低	较高	较低	较低	较低	较高
浙_GR_S1	一般	一般	一般	较高	一般	一般	一般
浙_SP_L1	较低	较低	一般	一般	较高	较高	较低
苏_JNH_Y1	一般	较高	较低	较低	一般	较高	一般
苏_WY_L1	较高	较低	较高	较高	较低	较低	较高
苏_AZ_D2	较低	较高	一般	一般	一般	较高	较低

资料来源：根据构念维度信息编码结果整理

3.3.6　效度检验

在模型构建后，重新收集多个不同案例，随机抽取 3 个案例对模型做交叉检验，结果显示该模型有效解释了供应链网络治理模式选择问题且各案例均被模型所涵盖，表明模型具有较好的理论饱和度和一般性。

3.4　初始研究命题的提出

在跨案例数据信息编码汇总及统一评估的基础上，本节将对不同案例企业的各组变量进行对比性分析，进而归纳出供应链网络治理模式、制度环境、市场环境、社会关系与风险感知各变量之间的相关关系及作用路径，并提出初始研究命题。

3.4.1　制度环境、风险感知与治理模式

命题 1-1：供应链网络成员企业所处制度环境不同，倾向于不同的治理模式选择。

命题 1-1a：供应链网络成员企业所处强制制度越健全，越倾向于低控制治理模式。

命题 1-1b：供应链网络成员企业所处规范制度越健全，越倾向于低控制治理模式。

命题 1-2：供应链网络成员企业所处制度环境与网络成员的风险感知密切相关。

命题 1-2a：供应链网络成员企业所处强制制度越健全，企业感知的关系风险越小。

命题 1-2b：供应链网络成员企业所处强制制度越健全，企业感知的绩效风险越小。

命题 1-2c：供应链网络成员企业所处规范制度越健全，企业感知的关系风险越小。

命题 1-2d：供应链网络成员企业所处规范制度越健全，企业感知的绩效风险越小。

命题 1-3：供应链网络成员企业的风险感知与其选择的治理模式密切相关。

命题 1-3a：供应链网络成员企业感知的关系风险越小，越倾向于低控制治理模式。

命题 1-3b：供应链网络成员企业感知的绩效风险越小，越倾向于低控制治理模式。

命题 1-4：供应链网络成员企业风险感知对供应链网络成员企业所处制度环境与治理模式控制程度的关系具有中介作用。

命题 1-4a：供应链网络成员企业关系风险感知对强制制度与治理模式控制程度的关系具有中介作用。

命题 1-4b：供应链网络成员企业关系风险感知对规范制度与治理模式控制程度的关系具有中介作用。

命题 1-4c：供应链网络成员企业绩效风险感知对强制制度与治理模式控制程度的关系具有中介作用。

命题 1-4d：供应链网络成员企业绩效风险感知对规范制度与治理模式控制程度的关系具有中介作用。

3.4.2　社会关系、风险感知与治理模式

命题 2-1：供应链网络成员企业具有不同社会关系，倾向于不同的治理模式选择。

命题 2-1a：供应链网络成员企业商业关系越强，越倾向于低控制治理模式。

命题 2-1b：供应链网络成员企业政治关系越强，越倾向于低控制治理模式。

命题 2-2：供应链网络成员企业所具有的社会关系与网络成员的风险感知密切相关。

命题 2-2a：供应链网络成员企业商业关系越强，企业感知的关系风险越小。

命题 2-2b：供应链网络成员企业商业关系越强，企业感知的绩效风险越小。

命题 2-2c：供应链网络成员企业政治关系越强，企业感知的关系风险越小。

命题 2-2d：供应链网络成员企业政治关系越强，企业感知的绩效风险越小。

命题 2-3：　供应链网络成员企业的风险感知与其选择的治理模式密切相关。

命题 2-3a：供应链网络成员企业感知的关系风险越小，越倾向于低控制治理模式。

命题 2-3b：供应链网络成员企业感知的绩效风险越小，越倾向于低控制治理模式。

命题 2-4：供应链网络成员企业风险感知对其所具有的社会关系与治理模式控制程度的关系具有中介作用。

命题 2-4a：供应链网络成员企业关系风险感知对其所具有的商业关系与治理模式控制程度的关系具有中介作用。

命题 2-4b：供应链网络成员企业关系风险感知对其所具有的政治关系与治理模式控制程度的关系具有中介作用。

命题 2-4c：供应链网络成员企业绩效风险感知对其所具有的商业关系与治理模式控制程度的关系具有中介作用。

命题 2-4d：供应链网络成员企业绩效风险感知对其所具有的政治关系与治理模式控制程度的关系具有中介作用。

3.4.3　制度环境、社会关系、风险感知与治理模式

命题 3-1：在制度转型过程中，供应链网络成员企业所处的制度环境与成员企业的社会关系密切相关。

命题 3-1a：在制度转型过程中，供应链网络成员企业所处强制制度越健全，商业关系越少。

命题 3-1b：在制度转型过程中，供应链网络成员企业所处强制制度越健全，政治关系越少。

命题 3-1c：在制度转型过程中，供应链网络成员企业所处规范制度越健全，商业关系越少。

命题 3-1d：在制度转型过程中，供应链网络成员企业所处规范制度越健全，政治关系越少。

命题 3-2：社会关系与制度环境对供应链网络治理模式选择具有交互作用。

命题 3-2a：商业关系与强制制度对供应链网络成员企业的治理模式选择具有交互作用。

命题 3-2b：商业关系与规范制度对供应链网络成员企业的治理模式选择具有交互作用。

命题 3-2c：政治关系与强制制度对供应链网络成员企业的治理模式选择具有交互作用。

命题 3-2d：政治关系与规范制度对供应链网络成员企业的治理模式选择具有交互作用。

3.4.4　市场环境、制度环境、社会关系与治理模式

命题 4-1：供应链网络成员企业具有不同社会关系，倾向于不同的治理模式选择。

命题 4-1a：供应链网络成员企业商业关系越强，越倾向于低控制治理模式。

命题 4-1b：供应链网络成员企业政治关系越强，越倾向于低控制治理模式。

命题 4-2：社会关系与制度环境对供应链网络治理模式选择具有交互作用。

命题 4-2a：商业关系与企业产权性质对供应链网络成员企业的治理模式选择具有交互作用。

命题 4-2b：政治关系与企业产权性质对供应链网络成员企业的治理模式选择具有交互作用。

命题 4-3：社会关系与市场环境对供应链网络治理模式选择具有交互作用。

命题 4-3a：商业关系与市场化改革对供应链网络成员企业的治理模式选择具有交互作用。

命题 4-3b：政治关系与市场化改革对供应链网络成员企业的治理模式选择具有交互作用。

3.5　本　章　小　结

鉴于现阶段对供应链网络的研究尚不完善，理论基础及权威性研究成果相对欠缺，采用探索性案例扎根研究方法，展开"中国式理论"的定性实证研究，主要包括以下研究工作。

第一，通过深入访谈收集案例 35 例，经筛选确定有效案例 27 例。

第二，与研究团队的三位硕博研究生组成编码小组，小组成员经过学习与培训后，各自负责部分的案例标签化，但每个案例的概念化、类属化，以及主轴编码等工作由三名成员共同完成，当存在不同意见时共同讨论直到达成一致。每个案例的编码经过与修改过程通过备忘录形式存档。

第三，模型构建后，重新收集多个不同案例，随机抽取 3 个案例对模型做交叉检验，结果显示该模型有效解释了供应链网络治理模式选择问题且各案例均被模型所涵盖，表明模型具有较好的理论饱和度。

第四，在跨案例数据信息编码汇总及统一评估的基础上，对不同案例企业的各组变量进行对比性分析，进而归纳出供应链网络的制度环境、社会关系、风险感知与治理模式各变量之间的相关关系及作用路径，并提出初始研究命题，包括 4 个主命题，13 个子命题。

第4章 供应链网络治理模式选择的理论模型构建

按照顺序性探究策略，本章以制度逻辑理论为理论架构，将探索性案例扎根研究构建的概念模型转化为理论研究模型，基于政府逻辑、关系逻辑与市场逻辑等多元制度逻辑视角对制度环境、社会关系、市场环境、风险感知与供应链网络治理模式等构念的概念进行界定，明确其测度结构，并提出不同构念之间的关系假设。

4.1 供应链网络治理模式选择的构念界定

根据供应链网络治理模式选择的探索性案例扎根研究所提出的初始研究命题，将概念模型转化为理论研究模型，由制度环境、社会关系、市场环境、风险感知与供应链网络治理模式等五个构念组成。该理论研究模型可分为四个子研究模型，分别为：子研究模型1——政府逻辑下供应链网络治理模式选择理论模型；子研究模型2——关系逻辑下供应链网络治理模式选择理论模型；子研究模型3——二元逻辑下供应链网络治理模式选择理论模型；子研究模型4——三元逻辑下供应链网络治理模式选择理论模型。

构念是建构理论的基石，理论研究要求界定完整的构念，构念定义有助于联结理论与研究，软弱无力、相互矛盾或不清晰的构念定义限制了知识的进步（Mullins, 1971）。根据研究目标与研究内容，阐明研究模型中相关构念及其结构。其中，被解释变量为供应链网络治理模式，解释变量为制度环境、社会关系、市场环境与风险感知。

4.1.1 治理模式

目前，学者对供应链网络治理模式多按照参股与契约两个维度或其中一个维度进行划分。按照参股与契约双维度划分，Killing 等（1988）、Parkhe（1993）将战略联盟分为三类：股份合资、相互参股与非传统形式的契约，Barney（2001）、Das 和 Teng（1998）则将其划分为合资企业、少数股权、单边契约及双边契约四类。Kent（1991）将参股与契约归为非合资，并将合作网络分为合资和非合资两类。按照参股或契约单维度划分，组织间的协作关系可分为周期性合同与合作合同。Mowery 等（1996）将战略联盟分为单边契约与双边契约两种形式。冉佳森等（2015）将契约治理与关系治理分别定义为正式治理模式与非正式治理模式。此外，部分学者根据其研究主题，按照从市场到等级组织制度的连续性对供应链网络治理模式进行排序分类，Gulati 和 Singh（1998）区分了合资、少量股权与战略联盟三种治理模式。Dussauge 等（2004）则将组织间治理模式分成了四种形式：研发协议、自发联合制造、半组织形式和基于商业的股份合资。Santoro 和 McGill（2005）针对常见的合作治理模式，依次分为：许可（licensing）、交叉许可（cross-licensing）、双边合约（bilateral alliance）、股权联盟（equity alliance）与股权合资（equity joint venture）。吴波和贾生华（2006）按照"交易特征—治理模式—经济绩效"的分析框架，将合作治理模式区分为契约式合作治理模式（包括单边契约与双边契约治理模式）与股权式合作治理模式（少数股权投资和合资型合作治理模式），并提出企业间合作的交易特征（包括资产专用性、不确定性、资源依赖性与信任）决定了包括防范成本与协调成本在内的交易成本，从而决定了企业间合作治理模式的选择。由此可见，关于治理模式研究分类使用较多的是合约治理与股权治理，进一步细分的话，合约治理模式分为单边合约与双边合约模式，股权治理模式可以划分为单边持股、相互持股及合资三种类型。

治理模式具有隐性特质，所以其操作测量困难，难以实现对治理模式的分析、判断与决策。参照 Barney（2001）、Das 和 Teng（1999）的划分标准，遵循不同治理模式的控制程度依次递减，依次划分为：一体化治理模式、合资式治理模式、双方持股式治理模式、单方持股式治理模式、双边契约式治理模式、单边契约式治理模式与市场化治理模式等七种供应链网络治理模式。本书不仅关注供应链网络治理模式选择的总体偏好趋势，而且关注针对特定治理模式选择的具体偏好特征。

4.1.2　制度环境

在制度与组织的关系上，根据学者对制度的处理及量化程度的不同，已有的研究（主要是实证研究）大致可以分为三类：第一类是借用经济学对制度的测量，搭建国家制度环境与微观企业经济行为或绩效间的宏观—微观联系（罗党论和唐清泉，2009）；第二类研究是以跨国公司为研究对象，研究母国制度环境、东道国制度环境与不同国家之间制度距离对跨国企业的战略行为与经济绩效的影响机理，从而审视跨国企业之间的行为与绩效差异（Estrin et al.，2016；Ilhan-Nas et al.，2018）；第三类研究构建了制度测量指标，与第一类研究最大的不同点是其对制度的刻画更具体、更微观（Scott，1995）。本书属于第一类研究，即讨论供应链网络成员企业所嵌入的制度环境对其治理模式选择的影响研究。

运用系统思维，侧重于发现不同制度环境对供应链网络治理模式的"形塑"作用。基于制度理论视角下供应链网络治理模式选择的影响因素研究，更多是从正式制度与非正式制度的分类角度进行，这一分类具有强烈的交易成本经济学印记，而从组织社会学的强制制度、规范制度与认知制度的视角，对供应链网络治理模式进行研究的较少。Scott（1995）提出了制度理论模型，包括强制制度、规范制度与认知制度，该模型已经成为战略管理研究中测量制度变量的基准模板。其中，强制制度是指法律、政策与规定等具有法律权威组织（国家、政府等）颁布的细则，通过奖励或者惩罚来制约经济行为；规范制度属于社会责任，包括规则、规定、准则与行为标准等，带有"道德"权威色彩；认知制度属于个体或者集体对现实世界的认识与理解，是一种自觉自愿、不需证明也难以证明的心理活动（Teisman and Klijn，2002）。三个维度跨越了学科界限，基本涵盖了人类社会所有的制度因素，因此研究者可以根据具体制度特征，观察制度对个体或集体经济行为的影响与约束，推导相应的命题假设。基于组织社会学视角，重新审视其对供应链网络治理模式选择的影响，认为供应链网络嵌入于制度之中，包括强制制度、规范制度与认知制度，三种制度维度截然不同，而且具有独立的结构。其中，认知制度是引导企业经济行为的价值观和信仰。聚焦于中国情境下的供应链网络治理问题，相对于不同国家之间的认知差异而言，我国国内的文化和认知差异不明显。因此，忽略认知制度的影响，将重点放在强制制度与规范制度两方面探究制度环境对供应链网络治理模式选择的影响。产权性质作为重要战略变量决定了企业的资源禀赋（Gedajlovic and Shapiro，2002；蔡庆丰和田霖，2019），可将供应链网络成员企业的产权性质作为制度环境的表征。

4.1.3　社会关系

社会关系逻辑是在经济行动过程中形成的，由一定的制度条件与特定的社会文化背景所决定。在东方文化中，比较看重相互多年的"交情"，而西方则更看重经济行为是否符合法律，不会因为"交情"或"面子"而丧失理性。Peng 和 Luo（2000）基于中国的特殊情境，将网络关系分为商业关系与政治关系。其中，商业关系嵌入是指需求企业管理者嵌入于供应商、购买商和竞争对手的管理者之间的关系中；政治关系嵌入是指企业管理者嵌入于工商局、税务局和国有银行等部门。Peng 和 Luo（2000）认为直接询问企业管理者与其他企业管理者、与政府官员之间的关系等敏感问题是很困难的，从而导致测量上的困难。同时，由于企业管理者社会关系经常被视为商业秘密，所以社会学研究中的社会网络分析常用的提名生成法（name-generator approach）不具有适用性。因此，通过询问更为一般的问题反而可以获得可信的数据，该数据获取方法已经被广泛采用。根据研究情境，本书对 Peng 和 Luo（2000）的量表进行了调整，具体地，获取企业管理者商业关系的问题为：①与客户公司的管理者之间的关系；②与供应企业的管理者之间的关系；③与竞争企业的管理者之间的关系。获取企业管理者政治关系的问题为：①与政府部门之间的私人关系；②与工商机构之间的私人关系；③与税务机构之间的私人关系；④与国有银行之间的私人关系。

4.1.4　市场环境

市场环境是供应链网络成员企业运营所处的市场型管理体制，目前我国市场环境的标志是市场经济的全面推进。2020 年 4 月 9 日，中共中央、国务院印发《关于构建更加完善的要素市场化配置体制机制的意见》，是中央关于要素市场化配置的第一份文件，对于形成生产要素从低质低效领域向优质高效领域流动的机制，提高要素质量和配置效率，引导各类要素协同向先进生产力集聚，加快完善社会主义市场经济体制具有重大意义。市场化程度是指市场在资源配置中所起作用的程度，可概括为转轨国家由传统计划经济体制向市场经济体制转变的进程，其实质在很大程度上是经济决策的权力从中央计划部门逐渐转交到分散的经济主体手中的程度，关于市场化进程（market process），目前国内学术研究大多以《中国分省份市场化指数报告》中的市场化指数为基准。

4.1.5　风险感知

风险感知是指供应链网络中企业间合作关系的不满意，它关注于网络组成成员所做出不可置信承诺的可能性及其对合作关系前景造成消极影响的机会主义行为的概率，机会主义行为可能导致网络组织效率损失，存在着限制价值创造的潜在机理。在供需合作关系中，由于存在潜在的机会主义风险，企业不仅关注网络化能否给企业创造潜在收益，而且对风险因素尤为关注。网络组织中存在事前与事后的机会主义行为，导致网络组织的契约交易具有风险，但目前关于风险认知这一社会心理特征研究比较匮乏。笔者对供应链网络成员企业的网络风险感知进行提炼与归纳，以便更为深入地探讨每一具体类别的风险在治理模式选择中的中介作用，从而使得对风险感知的研究更为深入细致。

4.2　供应链网络治理模式选择的研究假设

4.2.1　政府逻辑：制度环境、风险感知与治理模式

1. 制度环境对供应链网络治理模式选择的直接影响作用

制度是为组织提供稳定性的法律、法规与规范，来源于政府、行业协会、当地专门机构等相关部门对企业具有制裁权的法律法规（North，1990）。制度环境对供应链网络治理模式选择的影响反映在组织所处的初始位势与初始条件上，而其在组织场域内的系统定位与战略选择受到所嵌入制度环境的影响，使其沿着不同的战略轨迹或者路径演进。组织场域内的制度环境对企业战略行为的影响可分为三个层面：在个体层面，制度环境成为管理决策者应遵循的规范与价值观；在组织层面，企业文化和政治权利与制度环境密切相关，从而制约了组织的战略选择；在组织间层面，政府的政策导向与法规管控、行业的行为规范等制度因素影响企业战略选择。本书属于组织间层面的研究，而在组织间层面的制度化过程的显著特征是组织对制度环境的反应表现为对制度压力做出各种不同的战略性行为选择。

制度理论将合法性作为主要标准，其核心前提是企业被嵌入并必须适应所处的制度环境以获得合法性。Scott（1995）构建了制度理论模型，包括强制制度、规范制度与认知制度三个维度。该模型跨越了学科界限，基本涵盖了人类社会所有的制度因素，已经成为战略管理研究中测量制度变量的基准模板。供应链网络成员企业嵌入于强制制度、规范制度与认知制度中。其中，认知制度是引导个人或企业行为的、内部化的、习以为常的价值观和信仰，属于个体或集体对现实世界的认识与理解，是一种自觉自愿、难以证明的心理活动。聚焦于中国情境下的供应链网络治理问题，制度环境的特点主要体现在正式制度与法律法规的不完善、行业与市场规范的缺失，而相对于不同国家之间的认知差异而言，我国国内的文化和认知差异不明显。因此，忽略认知制度的影响，将重点从强制制度与规范制度两方面探究制度环境对供应链网络治理模式选择的影响。

强制制度是指法律、政策与规定等具有法律权威组织（国家、政府等）颁布的细则，通过奖励或者惩罚来制约经济行为。强制制度代表了交易的自由、产权的保护及法律过程的透明度，在提供稳定、最大限度地减少市场失灵、减少不确定性和缓解经济交往中的信息复杂性等方面发挥重要的作用（Roberts and Greenwood，1997）。然而，我国作为新兴经济国家，与发达国家之间的巨大差别

在于正在经历"游戏规则的根本、全面的变化",制度转型的显著特征是制度不确定性强,企业战略行为受到高昂的交易成本与不发达的市场制度的约束。根据改革速度的不同,制度转型可分为快速改革与渐进改革,我国属于典型的渐进改革(Walder et al.,2013)。转型期制度环境对企业经营行为的影响,可以分为以下几个方面:正式制度规则的缺失、政府对企业运营的干预、政府对稀缺资源的控制(Khanna and Palepu,2000)。中国转型过程中的显著特征是市场制度较弱、产权保护缺乏、制度环境不确定性,各级政府干预企业的现象是经常出现的,企业的行为受到高昂的交易成本、不发达的市场制度和政府强势干预的约束。由此可见,体制转轨使得市场治理中的制度安排具有"转轨型"的特征,我国经济体制改革给制度安排创新所框定的路径依赖,在一定程度上属于政府干预基础上的市场化,也就是说,体制转轨决定着有效率的制度安排受到一定的限制,最重要因素之一是政府的规制政策。强制制度通过法律支持限制与管控企业行为,企业出于自身利益的考虑而不愿意违背法律法规,因此,企业通过遵纪守法和专业认证调整组织结构与管理模式以适应组织合法性的要求。由于历史经验的缺失及复杂的现实情况,法律法规与商业政策具有较大的波动性与不连续性,地方性政策法规具有较大的差异性,由此导致市场交易成本的增加,企业合法性受到限制(李维安和吴先明,2002)。当市场机制运行不良,强制制度缺失明显时,低控制治理模式会限制企业获取收益的能力,或者不得不与其他合作企业分享利润。只有在强制制度健全且能够对供应链网络运营提供有效保护时,供应链网络成员企业会倾向于选择低控制治理模式。

规范制度是指社会责任,包括规则、规定、准则与行为标准等,带有"道德"权威色彩。李维安等(2014)指出我国网络组织的发展应从"行政型治理"向"经济型治理"转化,政府发挥着重要的促进与规制作用,同时道德准则约束着网络组织的运作。Reuer 和 Zollo(2000)针对以往研究中将网络组织治理适应性视为一个"黑箱"领域的问题,利用公司因素、交易属性与社会责任三个重要因素探讨了网络组织治理模式的变化及适应性,强调了规范制度在治理模式选择过程中的重要作用。供应链网络治理模式选择不仅要考虑自己的利益和便利,而且要考虑供应链网络成员企业的期望和内化的行为标准,选择决策带有社会和文化的特征。为保证经营合法性,企业均以道德标准约束自身,外部不确定性相对减少,供应链网络成员企业会倾向于选择低控制治理模式。

基于以上论述,提出如下假设。

H1-1a:供应链网络成员企业所处强制制度对治理模式控制程度具有显著负向影响,即供应链网络成员企业所处强制制度越健全,越倾向于低控制治理模式。

H1-1b:供应链网络成员企业所处规范制度对治理模式控制程度具有显著

负向影响，即供应链网络成员企业所处规范制度越健全，越倾向于低控制治理模式。

2. 制度环境对供应链网络成员企业风险感知的直接影响作用

风险感知是供应链网络成员企业无法确知其预期决策行为的结果是否实现，而成员企业间的风险度评价将影响其行为选择。关系风险是指对供应链网络的合作关系不满意，关注供应链网络成员企业做出不可置信承诺的可能性、实施机会主义行为的概率，其主要源于供应链网络内部因素，如不履行承诺、不按合同要求投入资源、搭便车等合作伙伴的机会主义行为。绩效风险是指供应链网络的合作伙伴履行承诺，仍不能实现既定目标的风险，关注于合作目标实现的可能性，主要源于外部环境的不确定性，如政治事件、经济危机、自然灾害等宏观环境因素，以及需求波动、激烈竞争等市场环境因素带来的不确定性。可见，关系风险与绩效风险的发生根源及其对供应链网络治理的影响原理、规避机制等方面具有根本不同，本书视其为两种相互独立的风险。中国典型的渐进改革采用"摸石头过河"的方式，供应链网络所嵌入中国情境的制度环境的波动性与不连续性，使其产生较大的风险感知。反之亦然，供应链网络所嵌入的制度环境较强时，供应链网络成员企业产生的风险感知越小。

基于以上论述，提出如下假设。

H1-2a：强制制度对供应链网络成员企业关系风险感知具有显著负向影响，即供应链网络成员企业所处强制制度越健全，企业感知的关系风险越小。

H1-2b：强制制度对供应链网络成员企业绩效风险感知具有显著负向影响，即供应链网络成员企业所处强制制度越健全，企业感知的绩效风险越小。

H1-2c：规范制度对供应链网络成员企业关系风险感知具有显著负向影响，即供应链网络成员企业所处规范制度越健全，企业感知的关系风险越小。

H1-2d：规范制度对供应链网络成员企业绩效风险感知具有显著负向影响，即供应链网络成员企业所处规范制度越健全，企业感知的绩效风险越小。

3. 供应链网络成员企业风险感知对其治理模式选择的直接影响作用

在供需合作关系中，存在潜在的机会主义风险，企业不仅关注网络化能否给企业创造潜在收益，而且对风险因素尤为关注。对不确定性与风险进行控制是管理的根本所在，管理大师彼得·德鲁克认为供应链网络是"从不协调中创造协调"的灵活手段。在不完全契约的条件下，供应链网络中存在事前与事后的机会主义行为，导致供应链网络中产生契约交易风险，而治理具有缓解风险的可行性与效能。供应链网络成员的风险感知往往会影响其治理模式的选择行为，供应链网络成员会在最大化利用合作伙伴资源的基础上，保护自身核心能力或资源，并成功实施对不利风险的规避。Yu 等（2006）在研究供应商进行资产专用性投资时存在的风险时，阐述了正式治理机制（合同协定与财务承担）与关系治理机制（信任）之间的影响关系。众多研究成果表明，不同治理模式在规避风险能力、规避风险种类等方面不尽相同，风险感知是供应链网络治理模式选择的重要判定标准之一。供应链网络成员企业风险感知低，有助于减少企业间的谈判和摩擦次数，提升成员企业间的合约弹性，即倾向于选择控制水平低的治理模式。由此可见，供应链网络成员的风险感知越低，其选择的治理模式控制程度越低。

基于以上论述，提出如下假设。

H1-3a：供应链网络成员企业关系风险感知对供应链网络治理模式控制程度具有显著正向影响，即供应链网络成员企业感知的关系风险越小，越倾向于低控制治理模式。

H1-3b：供应链网络成员企业绩效风险感知对供应链网络治理模式控制程度具有显著正向影响，即供应链网络成员企业感知的绩效风险越小，越倾向于低控制治理模式。

4. 风险感知在制度环境与供应链网络治理模式选择关系的路径传导作用

综合以上研究假设，制度环境对供应链网络治理模式的选择、对供应链网络成员的风险感知，风险感知对治理模式的选择均具有直接影响，从而可以合理推测，供应链网络所嵌入的强制制度与规范制度有可能是通过影响供应链网络成员的风险感知而最终对治理模式选择产生影响的，即供应链网络成员的风险感知具有中介传导作用。交易成本学派以交易为分析单位，着眼于利益关系，探讨企业追求效率的动机与行为；制度学派以制度为分析单位，着眼于制度环境与组织关系，探讨制度的制约作用及合法性机制。企业组织结构与组织制度必须与制度环境相匹配以获得合法性，从而导致组织形式的趋同现象。由此可见，制度环境可以引导和限制组织行为模式，即倾向于采取不同的战略行为以降低风险。供应链网络成员企业嵌入于强制制度与规范制度，可以降低供应链网络成员企业的风险感知，供应链网络成员企业倾向于高控制治理模式选择。反之，倾向于低控制治理模式选择。

基于以上论述，提出如下假设。

H1-4a：供应链网络成员企业关系风险感知对强制制度与治理模式控制程度的关系具有中介作用。

H1-4b：供应链网络成员企业关系风险感知对规范制度与治理模式控制程度的关系具有中介作用。

H1-4c：供应链网络成员企业绩效风险感知对强制制度与治理模式控制程度的关系具有中介作用。

H1-4d：供应链网络成员企业绩效风险感知对规范制度与治理模式控制程度的关系具有中介作用。

根据以上研究假设，构建政府逻辑下供应链网络治理模式选择理论模型，如图 4-1 所示。

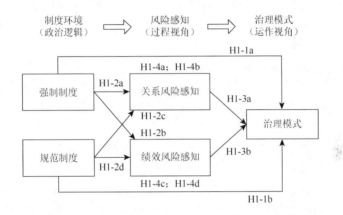

图 4-1　政府逻辑下供应链网络治理模式选择理论模型

4.2.2　关系逻辑：社会关系、风险感知与治理模式

1. 社会关系对供应链网络治理模式选择的直接影响作用

由于不同的历史与制度遗留，中国经济特征不同于西方经济特征，在经济与商业中，个人关系与社会联系长期占据主导地位（Dodgson，2009），比较看重相互多年的"交情"。因此，中国转型经济过程中的"关系"（guanxi）对组织理性选择行为具有重要的影响作用（Keister，2009）。Peng 和 Luo（2000）基于中国的特殊情境，将社会关系分为商业关系与政治关系。其中，商业关系是指企业在商业上有互动关系的社会联系和社会网络，企业管理者嵌入于供应商、购买商和竞争对手的管理者之间的关系中；政治关系是指企业与各级政府部门和辅助支持性机构之间的联系，企业管理者嵌入于政府官员之间的关系中。

Roath 等（2002）在研究制造商和分销商之间的关系治理时，认为关系治理模型强调相互依赖性、合同和关系行为而忽略了关系所处的社会环境，并验证了社会关系网络对关系治理行为具有重要的影响作用。Claro 等（2003）等从交易（交换模式、人力资源专用性、财产专用性）、二元（商业交互的持续时间、人际信任、组织间信任）和商业环境（网络使用性、环境不稳定性）三个层次出发，提出了影响关系治理的重要因素，并提出了来源于社会关系的人际信任、组织间信任对关系治理的影响最强，是治理风险最有效的关系工具。Joshi 和 Campbell（2003）验证了供需双方的协同信任与网络治理之间存在倒"U"形关系，而协同信任主要源自供需双方日常的交互关系。由此可见，嵌入性观点对治理模式选择具有直接的意义，社会关系扮演了重要的角色：它有助于传达信息并控制不确定性；它开启了新的机会之门；它通过发展信任关系和提供替代性的强制机制减少签署复杂合同的交易成本（Rangan，2000）。从这一角度，商业关系可以被视为低控制治理模式选择的重要机制。

基于以上论述，提出如下假设。

H2-1a：供应链网络成员企业所具有的商业关系对治理模式控制程度具有显著负向影响，即供应链网络成员企业商业关系越强，越倾向于低控制治理模式。

在转型经济体中，企业拥有政治关联具有普遍性，文献研究表明，美国、泰国、巴西、马来西亚等国家均存在拥有政治关联的公司，政治关联已成为学术界研究的热点（Adhikari et al.，2006；Charumilind et al.，2006；Khwaja and Mian，2008）。Nee（1992）对转型经济中占主体地位的集体企业进行考察，认为由分权制度改革促成的政企间关系网络能够有效弥补市场制度的缺陷，降低市场交易费用，是制度转型前期经济效率的源泉。Boisot 和 Child（1996）充分肯定了 Nee 的理论观点，并进一步认为政府与企业之间的关系网络已经被完全制度化，形成了一种能够高效协调经济交易的特殊制度安排，该研究结论对于处于政府参与式的中国情境下的治理模式选择问题研究具有重要的借鉴意义。在企业运作过程中，需要在获取外部合法性与内部合法性之间做出战略选择。Xu 和 Shenkar（2002）认为，获取外部合法性更重要，甚至可以以失去内部合法性与内部控制为代价迎合外部要求（制度的同构）。因此，确保外部合法性，企业会通过寻找政治关系良好的合作者，并将更多的股权给合作者，甚至直接让政府官员入股，以取得外部合法性，并获取政府资源，规避风险。

基于以上论述，提出如下假设。

H2-1b：供应链网络成员企业所具有的政治关系对治理模式控制程度具有显著负向影响，即供应链网络成员企业政治关系越强，越倾向于低控制治理模式。

2. 社会关系对供应链网络成员企业风险感知的直接影响作用

我国在制度转型过程中所体现出的典型特点是正式制度缺乏，规范市场经济行为的法律、法规尚不健全，缺乏有效的执行机制。因此，在中国情境下，交易行为并不是市场行为，而是关系行为，关系在一定程度上弥补了制度的空缺。在中国转型经济中，高度不确定性促进社会关系网络的培育，而社会关系在经济选择行为方面发挥了更为重要的作用，学者强调对商业环境中不确定性的控制是企业在商业关系的基础上培育社会关系的主要推动力（Keister，2009）。社会关系对经济交易的影响主要体现在以下几个方面：社会关系可能影响到信息与机会的获得；社会关系可能减轻与交易或企业相关的风险和不确定性；社会关系也可能影响交易的特征（周雪光等，2008）。企业通过与政府官员建立联系以寻求政府的庇护，获得合法性，通过与其他企业建立联系以获取所需资源并获得行业内其他企业的认可（Webb et al.，2009）。同时，政府制度与产业政策是企业不确定性的重要来源，通过与政府官员关系交换信息可以直接规避制度风险，通过与行业内的其他企业的交流可以间接获得有关政府政策动向的信息。

基于以上论述，提出如下假设。

H2-2a：商业关系对供应链网络成员企业关系风险感知具有显著负向影响，即供应链网络成员企业商业关系越强，企业感知的关系风险越小。

H2-2b：商业关系对供应链网络成员企业绩效风险感知具有显著负向影响，即供应链网络成员企业商业关系越强，企业感知的绩效风险越小。

H2-2c：政治关系与供应链网络成员企业关系风险感知具有显著负向影响，即供应链网络成员企业政治关系越强，企业感知的关系风险越小。

H2-2d：政治关系对供应链网络成员企业绩效风险感知具有显著负向影响，即供应链网络成员企业政治关系越强，企业感知的绩效风险越小。

3. 供应链网络成员企业风险感知对其治理模式选择的直接影响作用

供应链网络成员企业风险感知对其治理模式选择的直接影响作用的假设提出同 4.2.1 节，现提出如下假设。

H2-3a：供应链网络成员企业关系风险感知对供应链网络治理模式控制程度具有显著正向影响，即供应链网络成员企业感知的关系风险越小，越倾向于低控制治理模式。

H2-3b：供应链网络成员企业绩效风险感知对供应链网络治理模式控制程度具有显著正向影响，即供应链网络成员企业感知的绩效风险越小，越倾向于低控制治理模式。

4. 风险感知在社会关系与供应链网络治理模式选择关系中的路径传导作用

综合以上假设，社会关系对供应链网络治理模式的选择、对网络成员的风险感知，风险感知对治理模式的选择均具有直接影响，从而可以合理推测，供应链网络成员企业的商业关系与政治关系有可能是通过影响供应链网络成员企业的风险感知而最终对治理模式选择产生影响的，即供应链网络成员企业的风险感知具有中介传导作用。供应链网络成员企业之间的关系强度越强、亲密度与互惠度越高，信任水平越高，供应链网络组织成员越倾向于低控制治理模式选择，反之，越倾向于高控制治理模式选择。

　　基于以上论述，提出如下假设。

　　H2-4a：供应链网络成员企业关系风险感知对其商业关系与治理模式控制程度的关系具有中介作用。

　　H2-4b：供应链网络成员企业关系风险感知对其政治关系与治理模式控制程度的关系具有中介作用。

　　H2-4c：供应链网络成员企业绩效风险感知对其商业关系与治理模式控制程度的关系具有中介作用。

　　H2-4d：供应链网络成员企业绩效风险感知对其政治关系与治理模式控制程度的关系具有中介作用。

　　根据以上研究假设，构建关系逻辑下供应链网络治理模式选择理论模型如图4-2所示。

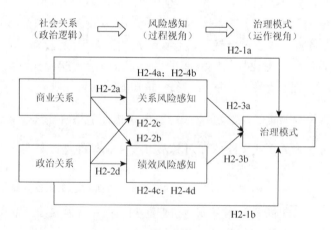

图4-2　关系逻辑下供应链网络治理模式选择理论模型

4.2.3　二元逻辑：制度环境、社会关系与治理模式

1. 制度环境对供应链网络成员企业社会关系的直接影响作用

　　制度是人为设计的约束行为主体行为的规则，正式制度与非正式制度最基本的作用在于降低交易的不确定性，并为行为提供合法性依据（North，1990）。本

书的社会关系即为非正式制度，而制度环境特指正式制度。制度基础观认为，企业所处制度环境与组织状况的互动决定了企业的战略选择行为（Meyer and Peng，2005）。Xin 和 Pearce（1996）通过调查研究发现，在中国情境下非正式制度发挥的作用更大，中国企业的管理者非常注重私人间的交往关系，其目的在于利用私人关系更好地做生意。实证研究表明，由于中国的制度环境，与国有企业、集体所有制企业相比，私营企业的管理者更加依赖和重视商业关系，拥有更多的政治关系。从正式制度来看，中国的市场经济秩序尚不完善，相关的市场法律法规并不健全且缺乏有效的执行机制，企业难以通过市场途径获得所需资源，而是通过商业关系与政治关系获取资源。社会关系与正式控制对供应链网络治理绩效具有直接影响作用（冯华等，2020）。因此，非国有企业更加依赖于关系，特别是政府关系。从非正式制度来看，中国属于人情社会，受儒家传统文化的影响，中国人非常注重面子与人情，并形成了特定的交际"圈子"（黄光国，2006）。圈子内部，人际交往不注重回报，而与圈子外部的人交往则以公平原则为指导，注重回报。以此进行推理，则企业管理者的"关系圈"有助于企业获得行业的认可，有助于企业获得更多的资源。

基于以上论述，提出如下假设。

H3-1a：在制度转型过程中，强制制度对商业关系具有显著的负向影响，即供应链网络成员企业所处强制制度越健全，商业关系越少。

H3-1b：在制度转型过程中，强制制度对政治关系具有显著的负向影响，即供应链网络成员企业所处强制制度越健全，政治关系越少。

H3-1c：在制度转型过程中，规范制度对商业关系具有显著的负向影响，即供应链网络成员企业所处规范制度越健全，商业关系越少。

H3-1d：在制度转型过程中，规范制度对政治关系具有显著的负向影响，即供应链网络成员企业所处规范制度越健全，政治关系越少。

2. 制度环境与社会关系对供应链网络治理模式选择的交互影响作用

Nee（1992）认为，如果不从具体的制度入手，社会关系视角的观点在解释力方面是有限的，也就是说仅仅限定于人际关系的解释范围，难以解释正式制度，如国家、法律、规范、合同、产权及社会规范等对经济约束的作用。行为主体在一定的制度框架下，基于追求自身利益最大化的动机，做出理性的行为选择（Lee et al.，2007）。当正式制度缺失时，非正式制度将替代正式制度约束行为主体的行为。正式制度往往通过制度支持或组织功能协调来塑造关系和获得关系租金（Smirnova，2020）。正式制度正向促进企业市场关系构建，对企业政府关系构建有显著负影响；而非正式制度中的社会互惠性则对企业两种关系网络的构建均有积极的促进作用（李雪灵等，2018）。特别在中国制度转型过程中，由于市场制度的不完善，企业难以从市场中获得所需资源与制度保护，转而通过关系获取资源与获得庇护，也就是说关系与制度之间存在此消彼长的替代关系。

因此，制度环境与社会关系对供应链网络治理模式的选择具有交互作用。

基于以上论述，提出如下假设。

H3-2a：商业关系与强制制度对供应链网络成员企业治理模式选择具有交互作用。

H3-2b：商业关系与规范制度对供应链网络成员企业治理模式选择具有交互作用。

H3-2c：政治关系与强制制度对供应链网络成员企业治理模式选择具有交互作用。

H3-2d：政治关系与规范制度对供应链网络成员企业治理模式选择具有交互作用。

根据以上研究假设，构建二元逻辑下供应链网络治理模式选择理论模型，如图 4-3 所示。

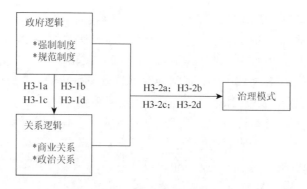

图 4-3　二元逻辑下供应链网络治理模式选择理论模型

4.2.4　三元逻辑：社会关系、制度环境、市场环境与治理模式

1. 社会关系对供应链网络治理模式选择的直接影响作用

供应链网络成员企业具有的社会关系对其治理模式选择的直接影响作用的假设提出同 4.2.2 节，现提出如下假设。

H4-1a：供应链网络成员企业具有的商业关系对治理模式控制程度具有显著负向影响，即供应链网络成员企业商业关系越强，越倾向于低控制治理模式。

H4-1b：供应链网络成员企业具有的政治关系对治理模式控制程度具有显著负向影响，即供应链网络成员企业政治关系越强，越倾向于低控制治理模式。

2. 产权性质对社会关系与供应链网络治理模式选择关系的调节作用

制度逻辑理论的核心问题在于组织结构、组织行为与制度环境相适应以获得合法性。政府干预迫使企业陷入经营困境时更倾向于寻求政府救济或援助，产业政策约束着企业行为，对供应链网络治理模式选择具有重要的影响作用。在我国国有企业改革过程中，部分国有企业仍旧承担着缓解财政赤字、维系社会稳定等政策性使命（徐细雄和刘星，2013）。因此，政府通常根据企业的产权性质实施差别政策，而国有企业凭借身份优势保证其在供应链运营中的核心地位。非国有企业在获取资源与政策支持方面处于天然劣势。由于转型期内法律法规与商业政策具有较大的波动性与不连续性，非国有企业的战略行为需要承担高昂的交易成本，需要借助社会关系补给战略性资源，以实现供应链正常运营（曾萍等，2013）。可见，产权性质作为重要战略变量决定了企业的资源禀赋，相对于国有企业而言，非国有企业不得不通过社会关系的特殊资源属性来减少企业所处制度环境的不确定性，并提升企业运营绩效。

基于以上论述，提出如下假设。

H4-2a：相对于国有企业而言，非国有企业所具有的商业关系对其供应链网络治理模式选择行为的影响效果更明显。

H4-2b：相对于国有企业而言，非国有企业所具有的政治关系对其供应链网络治理模式选择行为的影响效果更明显。

3. 市场化改革对社会关系与供应链网络治理模式选择关系的调节作用

完善的制度环境是市场化机制有效运行的基本保障，市场化水平是制度环境强弱的反映（Peng et al.，2008）。市场化水平不同必然导致差异化的交易成本，从而影响企业的战略决策。根据改革速度的不同，制度转型可分为快速改革与渐进改革，我国属于典型的渐进改革。地方性政策法规具有较大的差异性，供应链网络成员企业利用社会关系这一特殊资源降低地方性政策法规引发的交易成本。目前，我国市场化改革得到明显改善，但不同地区之间市场化进程存在较大差异，呈现出非均衡特征（王小鲁等，2017）。随着市场化进程的推进，政府逐渐弱化了对企业的干预强度，政企合谋空间大幅下降。同时，企业间交易逐步破除不发达市场制度的羁绊。因此，市场化改革有利于弱化非市场力量对企业战略行为的影响，激发企业选择低控制程度的治理模式，以降低交易成本。

基于以上论述，提出如下假设。

H4-3a：市场化改革有利于缓解商业关系对供应链网络成员企业治理模式选择行为的影响强度。

H4-3b：市场化改革有利于缓解政治关系对供应链网络成员企业治理模式选择行为的影响强度。

根据以上研究假设，构建三元逻辑下供应链网络治理模式选择理论模型，如图4-4所示。

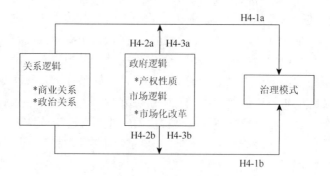

图4-4　三元逻辑下供应链网络治理模式选择理论模型

4.3　本章小结

本章构建了基于多元制度逻辑视角的供应链网络治理选择机制研究模型，分为四个子研究模型。首先，阐述了研究模型中四个构念的界定及其结构，其次，围绕研究问题以及要素之间的逻辑关系，提出了四组理论假设，按照影响作用关系分为因果关系假设、中介作用假设与交互（调节）作用假设，如表4-1所示。

表4-1　研究假设汇总

层次		项目
层次1：制度环境→风险感知→治理模式	层次1-1：制度环境→治理模式	**H1-1a：**供应链网络成员企业所处强制制度对治理模式控制程度具有显著负向影响，即供应链网络成员企业所处强制制度越健全，越倾向于低控制治理模式
		H1-1b：供应链网络成员企业所处规范制度对治理模式控制程度具有显著负向影响，即供应链网络成员企业所处规范制度越健全，越倾向于低控制治理模式
	层次1-2：制度环境→风险感知	**H1-2a：**强制制度对供应链网络成员企业关系风险感知具有显著负向影响，即供应链网络成员企业所处强制制度越健全，企业感知的关系风险越小
		H1-2b：强制制度对供应链网络成员企业绩效风险感知具有显著负向影响，即供应链网络成员企业所处强制制度越健全，企业感知的绩效风险越小
		H1-2c：规范制度对供应链网络成员企业关系风险感知具有显著负向影响，即供应链网络成员企业所处规范制度越健全，企业感知的关系风险越小
		H1-2d：规范制度对供应链网络成员企业绩效风险感知具有显著负向影响，即供应链网络成员企业所处规范制度越健全，企业感知的绩效风险越小

续表

层次		项目
层次1：制度环境→风险感知→治理模式	层次1-3：风险感知→治理模式	H1-3a：供应链网络成员企业关系风险感知对供应链网络治理模式控制程度具有显著正向影响，即供应链网络成员企业感知的关系风险越小，越倾向于低控制治理模式 H1-3b：供应链网络成员企业绩效风险感知对供应链网络治理模式控制程度具有显著正向影响，即供应链网络成员企业感知的绩效风险越小，越倾向于低控制治理模式
	层次1-4：制度环境→风险感知→治理模式	H1-4a：供应链网络成员企业关系风险感知对强制制度与治理模式控制程度的关系具有中介作用 H1-4b：供应链网络成员企业关系风险感知对规范制度与治理模式控制程度的关系具有中介作用 H1-4c：供应链网络成员企业绩效风险感知对强制制度与治理模式控制程度的关系具有中介作用 H1-4d：供应链网络成员企业绩效风险感知对规范制度与治理模式控制程度的关系具有中介作用
层次2：社会关系→风险感知→治理模式	层次2-1：社会关系→治理模式	H2-1a：供应链网络成员企业所具有的商业关系对治理模式控制程度具有显著负向影响，即供应链网络成员企业商业关系越强，越倾向于低控制治理模式 H2-1b：供应链网络成员企业所具有的政治关系对治理模式控制程度具有显著负向影响，即供应链网络成员企业政治关系越强，越倾向于低控制治理模式
	层次2-2：社会关系→风险感知	H2-2a：商业关系对供应链网络成员企业关系风险感知具有显著负向影响，即供应链网络成员企业商业关系越强，企业感知的关系风险越小 H2-2b：商业关系对供应链网络成员企业绩效风险感知具有显著负向影响，即供应链网络成员企业商业关系越强，企业感知的绩效风险越小 H2-2c：政治关系与供应链网络成员企业关系风险感知具有显著负向影响，即供应链网络成员企业政治关系越强，企业感知的关系风险越小 H2-2d：政治关系对供应链网络成员企业绩效风险感知具有显著负向影响，即供应链网络成员企业政治关系越强，企业感知的绩效风险越小
	层次2-3：风险感知→治理模式	H2-3a：供应链网络成员企业关系风险感知对供应链网络治理模式控制程度具有显著正向影响，即供应链网络成员企业感知的关系风险越小，越倾向于低控制治理模式 H2-3b：供应链网络成员企业绩效风险感知对供应链网络治理模式控制程度具有显著正向影响，即供应链网络成员企业感知的绩效风险越小，越倾向于低控制治理模式
	层次2-4：社会关系→风险感知→治理模式	H2-4a：供应链网络成员企业关系风险感知对其商业关系与治理模式控制程度的关系具有中介作用 H2-4b：供应链网络成员企业关系风险感知对其政治关系与治理模式控制程度的关系具有中介作用 H2-4c：供应链网络成员企业绩效风险感知对其商业关系与治理模式控制程度的关系具有中介作用 H2-4d：供应链网络成员企业绩效风险感知对其政治关系与治理模式控制程度的关系具有中介作用
层次3：制度环境×社会关系→治理模式	层次3-1：制度环境→社会关系	H3-1a：在制度转型过程中，强制制度对商业关系具有显著的负向影响，即供应链网络成员企业所处强制制度越健全，商业关系越少 H3-1b：在制度转型过程中，强制制度对政治关系具有显著的负向影响，即供应链网络成员企业所处强制制度越健全，政治关系越少 H3-1c：在制度转型过程中，规范制度对商业关系具有显著的负向影响，即供应链网络成员企业所处规范制度越健全，商业关系越少 H3-1d：在制度转型过程中，规范制度对政治关系具有显著的负向影响，即供应链网络成员企业所处规范制度越健全，政治关系越少
	层次3-2：社会关系×制度环境→治理模式	H3-2a：商业关系与强制制度对供应链网络成员企业治理模式选择具有交互作用 H3-2b：商业关系与规范制度对供应链网络成员企业治理模式选择具有交互作用 H3-2c：政治关系与强制制度对供应链网络成员企业治理模式选择具有交互作用 H3-2d：政治关系与规范制度对供应链网络成员企业治理模式选择具有交互作用

层次		项目
层次 4：社会关系×制度环境/社会关系×市场环境→治理模式	层次 4-1：社会关系→治理模式	**H4-1a:** 供应链网络成员企业具有的商业关系对治理模式控制程度具有显著负向影响，即供应链网络成员企业商业关系越强，越倾向于低控制治理模式 **H4-1b:** 供应链网络成员企业具有的政治关系对治理模式控制程度具有显著负向影响，即供应链网络成员企业政治关系越强，越倾向于低控制治理模式
	层次 4-2：社会关系×制度环境→治理模式	**H4-2a:** 相对于国有企业而言，非国有企业所具有的商业关系对其供应链网络治理模式选择行为的影响效果更明显 **H4-2b:** 相对于国有企业而言，非国有企业所具有的政治关系对其供应链网络治理模式选择行为的影响效果更明显
	层次 4-3：社会关系×市场环境→治理模式	**H4-3a:** 市场化改革有利于缓解商业关系对供应链网络成员企业治理模式选择行为的影响强度 **H4-3b:** 市场化改革有利于缓解政治关系对供应链网络成员企业治理模式选择行为的影响强度

第5章　供应链网络治理模式选择的数据收集与分析

科学的结论不仅需要规范性的理论演绎，而且需要运用正确的实证研究方法加以验证（邱皓政和林碧芳，2009）。根据实证研究设计流程，本章将进行问卷设计、数据收集与数据分析。首先，分别选定自变量、因变量、中介变量、调节变量与控制变量的相应量表，并完成初始问卷设计；其次，简要介绍因子结构分析、结构方程模型分析、中介作用检验与交互作用检验等数据分析方法及数据分析所需软件；再次，开展预调查工作，并对预调查样本数据进行质量检验，包括样本特征、量表特征、量表项目与因子结构分析，以形成正式问卷；最后，开展正式问卷发放与正式调查样本数据收集工作，并对正式调研样本数据进行质量评价，包括样本特征、量表特征、因子结构、量表信度与量表效度分析。

5.1　问　卷　设　计

5.1.1　问卷设计原则

马庆国（2008）在长期从事管理科学研究后总结管理研究方法时指出，问卷是管理学科调查收集数据的重要测量工具，而合理的问卷设计过程是保证数据信度和效度的重要前提。遵循三项禁忌、五项因素与六项原则，完成了问卷的设计工作，如表 5-1 所示。

表 5-1　问卷设计的三项禁忌、五项因素与六项原则

项目		详细内容
三项禁忌	禁忌 1	问卷设计不能带有倾向性，以免对回答者形成诱导
	禁忌 2	不提可能难以真实回答的问题
	禁忌 3	不能把未经确认的事情当作前提假设
五项因素	因素 1	问题内容方面，应考虑问题的必要性、问题的敏感性和威胁性、问题的引导性等因素
	因素 2	问题答案方面，应避免非互斥的问题和非尽举的问题
	因素 3	问题用字方面，应该避免模糊，避免使用专业术语，避免使用二合一的问题，同时应考虑填答者的参考框架

续表

项目		详细内容
五项因素	因素4	问题次序方面，首先应说明研究目的并承诺保护填答者的隐私权及资料仅供研究之用，然后将问题从易到难进行排列，同时考虑将同一主题的问题放在一起，并避免前面问题影响后面问题等
	因素5	问卷的实体风貌，需注重如纸张品质等以赢得好感
六项原则	原则1	问题的类型要正确而合适，视研究性质来决定使用开放式或限制式的问题
	原则2	问题应该切合研究假设的需要
	原则3	问题的项目不可含混不清，应该避免太过普遍化的问话、语义不清的措辞、包含两个或两个以上的观念与事实，以免被访者不知如何选择
	原则4	尽量不涉及社会禁忌与爱好问题
	原则5	避免问题的暗示作用
	原则6	问题设计应该在被访者的知识与能力范围内，不要太抽象、太特殊、太笼统、太复杂，更不要把问题理论化

资料来源：李怀祖（2004）；荣泰生（2005）；杨国枢等（2006）

5.1.2　问卷设计流程

问卷设计流程可归纳为以下步骤：通过文献研究与条款翻译确定研究构念的操作化内涵与具体测量条目；分别与学术界、企业界通过焦点小组的方式讨论；通过探测性调研对问卷中测量条目进行纯化（Churchill，1979）。问卷设计过程如下。

（1）文献回顾。首先，通过梳理供应链网络治理相关理论和阅读供应链网络治理模式、交易特征、资源属性、市场环境、制度环境、社会关系与风险感知等相关研究文献，构建概念性研究模型，明确有待测量的理论构念；其次，结合理论构思，收集并整理变量测量量表，选取国内外学者正式有效或相对成熟的测量条目。

（2）条款翻译。由于文化、语言与习惯等方面的差异，不恰当的翻译无法真正体现测量条目的确切含义，信息、数据与研究构思、研究目的相背离。为了确保翻译的准确性，采用对译方式将英文版测量条目转化为中文版测量条目：首先，请学术团队中英语水平较高的同学将英文量表翻译为中文；其次，请团队中相同研究方向的同学将中文翻译为英文；最后，对比两个英文版本，发现没有明显差异，表明中文版量表表达了原英文版量表的本意。

（3）征询意见。借助学术团队（包括教授、副教授、博士生与硕士生）的定期交流活动，征询团队成员对研究变量之间的逻辑关系，以及题项设计、措辞等方面的意见与建议，并根据所提意见调整题项措辞、题项归类及问卷格式；通过深入访谈的方式，与三位具有良好管理知识背景的企业高层管理人员征询关于研究变量之间的逻辑关系、量表的变量测度是否符合企业实际情况的意见，并与三位学术背景相对较弱的企业管理人员进行交流，了解问卷的表达方式与用词恰当性，修改问卷措辞，尽量不包含专业数据，排除难以理解或表达含糊不清的情况。

（4）题项纯化。为了检测测量工具的信度与效度，采用面对面调查的方法进行探测性预调研（详见 5.4 节的预调查数据收集与数据分析部分），并对预调研样本数据进行质量检验，包括样本特征、量表特征、量表信度、量表效度与因子结构分析，进一步修改完善问卷，并形成调查问卷终稿（附录三）。

5.1.3　问卷题项编制

问卷题项编制主要通过文献检索，对国内外文献中对治理模式、市场环境、制度环境、社会关系与风险感知等理论与实证研究进行分析，收集了各构念在测量上的具体题项与详细内容，并结合研究主题及中国情境的实际情况，选取量表，确定最终题项。社会关系的测量采用 Peng 和 Luo（2000）的量表，该量表是中国转型经济中管理者社会关系的开创性研究，在中国情境下多次被验证，具有很高的信度和效度的量表。利用市场化进程测度中国转型期的市场环境，采用王小鲁等（2017）撰写的《中国分省份市场化指数报告（2016）》的市场化指数指标，该指标在国内经济学、管理学与社会学研究中应用非常广泛，具有很高的权威性。除此之外，治理模式、制度环境与风险感知的研究在国外开展较多，形成了相对成熟的调查问卷，但在国内相关研究较少，因此需要重点设计并验证其信效度。

1. 被解释变量：治理模式

根据研究目标与研究内容，基于交易成本理论视角将治理模式划分为：市场化治理模式、网络化治理模式与一体化治理模式，并参照 Barney（2001）的划分标准，将网络化治理模式细分为契约式治理模式与股权式治理模式，其中契约式治理模式细分为单边契约与双边契约；股权式治理模式细分为单方持股、双方持股与合资。治理模式具有隐性特质，其操作测量困难，难以实现对网络治理模式的分析、判断与决策。设计与采用的指标体系并不完全具备充实的理论基础与文献支撑，但笔者认为采用严格质量检测标准有助于保证研究的理论价值，实证检验过程中不仅要关注供应链网络治理模式选择的总体偏好趋势，而且要关注针对特定治理模式选择的具体偏好特征。因此，将分别采用两种方式测量治理模式，第一种测量方法应用结构方程模型进行直接作用与中介作用检验，第二种测量方法应用回归分析技术进行交互作用检验。

1）应用结构方程模型进行直接作用与中介作用检验时的治理模式测量

遵循不同治理模式的控制程度递减依次划分为：一体化治理模式、合资式治理模式、双方持股式治理模式、单方持股式治理模式、双边契约式治理模式、单边契约式治理模式与市场化治理模式等七种供应链网络治理模式，在问卷中设为七个题项，均使用利克特量表，从"1—极不符合"到"5—完全符合"，如表 5-2 所示，以测度被调查企业对治理模式选择的偏好程度。

表 5-2　治理模式的结构维度

潜变量	测量变量	设计问题	指标来源
治理模式	市场化治理模式	GM1 贵公司倾向于通过市场采购的方式获取所需产品	Williamson（1985）；Das 和 Teng（1998）；Barney（2001）
	单边契约式治理模式	GM2 贵公司倾向于由供应公司提供所需关键技术或资源，并采用合约形式开展合作	
	双边契约式治理模式	GM3 贵公司倾向于与供应公司共同投入重要资源，并采用合约形式开展合作	
	单方持股式治理模式	GM4 贵公司倾向于单方持有供应企业的部分股份	
	双方持股式治理模式	GM5 贵公司倾向于与供应公司相互持有对方部分股份	
	合资式治理模式	GM6 贵公司倾向于与供应公司组建独立的合资公司	
	一体化治理模式	GM7 贵公司倾向于在共同所有权支配下自制所需产品	

2）应用回归分析技术进行调节（交互）作用检验时的治理模式测量

在交互作用检验中，重点关注治理模式选择的总体偏好趋势，而不是针对特定治理模式的具体偏好特征，并且在后期数据分析过程中，应用回归技术进行交互作用检验，研究变量类型最好为连续型或分类型显变量，因此，按照问卷调研中题项"贵公司对产品核心配件的治理模式选择"的答案，依据控制程度由高到低次序，分别利用具有实质比较意义的数字 1、2、3、4、5、6、7 对七种供应链网络治理模式进行赋值，从而将其抽象为分布均匀的连续型显变量（定序变量），即不作为七个独立变量。

2. 解释变量：制度环境

1）应用结构方程模型进行直接作用与中介作用检验时的治理模式测量

制度环境指供应链网络成员企业的管理者嵌入于制度环境之中。Scott（1995）提出了制度理论模型，包括强制制度、规范制度与认知制度，该模型已经成为战略管理研究中测量制度变量的基准模板。三个维度跨越了学科界限，基本涵盖了人类社会所有的制度因素。本书基于组织社会学视角，重新审视其对供应链网络治理模式选择的影响，认为供应链网络中的企业嵌入于制度之中，包括强制制度、规范制度与认知制度，三种制度维度是截然不同且具有独立的结构的，并参考 Xu 和 Shenkar（2002）与 Xu 等（2004）的做法，没有将其包含在理论发展或者统计检验中的三个维度，而是采用与供应链网络治理模式更为相关的强制制度与规范制度两个维度，共计包括 13 个题项，均使用利克特量表，从"1—极不符合"到"5—完全符合"，具体测量题项如表 5-3 所示。

表 5-3　制度环境的结构维度

潜变量	设计问题	指标来源
制度环境	IE1 贵公司所在地的司法系统能够有效保证商业合同的履行	Zukin 和 DiMaggio（1990）；Meyer 和 Rowan（1977）；Oliver（1997）；Kogut（2000）；Yiu 和 Makino（2002）
	IE2 贵公司所在地的公民愿意通过法律途径解决纠纷	
	IE3 贵公司所在地的企业能够随时提起独立、公正的法院诉讼	
	IE4 贵公司所在地的法律法规执行程度高	
	IE5 贵公司所在地的政府及相关机构办事效率高	
	IE6 贵公司所在地的政府干预本地企业经营	
	IE7 贵公司所在地的政府政策在未来五年内急剧变化的可能性低	
	IE8 贵公司与其他公司相比受供应公司不公正待遇	
	IE9 贵公司与其他公司相比受供应公司的文化限制	
	IE10 贵公司受到行业协会的行业规则的影响	
	IE11 贵公司的发展受到行业产品标准的影响	
	IE12 贵公司的经济行为符合社会价值观念与期望	
	IE13 贵公司的经营方式遵循行业内制约规则	

2）应用回归分析技术进行调节（交互）作用检验时的治理模式测量

根据企业的实际控制人类型，可将企业划分为国有企业、集体企业、民营企业、外资企业与合资企业等。为了便于后期分析，按照是否属于国有，将样本企业分为国有企业（包括国有企和集体企业）与非国有企业（包括民营企业、外资企业和合资企业等）。若样本企业属于国有企业，取值为"1"，否则为"0"。

3. 解释变量：社会关系

社会关系指供应链网络成员企业的管理者嵌入于社会关系之中。目前，关于管理者社会关系的测量量表大多基于 Peng 和 Luo（2000）的标志性研究成果，即主要从管理者的商业关系和管理者的政治关系两个维度来刻画。部分学者考虑了其他方面的关系，如与科研院所等机构的关系（Gao et al.，2009），但其实质上是管理者商业关系的一种特殊形式。因此，对管理者的社会关系的衡量主要采用 Peng 和 Luo（2000）的研究成果，该研究是量化中国转型经济中管理者社会关系的开创性研究，在中国情境下多次被检验，被证明具有很高的信度和效度，是非常成熟的量表。七个题项均使用利克特量表，从"1—极不符合"到"5—完全符合"，如表 5-4 所示。

表 5-4　社会关系的结构维度

潜变量	设计问题	指标来源
社会关系	SR1 贵公司领导层与客户公司的私人关系非常好	Peng 和 Luo（2000）；Gao 等（2009）
	SR2 贵公司领导层与供应企业的私人关系非常好	
	SR3 贵公司领导层与竞争企业的私人关系非常好	
	SR4 贵公司领导层与政府部门的私人关系非常好	
	SR5 贵公司领导层与工商机构的私人关系非常好	
	SR6 贵公司领导层与税务机构的私人关系非常好	
	SR7 贵公司领导层与国有银行的私人关系非常好	

4. 调节变量：市场环境

关于市场化进程，采用《中国分省份市场化指数报告（2016）》的市场化指数（王小鲁等，2017）。由于研究变量已包括政企关系与产权性质，因此剔除掉"政府与市场的关系"与"非国有经济的发展"两大指标，选取"产品市场的发育程度"（四个测度指标）、"要素市场的发育程度"（五个测度指标）与"市场中介组织发育和法律制度环境"（八个测度指标）三大指标，并采用求平均值的方法得到相对数值，反映了各省（自治区、直辖市）在全国市场化进程综合排名中的位置，取值范围在 0～10，数值越低，代表该地区市场化进程越慢；反之，则代表该地区市场化程度越发达。

5. 调节变量：产权性质

根据企业的实际控制人类型，按照是否属于国有，将样本企业分为国有企业（包括国有企业和集体企业）与非国有企业（包括民营企业、外资企业和合资企业等）。若样本企业属于国有企业，取值为"1"，否则为"0"。

6. 中介变量：风险感知

风险感知是指供应链网络中企业间合作关系的不满意，它关注于供应链网络成员做出不可置信承诺的可能性及其对合作关系前景造成消极影响的机会主义行为的概率（Das and Teng，1999），机会主义行为可能导致网络组织效率损失，存在着限制价值创造的潜在机理。在此基础上，Das 和 Teng（1999）对在网络组织形成与运作过程中网络成员所面临的关系风险与绩效风险进行了详细的定义，学者沿袭了 Das 和 Teng 的研究模式，采用关系风险与绩效风险的整体概念，但在选择具体刻画指标时则依据各自情境。采用 Miller（1992）与 Das 和 Teng（1999）的量表测度供应链网络成员企业的风险感知分析，并基于中国管理情境的调查研究，验证与发展风险感知测度量表，共计 13 个题项，均使用利克特量表，从"1—极不符合"到"5—完全符合"，具体题项如表 5-5 所示。

表 5-5 风险感知的结构维度

潜变量	设计问题	指标来源
风险感知	RP1 贵公司不熟悉供应公司的生产能力与管理能力	Ring 和 van de Ven（1992）；Miller（1992）；Das 和 Teng（1999）；Das 和 Teng（2001）
	RP2 贵公司与供应公司之间缺乏统一软硬件系统	
	RP3 贵公司与供应公司之间无法进行有效信息沟通	
	RP4 贵公司与供应公司难以实现联合开发新产品	
	RP5 贵公司与供应公司习惯于独自完成研发项目	
	RP6 贵公司与供应公司对产品绩效衡量标准不一致	
	RP7 贵公司与供应公司合作中无法保证人员稳定性	
	RP8 贵公司与供应公司没有签订长期供货合同	
	RP9 贵公司与供应公司只有短期合作经历	
	RP10 贵公司不信任供应公司的生产能力与管理能力	
	RP11 供应公司缺乏动力参与贵公司新产品开发	
	RP12 供应公司担心最终收益小于付出而不愿合作	
	RP13 供应公司担心透露自身成本信息而不愿合作	

7. 控制变量计算与表示

控制变量包括供需双方公司的合作时间（CT）指供需双方合作至今的时间，设置为类别值 1、2 与 3；单项交易额（STS）指单次交易额度，设置为类别值 1、2 与 3；总交易规模（TTS）指与其他供应公司的总交易规模，设置为类别值 1、2 与 3；资产专用性（AS）是指为某一特定交易而进行的持久性投资，一旦投入将难以改为他用，参考基于交易成本理论的交易特征相关研究，设计六个题项刻画资产专用性，并求均值取整，分别设置为类别值 1、2 与 3；资源依赖性（RD）是一个多维度概念，根据研究目的，只关注于替代性这一维度，网络组织成员向另一个网络组织成员提供重要资源的替代来源越少，则后者对前者的依赖程度越大，设计三个题项刻画资源依赖性，主要测量制造商对供应商的依赖性，并求均值取整，分别设置为类别值 1、2 与 3。控制变量的计算方法如表 5-6 所示。

表 5-6　控制变量的测度方法

控制变量	计算方法
合作时间	CT 样本企业与某一供应链网络成员企业合作年限
单项交易额	STS 样本企业与某一供应链网络成员企业最近一笔单项交易额，取其自然对数为值
总交易规模	TTS 样本企业与某一供应链网络成员企业最近一年内总交易金额，取其自然对数为值
资产专用性	AS 资产专用性均值取整
资源依赖性	RD 资源依赖性均值取整

资料来源：根据现有研究成果整理

5.2　数据分析方法

5.2.1　因子结构分析方法

因子结构分析包括探索性因子分析（exploratory factor analysis，EFA）与验证性因子分析（confirmatory factor analysis，CFA），两种因子分析的比较如表 5-7 所示。

表 5-7　探索性因子分析与验证性因子分析比较

探索性因子分析	验证性因子分析
理论产出	理论检验
理论启发—文献基础薄弱	强势的理论基础
决定因素的数目	因素数目已固定
决定因素间是否有相关	固定因素间相关或不相关
变量可以自由归类因素	变量固定归类于某一因素

资料来源：根据侯杰泰等（2004）与吴明隆（2010）整理

对预调研数据进行探索性因子分析探寻量表潜在的结构，减少题项的数目，形成一组较少而彼此高度相关的变量。首先，根据取样适宜值与巴特利特球形检验的显著性程度，判断量表是否适合做因子分析，判别准则如表 5-8 所示；其次，主要采用主成分分析法与最大变异法进行因子结构分析，简要步骤如表 5-9 所示。

表 5-8　因子结构分析判别准则

判别指标	指标值	因子结构分析适切性
取样适宜性值	0.90 以上	非常适合因子结构分析
	0.80 以上	适合因子结构分析
	0.70 以上	比较适合因子结构分析
	0.60 以上	勉强适合因子结构分析
	0.50 以上	不适合因子结构分析
	0.50 以下	非常不适合因子结构分析
巴特利特球形检验	显著	适合
	不显著	不适合

资料来源：根据吴明隆（2010）、马庆国（2008）整理

表 5-9　因子结构分析方法

方法	步骤	详细操作
因子结构分析方法	相关矩阵的计算	以原始数据作为因子分析数据，计算变量间相关矩阵
	因子负荷量计算	基于主成分分析法计算因子负荷量，提取共同因子
	转轴方法的选择	选择直交转轴法—最大变异法进行共同因子正交转轴处理
	因子确定与命名	决定因子数量，选取较少因子层面，获得较大的解释量，并进行命名

资料来源：根据吴明隆（2010）整理

5.2.2　结构方程模型分析

结构方程模型是当前行为与社会领域量化研究的重要统计方法，融合了传统多变量统计分析中的"因素分析"与"线性模型之回归分析"的统计技术，可以对各种因果模型进行模型辨识、估计与验证。以回归为基础的多变量统计分析方法，主要目的在于研究潜变量之间的因果关系，并且以图形的方式呈现变量之间的结构化关系。与其他的回归分析技术相比，结构方程模型具有同时处理多个因变量、容许因变量与自变量含有测量误差、同时估计因子结构与因子间关系、更大弹性地测量模型与估计整个模型的拟合度等优点（侯杰泰等，2004）。完整的结构方程模型包括测量模型与结构模型，测量模型是指实际测量变量与潜变量之间的关系，结构模型表示潜变量之间的关系（黄芳铭，2005）。基于预调研数据的量表项目分析与因子结构分析结果，通过正式调研进行数据收集，并采用结构方程模型对正式调研数据进行验证性因子分析、量表信度与效度评价及研究假设验证。结构方程模型是一种综合运用验证性因子分析、多元回归分析与路径分析等方法的统计数据分析工具。

1. 验证性因子分析

验证性因子分析是用以分析与评价测量模型的结构方程模型技术（黄芳铭，2005）。应用软件对正式调研数据进行验证性因子分析，对量表信度与量表效度进行评价，为后续结构模型分析奠定基础。

2. 结构模型的分析

应用结构模型验证因子间的因果关系假设，结构模型又可称为潜变量模型或线性结构关系。结构方程模型使用潜变量而非观测变量进行路径分析，即潜在因子之间的回归关系，利用观测变量间的共变情形，同时估计路径当中的所有参数，并可以配合研究者所提出的特定假设模型或竞争模型，检验理论模型与观测数据的拟合性，发掘出最佳模型（邱皓政和林碧芳，2009）。结构方程模型的分析程序可分为以下步骤：模型设定（model specification）→模型辨识（model identification）→参数估计（parameter estimation）→拟合度检验（testing fit）→模型再确认（model re-specification），如果假设模型与观测数据拟合良好，则分析程序终止。

3. 模型拟合评价

结构方程模型分析的一项重要工作是测量模型与结构模型的拟合度检验，说明研究的理论模型和实际观察数据的拟合情况。一般来说，模型拟合度评价指数分为三类：绝对拟合指数（absolute indices）、相对拟合指数（relative indices）和简约拟合指数（parsimonious indices），通常会同时考虑这三类指数，以对模型的可接受性形成共识（Hair et al., 1998）。绝对拟合指数是将理论模型与饱和模型进行比较得到的一个统计量，常用的此类指标包括：χ^2、χ^2 / df、近似误差均方根（root mean square error of approximation，RMSEA）、标准化残差均方根（standardized root mean square residual，SRMR）、拟合优度指数（goodness of fit index，GFI）、调整后的拟合优度指数（adjusted goodness of fit index，AGFI）。相对拟合指数的目的在于用一个比较严格的或是套层的底线模型（base-line 模型）与理论模型进行比较，测量其拟合度改进比率的程度，常用的相对拟合指数有：规范拟合指数（normed fit index，NFI）、非规范拟合指数（non-normed fit index，NNFI）、比较拟合指数（comparative fit index，CFI）、增值拟合指数（IFI），简约拟合指数是前两类指数派生出来的一类指数，包括简约规范拟合指数（parsimonious normed fit index，PNFI）、简约拟合优度指数（parsimonious goodness of fit index，PGFI）等。与绝对拟合指数和相对拟合指数相比，简约拟合指数在研究中应用得比较少。

综合侯杰泰等、邱皓政和林碧芳等关于结构方程模型拟合指数的观点，研究中采用的拟合指数的名称与性质、取值范围、判断值和适用情形进行总结，如表 5-10 所示。

表 5-10　结构方程模型拟合指数的比较与判准

类别	名称与性质	取值范围	判断值	适用情形
绝对拟合指数	χ^2 理论模型与观察模型的拟合程度	—	＞0.05	说明模型解释力强
	χ^2/df 考虑模型复杂度后的卡方值	—	＜5	不受模型复杂度影响
	RMSEA 比较理论模型与饱和模型的差距	0～1	＜0.08	不受样本数与模型复杂度影响
	SRMR 标准化假设模型整体残差	0～1	＜0.1	了解残差特性
	GFI 假设模型可以解释观察数据的比例	0～1	＞0.80	说明模型解释力
	AGFI 考虑模型复杂度后的 GFI	0～1*	＞0.80	不受模型复杂度影响
相对拟合指数	NFI 比较假设模型与独立模型的卡方差异	0～1	＞0.90	说明模型较虚无模型的改善程度
	NNFI 考虑模型复杂度后的 NFI	0～1*	＞0.90	不受模型复杂度影响
	CFI 假设模型与独立模型的非中央性差异	0～1	＞0.90	说明模型较虚无模型的改善程度特别适合小样本
	IFI 增量拟合指数	0～1	＞0.90	说明模型不受样本数量的影响
简约拟合指数	PGFI 对 GFI 的修正	0～1	＞0.50	说明模型的简单程度
	PNFI 对 NFI 的修正	0～1	＞0.50	说明模型的简单程度

资料来源：根据侯杰泰等（2004）、邱皓政和林碧芳（2009）整理

*表示越接近 1，模型拟合越好

5.2.3　中介作用检验方法

研究模型中，除了自变量与因变量以外，还可能存在其他变量，即中介变量与调节变量。其中，自变量 X 对因变量 Y 具有影响作用，如果自变量 X 通过影响变量 M 来影响因变量 Y，则称 M 为中介变量；当因变量 Y 与自变量 X 之间的关系是变量 W 的函数，即因变量 Y 与自变量 X 的关系受到变量 W 的影响，则称 W 为调节变量（侯杰泰等，2004）。中介变量与调节变量的比较如表 5-11 所示。

表 5-11　　中介变量与调节变量的比较

项目	中介变量 M	调节变量 W
研究目的	X 如何影响 Y	X 何时影响 Y 或何时影响较大（小）
什么情况下考虑	X 对 Y 的影响较强且稳定	X 对 Y 的影响时强时弱
模型中位置	M 在 X 之后、Y 之前	X、W 在 Y 前面，W 可以在 X 前面
功能	代表一种机制，X 通过 M 影响 Y	影响 Y 和 X 之间关系的方向或强弱
与 X、Y 的关系	M 与 X、Y 的相关都显著	W 与 X、Y 的相关可以显著或不显著
效应检验	回归系数乘积 $a×b$ 是否等于零	回归系数 c 是否等于零

资料来源：根据吴明隆（2010）整理

　　中介变量是一个非常重要的统计概念。中介变量的导入有助于明晰自变量 X 如何通过中介变量 M 对因变量 Y 产生影响的作用机制。中介变量可以分为两类：一类是完全中介作用（full mediation），指自变量 X 对因变量 Y 的影响完全通过中介变量 M，即加入中介变量 M 后，自变量 X 不会再直接影响因变量 Y；另一类是部分中介作用（partial mediation），指自变量 X 一部分直接作用于因变量 Y，一部分通过中介变量 M 作用于因变量 Y。自变量 X、中介变量 M 与因变量 Y 之间的路径图如图 5-1 所示。值得注意的是，研究过程中，可以通过结构方程模型分析计算两个变量间的直接效应（direct effect）与间接效应（indirect effect），但中介效应不同于间接效应，两者的区别是：验证中介效应的前提是自变量与因变量之间显著相关，而间接效应在相关系数为零的情况下仍然可能存在。

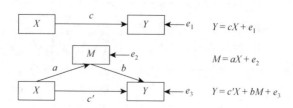

图 5-1　　中介作用路径示意图

资料来源：根据温忠麟等（2004）整理

　　中介作用的存在需要满足两个关键条件：一是自变量 X 与因变量 Y 之间存在相关显著或因果关系；二是中介变量 M 是因果关系的媒介，中介变量 M 受到自变量 X 影响，再影响因变量 Y。最常用的中介变量检验法，如图 5-2 所示。

　　步骤 1：检验自变量 X 的变化是否显著地解释因变量 Y 的变化，即图中 c 是否显著不等于 0，如果不显著，说明自变量 X 与因变量 Y 之间无显著相关关系，则转至步骤 5，停止中介作用分析。

步骤 2：检验自变量 X 的变化是否显著地解释中介变量 M 的变化，即图中 a 是否显著不等于 0；检验当自变量 X 与中介变量 M 同时进入影响模型时，自变量 X 对因变量 Y 的影响系数变化情况，b 是否显著不等于 0。如果均显著，转至步骤 3；如果至少有一个不显著，转至步骤 4。

步骤 3：检验自变量 X 与中介变量 M 对因变量 Y 的共同影响，如果 $c' = 0$，则说明 M 是完全中介变量；如果 $c' \neq 0$，$c' < c$，则说明 M 是部分中介变量。

步骤 4：sobel 检验，如果显著，则中介效应显著，否则中介效应不显著。

步骤 5：结束检验。

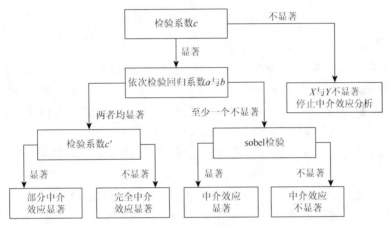

图 5-2　中介作用的检验程序

资料来源：根据温忠麟等（2004）整理

5.2.4　交互作用检验方法

交互作用是指两个自变量（X_1 与 X_2）共同作用时对因变量 Y 的影响不等于两者分别影响因变量 Y 的简单数学和，交互作用的路径图如图 5-3 所示。

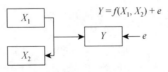

图 5-3　交互作用路径示意图

从检验流程来看，交互作用与调节作用在统计上是一样的，但是针对具体情形有所区别，交互作用中，两个自变量的地位可以是对称的，其中任何一个变量均可以解释为调节变量，也可以是不对称的，其中一个变量起到调节变量的作用，即存在交互效用。根据理论分析与案例研究的结果，社会关系与制度环境之间相互制约、相互消解，因此，两者对供应链网络治理模式的选择具有交互作用。另外，市场化进程与产权性质均在社会关系与供应链网络治理模式选择的关系中具有调节作用，由于检验流程相同，则本节将详细介绍调节作用的检验。

调节作用是指一个变量 W 影响着因变量 Y 与自变量 X 之间关系的方向（正向或负向）与强弱，即变量 Y 与变量 X 之间的关系是变量 W 的函数，调节作用的路径图，如图 5-4 所示。

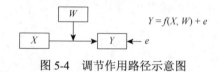

$$Y = f(X, W) + e$$

图 5-4　调节作用路径示意图

上述调节作用利用方程式表示，则为 $Y = a + bX + cW + dXW + e$ 与 $Y = a + bX + cXW + e$。其中在第一种情形下 W 被称为"准调节变量"，第二种情形下 W 被称为"纯调节变量"。如果将方程式 $Y = a + bX + cW + dXW + e$ 变成 $Y = a + cM + (b + dM)X + e$，那么对于固定 W，因变量 Y 对自变量 X 直线回归。Y 与 X 的关系是由回归系数 $b + dW$ 刻画的，则其为 W 的线性函数，交互项 XW 的系数 d 则衡量了调节效应的大小与方向。调节效应检验主要是交互项系数 d 的显著性检验。如果 d 显著（即 H0：$d = 0$ 的假设被拒绝），说明调节变量 W 的调节效应显著。

调节作用分析方法可以分为两类：一类是因变量、自变量与调节变量均为可以直接观测的显变量（observable variable），其调节作用检验方法根据自变量与调节变量的测量级别。显变量调节作用检验包括四种情形（检验方法如表 5-12 所示）：①当自变量与调节变量均为类别变量时，选用方差分析方法；②当自变量与调节变量均为连续变量时，选用带有乘积项的回归模型，进行层次回归分析；③当调节变量为类别变量、自变量为连续变量时，选用分组回归方法；④当自变量为类别变量、调节变量为连续变量时，不能采用分组回归方法，而是将自变量重新编码为伪变量（dummy variable），采用带有乘积项的回归模型，进行层次回归分析。

表 5-12　显变量的调节作用分析方法

调节变量	自变量	
	类别变量	连续变量
类别变量	两个因素具有交互效应的方差分析，交互作用即为调节作用	分组回归：按照 W 的取值进行分组，做 Y 对 X 的回归，如果回归系数差异显著，则调节作用显著
连续变量	自变量使用伪变量，将自变量与调节变量进行中心化处理，进行调节回归分析： （1）Y 对 X 与 W 的回归，得到测定系数 R_1^2 （2）Y 对 X、W 和 XW 的回归，得到测定系数 R_2^2，如果 R_2^2 显著高于 R_1^2，则调节作用显著	将自变量与调节变量进行中心化处理，进行层次回归分析： （1）Y 对 X 与 W 的回归，得到测定系数 R_1^2 （2）Y 对 X、W 和 XW 的回归，得到测定系数 R_2^2，如果 R_2^2 显著高于 R_1^2，则调节作用显著

另一类为因变量、自变量与调节变量中至少有一个是潜变量。一般情况下，潜变量的测量带有测量误差，因此将潜变量视为连续变量，包括两种情形：①当调节变量为类别变量、自变量为潜变量时，采用分组结构方程分析方法，该方法是显变量情形分组回归的拓展，常用结构方程分析软件现成的分组（sub-group 或 multi-group）分析命令。首先，将两组结构方程回归系数设置为相等，估计模型，得到 χ_1^2 值与相应的自由度；其次，消除回归系数等值设置，重新估计模型，得到 χ_2^2 值与相应的自由度；最后，χ_1^2 减去 χ_2^2 得到 χ^2，其自由度是两个模型的自由度之差。如果 χ^2 检验结果是统计显著的，则调节作用显著。②当调节变量与自变量均为潜变量时，可以选择多种不同的分析方法，包括中心化乘积指标方法（适用于正态分布情形）、广义乘积指标方法（非正态分布情形同样适用），这两种方法需要用到非线性参数约束，比较容易出错。目前比较简单的方法是无约束模型，无须参数约束，大大简化了程序。

调节回归分析的具体步骤通常如下。

步骤 1：类别变量转换为伪变量，伪变量的数目等于类别变量的水平个数减一。

步骤 2：连续变量进行中心化或标准化，目的是减少回归方程中变量间的多重共线性问题，将自变量和调节变量做中心化变换的方法是用变量中测量的每个数据点减去其均值。

步骤 3：构建乘积项，将经过中心化或标准化处理的自变量和调节变量相乘。

步骤 4：构造方程，将未中心化的自变量、因变量、乘积项纳入多元层级回归方程（moderated multiple regression，MMR），检验乘积项的系数是否显著，如果显著，则证明存在调节作用。

步骤 5：调节作用分析与解释，通常采用的方法：一是当调节变量与自变量均为类别变量时，可以在不同的组中分别计算因变量的均值，并作图直观地表示调节作用；二是按调节变量所分的不同组，检验自变量对结果变量回归的斜率。

5.3　数据分析软件

5.3.1　SPSS 软件

SPSS 是目前国内外通用的统计分析软件，国家统计局也在特定系统内极力推广 SPSS。SPSS 的操作较简单，并且在 Windows 环境下就能实现数据处理的大部分需求，而且不需要使用者编写程序。SPSS 可以满足研究者从简单的描述性统计分析到复杂的逻辑推断性统计分析的需求。

1966 年，美国斯坦福大学借助 Fortran 研制出 SPSS 软件，1977 年美国 SPSS 公司对 SPSS 进行软件商品化。2000 年，随着经济环境的变化，SPSS 公司对产品进行升级和业务拓展，并用"统计产品及服务解决方案"对其进行命名。SPSS 虽然称为社会统计软件包，但是它在自然科学的各个领域也发挥了巨大的作用，并在经济管理学、生物医药学、教育心理学、金融工程等各个领域得到普遍应用。SPSS 软件区别于其他统计软件的特点，首先是操作简单，即通过鼠标点击，外加菜单与对话框方式，就能完成大部分操作。其次是界面简洁友好，借助简单的操作方式，就能创建应用项目。因此，本书选择 SPSS 软件进行数据处理。

5.3.2　AMOS 软件

本书将采用结构方程模型进行各种测试模型和假设模型的验证，选择 AMOS 统计软件，主要原因在于：采用 SPSS 软件进行数据初始分析，如样本特征分析、量表特征分析、量表项目分析、量表信度分析、量表效度分析及描述性统计分析与相关分析等。另外，AMOS 软件中的 Graphics 绘图区完全以图像钮为工具，模型图的绘制均以图形对象表示，基本参数值的设定，均有默认值，使用者只要熟悉工具箱图像钮的使用，即可快速绘制各种假设模型图。

AMOS 软件具体执行程序为：第一，根据理论文献或经验法则绘制假设的因果模型图，因果模型图的绘制即模型建构（model construction）；第二，开启数据文件读入观察变量（测量指标变量），开启"对象属性"对话窗口界定潜变量、误差变量或残差的变量名称，测量指标变量包括工具建构（instrument construction）与数据搜集（data collection）；第三，开启"分析属性"勾选要呈现的统计量；第四，按"计算估计值"图像钮执行模型的估计，若是模型没有界定错误或模型可以识别，则会呈现卡方值、自由度与相关统计量；第五，根据各项适配度统计量、参数估计值判别假设模型与数据是否适配，若是假设模型（model）与样本数据（data）无法契合，则进行模型的修正；第六，模型修正后再进行模型检验（model testing），若是模型修正后仍无法适配，则考虑模型的重新建构；第七，不论假设模型与数据是否适配，都需要针对输出结果报表加以解释（interpretation），模型检验的结果应包括整体模型适配度统计量（fit statistics）与参数估计（parameter estimates）。

5.4　预调查数据收集与数据分析

拟采取邮寄纸质问卷与实地调研两种方式进行数据收集。其中，邮寄纸质问卷方式是直接将纸质问卷寄送至京津冀地区的七家产业园区负责人，产业园区派专人发放和回收问卷，并通过邮寄方式反馈回来；实地调研方式是在相关政府部门和企业相关负责人的支持下，采用入驻调查的方式进行实地调研。虽然在数据收集过程中尽可能保证在供应链网络内的企业调研，但并未达到预期效果。因此，为了聚焦于供应链网络这一非官方虚拟组织，预先选定遍布在不同行政区域的供应链网络，然后再对供应链网络中的成员企业开展问卷调查（邮寄、电子邮件、实地）。

采用的量表中除了社会关系量表是在中国情境下开发的并被反复验证具有很高效度与信度外，其他测量工具主要来自西方文献，在国内实证研究中应用甚少。在正式问卷形成前，需要通过小样本预调查的方式对变量测量的有效性进行分析，并依据分析结果，对测量维度与题项进行修正和净化，以提高研究数据的质量。在预调查阶段共回收了 36 份供应链网络成员企业的问卷。应用 SPSS 软件对预调查样本数据进行样本特征分析、量表特征分析，以及基于极端组检验法与同质性检验法对样本数据进行量表项目分析，并基于主成分分析法与最大变异法进行因子结构分析，根据分析结果对测量量表与结构维度进行修正以形成正式问卷。

5.4.1　样本特征分析

笔者利用所在研究团队的社会关系，面向京津冀地区的企业单位发放问卷 100 份，回收有效问卷 36 份（有效回收率为 36%），采用频次与百分比等统计方法，对有效样本分布情况进行分析，其分布情况如表 5-13 所示。

表 5-13　预调查数据的样本特征分布

特征变量	变量值	频次	百分比
合作时间	1～5 年（含）	10 家	27.78%
	5～10 年（含）	12 家	33.33%
	10 年以上	14 家	38.89%
所属职位	高层管理者	8 人	22.22%
	中层管理者	9 人	25.00%
	基层管理者	7 人	19.44%
	普通员工	12 人	33.33%
企业性质	国有企业	8 家	22.22%
	国有控股	9 家	25.00%
	合资企业	3 家	8.33%
	民营企业	13 家	36.11%
	其他	3 家	8.33%

资料来源：根据预调查的样本特征分布数据整理

注：表中数据进行过修约，存在合计不等于 100% 的情况

5.4.2　量表特征分析

采用结构方程模型对数据进行分析需要样本数据呈正态分布，按照 Kline（2010）的观点，当偏度（skewness）绝对值小于 3、峰度（kurtosis）绝对值小于 10 时，数据属于正态分布。预调查样本数据的量表题项描述性统计分析结果见附表 4-1，包括样本量、最小值、最大值、均值、标准差、偏度与峰度等统计量，其中偏度与峰度是检验数据正态性的基本指标。根据该标准，量表各题项的两项指标的绝对值远小于标准值，说明各题项的数据接近于正态分布，适合于结构方程模型应用中的数据分析。

5.4.3　量表项目分析

量表项目分析的主要目的是检验量表题项的鉴别能力与区分程度，对不恰当的题目予以剔除，以提高量表的质量，即通过探究高低分受试者回答每个题项的差异性与题项间同质性以检验个别题项与编制量表的可靠程度。为了保证研究适合研究情境，分别采用极端组检验法（亦称临界比值法）与同质性检验法（亦称积差相关分析法）对预调研数据进行量表项目分析，简要步骤如表 5-14 所示，并利用量表项目分析结果中的决断值（CR 值）检验题项的鉴别度，如果某题项平均数差异不显著，则删除该题项。

表 5-14　量表项目分析方法

方法	步骤	详细操作
极端组检验法	反项题项反计分	采用计分方式为利克特量表，反项题项反计分为（旧值→新值）：1→5、2→4、4→2、5→1
	量表题项的加总	将量表中填写的题项加总，以求出各受试者在量表上的总分
	量表总分的排序	根据受试者在量表的总得分加以排序，求出高、低分组临界点
	量表得分的分组	根据测量总分排序，选择前 27% 为高分组，后 27% 为低分组
	高低分组差异检验	采用独立样本 t 检验法计算高、低分组在每个题项的平均数差异的显著性
	未显著题项删除	根据平均数的差异显著性，删除未达显著水平的题项
同质性检验法	量表题项的加总	将量表中填写的题项加总，以求出各受试者在量表上的总分
	求积差相关系数	基于积差相关分析法，求出每个题项与量表总分的积差相关系数
	未显著题项删除	根据题项与量表总分积差相关系数的显著性，删除未达显著水平的题项

资料来源：根据吴明隆（2010）整理

除了社会关系中测量采用 Peng 和 Luo（2000）的量表在中国情境下多次被验证外，其他测量工具在我国应用尚少。因此，应用预调研数据对各量表进行项目分析，并利用量表项目分析结果中的决断值检验题项的鉴别度，如果某题项平均数差异不显著，则删除该题项。量表项目分析执行结果如附表 4-2 所示，"制度环境量表"中的"IE7"的决断值为–0.498（Sig. = 0.627＞0.05），平均数差异不显著且该题项与量表总分的积差相关系数为 0.027（Sig. = 0.128＞0.05），未达显著性水平，两项分析结果均表明该题项的鉴别度较低，删除题项 IE7；"风险感知量表"中的"RP6"的决断值为–0.432（Sig. = 0.638＞0.05），平均数差异不显著且该题项与量表总分的积差相关系数为–0.063（Sig. = 0.162＞0.05），未达显著性水平，两项分析结果均表明该题项的鉴别度较低，删除题项 RP6。其他量表所有题项的决断值均达到显著水平且各题项与量表总分的积差相关系数均大于 0.3，说明具有鉴别度，因此予以保留。

5.4.4　因子结构分析

针对量表项目分析的题项，运用预调查数据进行因子结构分析探寻量表潜在的结构，减少题项的数目，形成一组数量较少但彼此高度相关的变量（因子结构分析方法详见 5.2.2 节）。对预调研数据探索性因子结构分析。首先，根据取样适宜性值与巴特利特球形检验的显著性程度，判断量表是否适合做因子分析，结果见附表 4-3；其次，主要采用主成分分析法与最大变异法进行因子结构分析。

1. 治理模式的探索性因子分析

治理模式量表的取样适宜性值为 0.728，巴特利特球形检验的 χ^2 值为 227.330，在 0.000 水平上具有显著性，因此，治理模式量表比较适合进行因子结构分析。基于主成分分析法计算因子负荷量，提出共同因子，并基于最大变异法进行共同因子正交转轴处理，因子结构分析结果如表 5-15 所示。结果显示，治理模式量表提取两个共同因子，两个共同因子的方差贡献率分别为 41.473% 与 30.543%，累计解释方差率大于 50%，说明该多指标项的潜变量符合结构效度的要求。由于以各种治理模式代表不同的科层水平，为便于后期分析，根据各因子所包含的题项变量特征，将治理模式量表的因子 1 的构念命名为"高控制治理模式"，因子 2 的构念命名为"低控制治理模式"。

表 5-15　治理模式因子结构分析结果

量表	题项	因子提取		方差贡献率
		因子 1	因子 2	
治理模式	GM6	0.898	0.052	41.473%
	GM4	0.860	0.215	
	GM5	0.784	0.141	
	GM7	0.777	−0.045	
	GM1	0.035	0.907	30.543%
	GM3	−0.142	0.867	
	GM2	0.085	0.777	

资料来源：根据探索性因子分析结果整理

2. 社会关系的探索性因子分析

社会关系量表的取样适宜性值为 0.875，巴特利特球形检验的 χ^2 值为 380.139，在 0.000 水平上具有显著性，因此，适合进行因子结构分析。基于主成分分析法计算因子负荷量，提出共同因子，并基于最大变异法进行共同因子正交转轴处理，因子结构分析结果如表 5-16 所示。社会关系提取两个共同因子，该结果与 Peng 和 Luo（2000）所开发的适用于中国情境的量表完全相同，其中两个共同因子的方差贡献率分别为 45.364% 与 34.543%，累计解释方差率大于 50%，说明该指标项的潜变量符合结构效度的要求。因此，根据各因子所包含的题项变量特征，将社会关系量表的因子 1 的构念命名为"商业关系"，因子 2 的构念命名为"政治关系"。

表 5-16　社会关系因子结构分析结果

量表	题项	因子提取		方差贡献率
		因子 1	因子 2	
社会关系	SR1	0.850	0.167	45.364%
	SR3	0.847	0.287	
	SR2	0.712	0.305	
	SR4	0.514	0.917	34.543%
	SR6	0.275	0.921	
	SR5	0.141	0.775	
	SR7	0.549	0.703	

资料来源：根据探索性因子分析结果整理

3. 制度环境的探索性因子分析

制度环境量表的取样适宜性值为 0.812，巴特利特球形检验的 χ^2 值为 365.004，在 0.000 水平上具有显著性。因此，制度环境量表适合进行因子结构分析。基于主成分分析法计算因子负荷量，提出共同因子，并基于最大变异法进行共同因子正交转轴处理，因子结构分析结果如表 5-17 所示。制度环境共计抽取两个共同因子，方差贡献率分别为 32.765% 与 28.172%，累计解释方差率大于 50%，说明该多指标项的潜变量符合结构效度的要求。因此，根据各因子所包含的题项变量特征，将因子 1 的构念命名为"强制制度"，因子 2 的构念命名为"规范制度"。

表 5-17　制度环境因子结构分析结果

量表	题项	因子提取		方差贡献率
		因子 1	因子 2	
制度环境	IE4	0.814	−0.292	32.765%
	IE1	0.803	−0.179	
	IE5	0.799	−0.355	
	IE2	0.791	−0.239	
	IE6	0.747	−0.159	
	IE3	0.737	−0.375	
	IE13	0.358	0.828	28.172%
	IE9	−0.267	0.725	
	IE8	0.209	0.697	
	IE11	−0.381	0.693	
	IE10	−0.185	0.660	
	IE12	−0.012	0.636	

资料来源：根据探索性因子分析结果整理

4. 风险感知的探索性因子分析

风险感知的取样适宜性值为 0.860，巴特利特球形检验的 χ^2 值为 516.820，在 0.000 水平上具有显著性，因此，风险感知量表适合进行因子结构分析。基于主成分分析法计算因子负荷量，提出共同因子，并基于最大变异法进行共同因子正交转轴处理，因子结构分析结果如表 5-18 所示。结果显示，风险感知量表提取了两个共同因子，方差贡献率分别为 49.978% 与 36.377%，累计解释方差率大于 50%，说明该多指标项的潜变量符合结构效度的要求。但 RP9 的因子负荷小于 0.6，代表该题项的效度不足，故删除。因此，根据各因子所包含的题项变量特征，将风险感知量表的因子 1 的构念命名为"关系风险感知"，因子 2 的构念命名为"绩效风险感知"。

表 5-18　风险感知因子结构分析结果

量表	题项	因子提取		方差贡献率
		因子 1	因子 2	
风险感知	RP1	0.893	−0.086	49.978%
	RP3	0.850	0.340	
	RP2	0.832	0.320	
	RP4	0.770	0.367	
	RP5	0.751	0.449	
	RP7	0.697	−0.031	
	RP13	0.185	0.851	36.377%
	RP8	0.175	0.841	
	RP11	0.509	0.686	
	RP10	0.458	0.661	
	RP12	0.581	0.639	
	RP9	0.544	0.476	

资料来源：根据探索性因子分析结果整理

5.5　正式调查数据收集与数据分析

根据预调查问卷项目分析与因子结构分析的结果，形成了正式调查的最终问卷（附录三），包括经济属性量表（资产专用性 5 个题项、资源依赖性 3 个题项）、供应链网络治理模式量表（7 个题项）、制度环境量表（12 个题项）、社会关系量表（7 个题项）、风险感知量表（11 个题项）与其他重要信息（10 个题项）等 6 个部分，共计 55 个题项。采用问卷调查法获取实证研究所需数据，大规模问卷发放与数据收集工作主要包括：调查对象确定、调查问卷的发放与回收工作。笔者开展了正式调研，并对正式调研样本数据进行了样本特征分析、量表特征分析、因子结构分析、量表信度分析、量表效度分析及控制变量分析。

5.5.1　调查数据收集

正式调查问卷共涉及 26 个供应链网络，发放 385 份问卷，回收 139 份问卷，回收率为 36.1%。通过数据整理分析，有效问卷 117 份，有效回收率为 30.39%。纵观国内外学术界以调查问卷获取网络组织数据的研究，其问卷回收率均不乐观。如 Muthusamy 和 White（2005）等基于社会交换视角对网络组织知识交换研究的有效问卷回收率为 23.6%，吴绍棠和李燕萍（2014）等研究联盟网络多元性对合作创新影响的研究有效问卷回收率为 29.2%。可见，本书有效问卷回收率较为理想。发放途径、问卷发放、问卷回收及有效问卷统计如表 5-19 所示。

表 5-19　问卷发放途径与数量统计

发放途径	问卷发放		问卷回收		有效问卷	
	频次/份	百分比	频次/份	百分比	频次/份	百分比
1 政府资源	217	56.36%	76	54.68%	71	60.68%
2 学院资源	62	16.10%	23	16.55%	19	16.24%
3 校友资源	49	12.73%	18	12.95%	14	11.97%
4 团队资源	36	9.35%	15	10.79%	11	9.40%
5 个人关系	21	5.45%	7	5.04%	2	1.71%
合计	385	100%	139	100%	117	100%

资料来源：根据问卷发放与回收情况整理

注：表中数据进行过修约，存在合计不等于 100%的情况

问卷发放的主要途径如下。

（1）借助项目调研与实地访谈的机会，通过地方政府及相关部门的引荐，采用深入访谈与问卷填写相结合的方式进行调查工作。

（2）委托学院 MBA（master of business administration，工商管理硕士学位）教育中心教师开展问卷调查，在事先承诺问卷答题严格保密的情况下，采用当场发放、填写与回收问卷的方式。

（3）利用学校校友的社会关系，选择符合调查需要并具有回答意愿的对象，采用纸质问卷与电子问卷相结合的方法进行调查工作。

（4）利用研究团队成员的社会关系，选择符合调查需要并具有回答意愿的对象，采用纸质问卷与电子问卷相结合的方法进行调查工作。

（5）通过笔者的亲朋好友，解释研究目的、研究内容与研究意义，征询回答意愿，采用纸质问卷与电子问卷相结合的方法进行调查工作。

5.5.2　样本特征分析

正式调查回收有效样本 117 份，采用频次与百分比等统计方法，对有效样本分布情况进行分析，其分布情况如表 5-20 所示。

表 5-20　正式调查样本分布情况

特征变量	变量值	频次	百分比
合作时间	1～5 年（含）	89 家	76.07%
	5～10 年（含）	21 家	17.95%
	10 年以上	7 家	5.98%
所属职位	高层管理者	78 人	66.67%
	中层管理者	37 人	31.62%
	基层管理者	2 人	1.71%
企业性质	国有企业	25 家	21.37%
	国有控股	18 家	15.38%
	合资企业	23 家	19.66%
	民营企业	39 家	33.33%
	其他	12 家	10.26%

资料来源：根据正式调查样本分布统计整理

5.5.3　量表特征分析

样本数据的量表题项描述性统计分析结果见附表 4-4，包括样本量、最小值、最大值、均值、标准差、偏度与峰度等统计量，其中偏度与峰度是检验数据正态性的基本指标。采用结构方程模型对数据进行分析需要样本数据呈正态分布，按照 Kline（2010）的观点，当偏度绝对值小于 3、峰度绝对值小于 10 时，数据属于正态分布。根据该标准，量表各题项的两项指标的绝对值远小于标准值，说明各题项的数据接近于正态分布，适合于做进一步的数据分析。

5.5.4　因子结构分析

1. 治理模式的因子结构分析

根据前导研究，治理模式测量模型包括高控制治理模式与低控制治理模式两个维度，其中高控制治理模式量表包括 4 个题项，低控制治理模式量表包括 3 个题项，共计 7 个题项，治理模式的一阶验证性因子分析结果如图 5-5 所示。其中，绝对拟合指数（$\chi^2 = 42.64$，$df = 13$，$\chi^2 / df = 3.28 < 5$，$RMSEA = 0.071 < 0.08$，$SRMR = 0.058 < 0.10$，$GFI = 0.91 > 0.8$，$AGFI = 0.87 > 0.8$）、相对拟合指数（$NFI = 0.93 > 0.9$，$NNFI = 0.95 > 0.9$，$CFI = 0.97 > 0.9$）与简约拟合指数（$PGFI = 0.63 > 0.5$，$PNFI = 0.79 > 0.5$），各项模型拟合指数皆满足所要求的可接

受值，表明模型拟合良好。根据治理模式的定义、维度划分与测量，不适合提取治理模式的二阶模型，因此，治理模式取一阶模型进行假设检验。

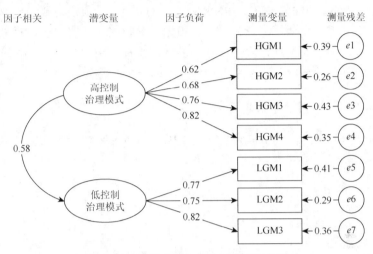

图 5-5　治理模式的一阶验证性因子分析

HGM 代表高控制治理模式，LGM 代表低控制治理模式，下文同

2. 社会关系的因子结构分析

社会关系测量模型包括商业关系与政治关系两个维度，其中商业关系量表包括 3 个题项，政治关系量表包括 4 个题项，共计 7 个题项，一阶验证性因子分析结果如图 5-6 所示。其中，绝对拟合指数（$\chi^2 = 38.74$，$df = 13$，$\chi^2 / df = 2.98 < 5$，

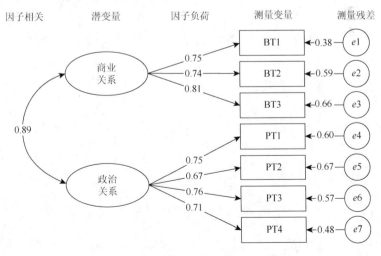

图 5-6　社会关系的一阶验证性因子分析

BT 代表商业关系，PT 代表政治关系，下文同

RMSEA＝0.073＜0.08，SRMR＝0.045＜0.10，GFI＝0.87＞0.8，AGFI＝0.89＞0.8）、相对拟合指数（NFI＝0.96＞0.9，NNFI＝0.97＞0.9，CFI＝0.97＞0.9）与简约拟合指数（PGFI＝0.66＞0.5，PNFI＝0.78＞0.5），各项模型拟合指数皆满足所要求的可接受值，表明模型拟合良好。根据研究目的与研究内容，将分别探讨商业关系与政治关系对治理模式选择行为的作用机理，因此无须进行二阶验证性因子分析，即社会关系取一阶模型进行假设检验。

3. 制度环境的因子结构分析

制度环境测量模型包括强制制度与规范制度两个维度，共计 12 个题项，一阶验证性因子分析结果如图 5-7 所示。

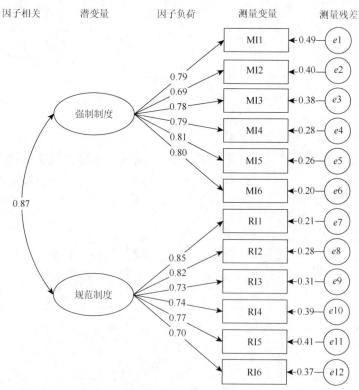

图 5-7　制度环境的一阶验证性因子分析

MI 代表强制制度，RI 代表规范制度，下文同

其中，绝对拟合指数（$\chi^2＝117.805$，$df＝53$，$\chi^2/df＝3.35＜5$，RMSEA＝0.071＜0.08，SRMR＝0.056＜0.10，GFI＝0.89＞0.8，AGFI＝0.86＞0.8）、相对拟合指数（NFI＝0.95＞0.9，NNFI＝0.96＞0.9，CFI＝0.96＞0.9）与简约拟合

指数（PGFI＝0.67＞0.5，PNFI＝0.79＞0.5），各项模型拟合指数皆满足所要求的可接受值，表明模型拟合良好。根据研究目的与研究内容，将分别探讨强制制度与规范制度对治理模式选择行为的作用机理，因此无须进行二阶验证性因子分析，即制度环境取一阶模型进行假设检验。

4. 风险感知的因子结构分析

风险感知测量模型包括关系风险感知与绩效风险感知两个维度，其中关系风险感知量表包括 6 个题项、绩效风险感知量表包括 5 个题项，共计 11 个题项，一阶验证性因子分析结果如图 5-8 所示。其中，绝对拟合指数（$\chi^2 = 101.92$，$df = 43$，$\chi^2/df = 2.37 < 5$，$RMSEA = 0.073 < 0.08$，$SRMR = 0.057 < 0.10$，$GFI = 0.89 > 0.8$，$AGFI = 0.85 > 0.8$）、相对拟合指数（$NFI = 0.93 > 0.9$，$NNFI = 0.95 > 0.9$，$CFI = 0.94 > 0.9$）与简约拟合指数（$PGFI = 0.68 > 0.5$，$PNFI = 0.78 > 0.5$），各项模型拟合指数皆满足所要求的可接受值，表明模型拟合良好。

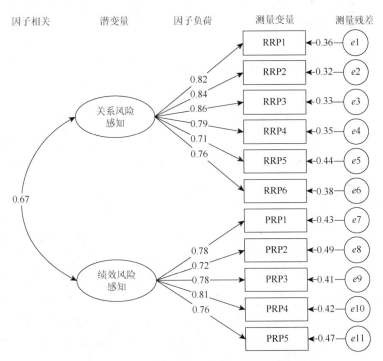

图 5-8　风险感知的一阶验证性因子分析

RRP 代表关系风险感知，PRP 代表绩效风险感知，下文同

为了进一步明晰两个维度与风险感知之间的关系，将两个外因潜变量（关系风险感知、绩效风险感知）与内因潜变量（风险感知）之间的关系量化，采用二阶验证

性因子分析，结果如图 5-9 所示。其中，$\chi^2/\mathrm{df}=2.39<5$，$\mathrm{RMSEA}=0.058<0.08$，显示二阶模型拟合良好，但关系风险感知与绩效风险感知在风险感知上的因子负荷达到 0.48 与 0.78，不仅出现了小于 0.5 的因子负荷，而且负荷量差距显著，说明二阶因子结构模型并不能充分表示一阶因子间的关系，即两者不适宜提取共同因素来反映风险感知这一构念，因此，仍沿用一阶模型进行假设检验。

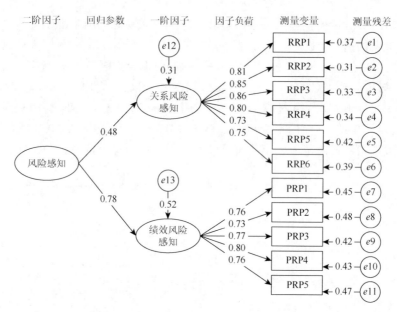

图 5-9　风险感知的二阶验证性因子分析

5.5.5　量表信度分析

　　从研究方法论的角度，研究的科学性及其价值需要满足两项指标：信度与效度（李怀祖，2004）。因此，应用结构方程模型进行实证研究，需要对采集的样本数据进行质量评估，主要是信度评价与效度评价。信度，亦称为可靠性，指测量结果免受误差影响的程度，在实证研究中，论证方法、数据和测验的可信程度，保证测量结果的一致性、稳定性与再现性，一般采用不同测试对象的"等值性"（equivalence）、测量题目之间的"内部一致性"（intimal consistency）与不同时点的"稳定性"三个指标予以测量。

　　运用结构方程模型进行验证性因子分析计算信度可以避免上述问题（黄芳铭，2005）。通过验证性因子分析所得的平方复相关系数可以作为判别单个观测变量的信度指标。通过变量的标准化因子负荷值计算因子信度，称为构念信度（construct reliability，CR），如式（5-1）所示。构念信度是模型内在质量的重要判别标准之一，评价观测变量被同一潜变量的解释程度，Kline（2010）建议构念信度达 0.5 以上即可接受。估计量表的信度时，应注意的是克龙巴赫 α 系数与量表项目的数量多少有关。因此，判断量表信度时，首先应当了解该量表及其每个变量下的题项数量，其次再以此为基础，判断克龙巴赫 α 系数是否达到了可以接受的水平（马庆国，2008）。

$$构念信度 = \frac{\left(\sum 观测变量在潜变量上的标准化负荷\right)^2}{\left(\sum 观测变量在潜变量上的标准化负荷\right)^2 + \sum 观测变量的测量误差}$$

$$（5\text{-}1）$$

平均方差抽取量的计算方法如式（5-2）所示。平均方差抽取量直接显示被潜变量所解释的方差中测量误差的程度，该值越大，观测变量被潜变量解释的方差百分比越大，相对的测量误差越小，信度越高。一般情况下，判别标准是平均方差抽取量大于 0.5。

$$平均方差抽取量 = \frac{\left(\sum 观测变量在潜变量上的标准化负荷^2\right)}{\left(\sum 观测变量在潜变量上的标准化负荷^2\right) + \sum 观测变量的测量误差}$$

$$（5\text{-}2）$$

各量表的潜变量与观测变量的信度指标的计算结果如表 5-21 所示，不难看出，单个观测变量的信度指标平方复相关系数均达到 0.5 的标准，表明量表具有内在一致性；量表中各潜变量的构念信度大于判别标准 0.5，表明模型内在质量非常好；平均变异抽取量大于判别标准 0.5，表明模型内在质量理想。因此，理论模型具有较高系统性，信度水平良好。

表 5-21　潜变量与观测变量的构念信度

量表	潜变量	观测变量	因子负荷	测量误差	平均复相关系数	构念信度	平均方差抽取量
治理模式	高控制治理模式	HGM1	0.62	0.39	0.607	0.812	0.524
		HGM2	0.68	0.26	0.560		
		HGM3	0.76	0.43	0.598		
		HGM4	0.82	0.35	0.595		
	低控制治理模式	LGM1	0.77	0.41	0.547	0.824	0.609
		LGM2	0.75	0.29	0.560		
		LGM3	0.82	0.36	0.604		
社会关系	商业关系	BT1	0.75	0.38	0.666	0.811	0.588
		BT2	0.74	0.59	0.598		
		BT3	0.81	0.66	0.690		

续表

量表	潜变量	观测变量	因子负荷	测量误差	平均复相关系数	构念信度	平均方差抽取量
社会关系	政治关系	PT1	0.75	0.60	0.565	0.814	0.523
		PT2	0.67	0.67	0.591		
		PT3	0.76	0.57	0.617		
		PT4	0.71	0.48	0.545		
制度环境	强制制度	MI1	0.79	0.49	0.583	0.901	0.605
		MI2	0.69	0.40	0.574		
		MI3	0.78	0.38	0.697		
		MI4	0.79	0.28	0.658		
		MI5	0.81	0.26	0.623		
		MI6	0.80	0.20	0.779		
	规范制度	RI1	0.85	0.21	0.787	0.897	0.593
		RI2	0.82	0.28	0.670		
		RI3	0.73	0.31	0.639		
		RI4	0.74	0.39	0.718		
		RI5	0.77	0.41	0.735		
		RI6	0.70	0.37	0.618		
风险感知	关系风险感知	PRP1	0.81	0.37	0.817	0.915	0.642
		PRP2	0.85	0.31	0.862		
		PRP3	0.86	0.33	0.837		
		PRP4	0.80	0.34	0.702		
		PRP5	0.73	0.42	0.759		
		PRP6	0.75	0.39	0.710		
	绩效风险感知	RRP1	0.76	0.45	0.778	0.875	0.584
		RRP2	0.73	0.48	0.701		
		RRP3	0.77	0.42	0.810		
		RRP4	0.80	0.43	0.764		
		RRP5	0.76	0.47	0.813		

资料来源：根据量表信度分析结果的数据整理

5.5.6　量表效度分析

　　量表效度是指实际测量值反映测量特征的程度，表现为测量结果的真实性与准确性。陈晓萍等（2008）认为量表效度包括：表面效度（face validity）、内容效度（content validity）与构念效度等。此外，效标关联效度（criterion-related validity）是指测量数据与其他被选择效标变量之间的相关程度，但此效度分析方法在研究中应用较少（黄芳铭，2005）。陈晓萍等（2008）提出效标关联效度是多个潜变量之间的关系，通过结构方程模型中的结构模型分析来检验。根据结构方程模型在检验制度环境、社会关系与治理模式之间因果关系及风险感知的中介作用关系。

表面效度要求量表遵循问卷的卷面标准，内容效度要求各题项对构念进行测量时的鉴别度与代表性，两者主要取决于研究者在观念的定义上或者语义上的判断（荣泰生，2005）。所选用的测量量表多选自国外经典量表，已被证实具有较好的效度。此外，量表的翻译与复核经过了与英语专业人员、管理研究人员与教授专家的讨论，并在预调查过程中检验了题项的鉴别度与代表性。

构念效度是指测试或者问卷中的题项与被研究的理论概念之间的一致性程度。在研究过程中，可以从两个方面提高构念效度：从分析抽象构念的角度，精确定义构念的含义并明确其理论结构，从变量测量角度，选择合适的测量方式，控制测量误差（陈晓萍等，2008）。构念效度评价主要针对收敛效度（convergent validity）与区分效度（discriminant validity），需要进行三方面的检验：一是违犯估计检验，即有无负的误差协方差存在、标准化系数是否接近或超过、是否有太大的标准误差，如果无违犯估计现象，则可以做整体模型拟合度检验及内在结构拟合检验；二是单个观测变量效度检验；三是整体模型拟合度检验（黄芳铭，2005）。

对各构念进行效度分析，并汇总测量模型的参数估计，如表 5-22 所示。首先，治理模式、社会关系、制度环境与风险感知所包含的观测变量标准化负荷最大值为 0.86，小于判别标准 0.9；各构念一阶因子间相关系数的置信区间上限小于 1，证明因子间具有显著差异，表明各量表具有区分效度；测量误差整体为 0.20～0.67，不存在太大标准误差或负误差协方差，表明各构念测量模型不存在违犯估计现象。其次，治理模式、制度环境、社会关系与风险感知的因子结构检验结果（详见 5.4.4 节数据分析结果），各项拟合指数均达理想的拟合标准，说明模型拟合情况良好。最后，观测变量因子间相关系数为 0.58～0.89，表明单一观测变量的标准化系数均具有较高的显著水平，可以有效作为各因子的测量指标。

表 5-22　测量模型参数估计值汇总结果

构念	观测变量因子负荷区间	t 值检验区间	测量误差区间	因子间相关系数
治理模式（7）	0.62～0.82	15.93～16.97	0.26～0.43	HGM↔LGM 0.58
社会关系（7）	0.67～0.81	11.33～12.90	0.38～0.67	BT↔PT 0.89
制度环境（12）	0.69～0.85	5.80～18.50	0.20～0.49	MI↔RI 0.87
风险感知（11）	0.73～0.86	12.09～7.68	0.31～0.48	RRP↔PRP 0.67

资料来源：根据测量模型参数估计值整理

综上所述，所采用的量表在表面效度、内容效度与构念效度三个方面表现出良好的量表效度，构念与测量之间具有高度一致性。

5.5.7　控制变量分析

本书在第 2 章详细论述了经济学派、管理学派、社会学派与制度学派对治理模式选择行为的理论解释范式，经济学派与管理学派虽然各有优势，但两者均未考虑到对治理模式选择起到关键性决定作用的社会环境因素的影响，忽略了对经济行为所嵌入的社会关系及制度环境的重视与深入研究。因此，基于制度环境与社会关系的多层级分析框架，分析治理模式选择行为嵌入于社会关系与制度背景之中的机制，而将其他因素作为控制变量。本节将利用 SPSS 软件，运用单因素方差分析（one-factor analysis of variance，one-way ANOVA）、一般线性模型分析与独立样本 t 检验方法，检验治理模式在不同控制变量的差异性及显著性，包括合作时间、总交易规模、单项交易额、资产专用性与资源依赖性，确定各特征变量对治理模式的影响效应，考虑是否应该将其纳入后期假设检验的整合模型，以提高研究结论的可靠性与科学性。

1. 不同合作时间、单项交易额与总交易规模的差异分析

根据变量测量，合作时间分为 3 个组别，分别为：组别 1（合作时间 1～5 年（含））、组别 2（合作时间 5～10 年（含））与组别 3（合作时间 10 年以上）；单项交易额分为 3 个组别，分别为组别 1（单项交易额小）、组别 2（单项交易额中）与组别 3（单项交易额大）；总交易规模分为 3 个组别，分别为组别 1（总交易规模小）、组别 2（总交易规模中）与组别 3（总交易规模大）。方差分析是检验多个样本均值之间的差异是否具有统计意义的方法，单因素方差分析中不同处理组的均值差异主要来源于随机差异与处理因素导致的差异，总体差异为两种差异之和，随机差异是永远存在的，处理因素差异不为零，则证明处理因素的影响是存在的，将其视为控制变量。因此，采用单因素方差分析对不同合作时间、单项交易额与总交易规模的样本间治理模式及各维度的得分进行均值比较检验。

首先，通过治理模式在不同合作时间、单项交易额与总交易规模上的均值与标准差计算发现，治理模式控制程度的得分均值随着单项交易额、总交易规模与合作时间的递增而呈上升的趋势，如表 5-23 所示，特别是不同合作时间的组别均值差异较大。其次，通过单因素方差分析发现，不同合作时间、单项交易额与总交易规模在治理模式控制程度上 F 值检验的显著性小于 0.05，说明组间不具有同质性，呈现显著性差异。再次，通过事后比较（post-hoc comparison）方法检验发

现，在合作时间方面，组别 3 与组别 1、组别 2 存在显著差异。在单项交易额方面，组别 3 与组别 1、组别 2 存在显著差异；在总交易规模方面，组别 3 与组别 1、组别 2 存在显著差异，如附表 4-5 所示。最后，采用一般线性模型分析法检验样本间效应，如表 5-24 所示，表中的效应值估量与 R^2 分别指净相关效应值估量平方与调整后的 R^2，均属于反映特征因素与研究变量之间关联程度的指数。其中调整后 R^2 亦称为关联强度系数，用以说明因变量的总变异量中被自变量所解释的百分比。由此可见，不同单项交易额、总交易规模与合作时间的差异可以解释治理模式网络化水平一定比例的总变异，但整体低于 6% 的解释变异量，属于微弱关系，即对于治理模式选择不具有足够的解释力度，不是治理模式选择差异的根本原因。因此，上述合作时间、单项交易额与总交易规模等特征变量不作为控制变量纳入研究模型。

表 5-23　治理模式在不同合作时间、单项交易额与总交易规模上的均值与标准差

变量		组别	频次/家	均值	标准差
治理模式	合作时间 （$N=117$）	组别 1	47	3.290 4	0.649 78
		组别 2	21	3.633 9	0.735 73
		组别 3	49	3.912 2	0.817 23
	单项交易额 （$N=117$）	组别 1	32	3.656 2	0.596 03
		组别 2	47	3.623 3	0.687 26
		组别 3	38	3.811 5	0.592 64
	总交易规模 （$N=117$）	组别 1	46	3.573 7	0.616 85
		组别 2	42	3.704 7	0.703 37
		组别 3	29	3.772 6	0.585 32

资料来源：根据统计分析结果整理

表 5-24　不同合作时间、单项交易额与总交易规模样本间的方差分析与效应项检验结果

变量	F 值	Sig.	效应值估量	R^2
治理模式←合作时间	3.762*	0.010	0.032	0.023
治理模式←单项交易额	3.518*	0.017	0.031	0.021
治理模式←总交易规模	3.354*	0.018	0.029	0.020

资料来源：根据单因素方差分析结果整理

*表示 F 值大于给定显著水平的标准 F 值

2. 不同资产专用性与资源依赖性的差异分析

根据变量测量，资产专用性与资源依赖性均分为 4 个水平，分别为组别 1（均值取整后1≤AS<2）、组别 2（均值取整后2≤AS<3）、组别 3（均值取整后 3≤AS<4）与组别4（均值取整后4≤AS<5）。因此，采用单因素方差分析对不同资产专用性与资源依赖性的样本间治理模式及各维度的得分进行均值比较检验。

首先，通过治理模式在不同资产专用性与资源依赖性上的均值与标准差计算发现，治理模式控制程度的得分均值随着资产专用性递增呈现倒"U"形、随着资源依赖性的递增而上升的趋势，如表 5-25 所示，特别是不同资源依赖性的组别均值差异较大。其次，通过单因素方差分析发现，不同资产专用性与资源依赖性在治理模式控制程度上 F 值检验的显著性小于 0.05，说明组间不具有同质性，呈现显著性差异。再次，通过事后比较方法检验发现，在资产专用性方面，组别2、组别 3 与组别1、组别 4 存在显著差异。在资源依赖性方面，组别 4 与组别1、组别2、组别3 存在显著差异，如附表 4-6 所示。最后，采用一般线性模型分析法检验样本间效应，如表 5-26 所示，不同资产专用性与资源依赖性的差异对治理模式网络水平具有一定的解释力。为了模型的简洁性，应用结构方程模型检验研究假设时，将不再考虑控制变量的影响效应，但应用回归分析中，将其纳入到理论框架。

表 5-25   治理模式在不同资产专用性与资源依赖性上的均值与标准差

变量		组别	频次/份	均值	标准差
治理模式网络化程度	资产专用性（N = 117）	组别 1	33	3.7276	0.7865
		组别 2	25	3.8921	0.7009
		组别 3	29	3.9734	0.7635
		组别 4	30	3.6754	0.6527
	资源依赖性（N = 117）	组别 1	26	3.6540	0.8643
		组别 2	37	3.7582	0.7753
		组别 3	29	3.8752	0.7624
		组别 4	25	4.3583	0.5477

资料来源：根据统计分析结果整理

表 5-26   不同资产专用性与资源依赖性样本间的方差分析与效应项检验结果

变量	F 值	Sig.	效应值估量	R^2
治理模式←资产专用性	14.743*	0.000	0.078	0.062
治理模式←资源依赖性	23.289*	0.000	0.081	0.078

资料来源：根据单因素方差分析结果整理

*表示 F 值大于给定显著水平的标准 F 值

5.6　本 章 小 结

根据实证研究设计流程，本章主要完成了以下研究工作。

第一，遵循三项禁忌、五项因素与六项原则，按照文献回顾、条款翻译、征询意见与题项纯化的设计过程，通过文献检索，对国外文献中对治理模式、制度环境、社会关系与风险感知等理论与实证研究进行分析，收集了各构念在测量上的具体题项与详细内容，并结合研究主题及中国情境的实际情况，选取了量表，筛选部分题项，完成初始问卷设计工作。

第二，简要介绍数据分析方法，包括对预调研数据的量表项目分析与因子结构分析、对正式调研数据的验证性因子分析方法、结构方程模型分析方法及中介作用、交互作用检验方法。

第三，简要介绍数据分析软件，包括 SPSS 软件与 AMOS 软件。

第四，开展了小样本预调查，应用 SPSS 软件对预调查样本数据进行样本特征分析、量表特征分析，以及基于极端组检验法与同质性检验法对样本数据进行量表项目分析，并基于主成分分析法与最大变异法进行因子结构分析，根据分析结果对测量量表与结构维度进行修正，形成正式问卷包括经济属性量表（资产专用性 5 个题项、资源依赖性 3 个题项）、治理模式量表（7 个题项）、制度环境量表（12 个题项）、社会关系量表（7 个题项）、风险感知量表（11 个题项）与其他重要信息（10 个题项）等 6 个部分，共计 55 个题项。

第五，开展了正式调研，大规模问卷发放与数据收集工作主要包括：调查对象确定、调查问卷的发放与回收工作，并对正式调研样本数据进行了样本特征分析、量表特征分析、因子结构分析、量表的信度分析、量表效度分析及控制变量分析，为后期的研究假设检验工作奠定了基础。

第6章　政府逻辑下供应链网络治理模式选择机制研究

根据政府逻辑，经济行动与社会互动是在各种法律、规章制度约束的基础上进行的，既包括正式的制度约束，也包括非正式规范的约束（North，1990）。经济学与管理学领域关于供应链网络治理模式选择问题的研究大多基于"任务环境""交易环境"的视角，忽略了制度环境的影响作用及风险感知的路径传导作用。本章将采用结构方程模型实证检验政府逻辑下制度环境对供应链网络治理模式选择的作用机理，如图 6-1 所示，分别检验制度环境对供应链网络治理模式选择的直接影响作用（H1-1a 和 H1-1b）、制度环境对供应链网络成员企业风险感知的直接影响作用（H1-2a、H1-2b、H1-2c 和 H1-2d）、供应链网络成员企业风险感知对其治理模式选择的直接影响作用（H1-3a 和 H1-3b），以及风险感知在制度环境与供应链网络治理模式选择关系的路径传导作用（H1-4a、H1-4b、H1-4c 和 H1-4d）。

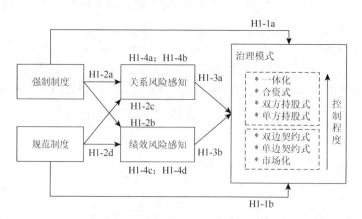

图 6-1　政府逻辑下供应链网络治理模式选择的理论模型

6.1　制度环境、风险感知与治理模式的描述性统计与相关性分析

以供应链网络成员企业治理模式选择为基准，采用了 SPSS 21.0 软件对样本

数据进行了描述性统计与相关性分析，分析结果如表 6-1 所示。"治理模式"的测度变量平均值为 3.609，标准差为 0.829，表明供应链网络成员企业的治理模式选择行为差异较大且倾向于低控制治理模式，研究样本具有很好的区分度。样本企业中强制制度与治理模式的相关系数为–0.275 且显著性水平为 0.01，初步表明强制制度与供应链网络成员企业治理模式控制程度负向相关，即强制制度越强，供应链网络成员企业选择的治理模式控制程度越低，即倾向于低控制治理模式；规范制度与治理模式的相关系数为–0.163 且显著性水平为 0.05，初步表明规范制度与供应链网络成员企业治理模式控制程度负向相关，但显著度不高，与研究假设不一致，但最终结果需要通过结构方程模型验证。

表 6-1　政府逻辑视角下变量描述性统计与相关性分析

变量名称	平均值	标准差	治理模式	强制制度	规范制度	关系风险感知
1 治理模式	3.609	0.829				
2 强制制度	3.677	0.828	−0.275**			
3 规范制度	3.736	0.803	−0.163*	0.192**		
4 关系风险感知	3.485	1.060	0.183**	0.184**	0.091**	
5 绩效风险感知	3.508	1.045	0.126**	0.175**	0.079**	0.134*

注：$N = 117$

** $p < 0.01$；* $p < 0.05$

6.2　制度环境对供应链网络成员企业风险感知、治理模式的因果关系检验

6.2.1　制度环境对供应链网络成员企业治理模式的直接影响作用检验

1. 初始模型构建

根据制度环境与治理模式的验证性因子分析结果，制度环境与治理模式的各维度均可由一阶变量表达，因此，采用制度环境与治理模式的一阶模型进行假设检验，强制制度与规范制度为自变量，低控制治理模式与高控制治理模式为因变量，构建结构方程模型路径图，以验证制度环境对供应链网络成员企业治理模式的直接影响作用，如图 6-2 所示。

2. 研究模型识别

制度环境对供应链网络成员企业治理模式的直接影响作用模型包括 2 条初始研究假设，设置了 12 个外生测量变量测量 2 个外生潜变量（MI 与 RI），7 个内生

测量变量测量 2 个内生潜变量（LGM 与 HGM），协方差为 190 个，需要估计的参数个数 t 为 45 个（小于协方差），符合模型识别的 t 规则；结构方程模型部分潜变量之间不存在双因果关系，是典型的递归模型；无论外生潜变量，还是内生潜变量，都至少有 3 个测量指标。因此，该模型符合可识别的必要条件。

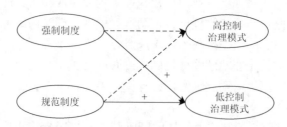

图 6-2　制度环境对供应链网络成员企业治理模式直接影响的路径图

－－▶ 表示不存在直接影响作用　+ 表示正向影响作用，下文同

3. 模型初步拟合

利用 AMOS 软件对初始结构方程模型进行参数估计，制度环境对供应链网络成员企业治理模式直接影响的结构方程模型分析结果如图 6-3 所示，初始结构方程模型的各变量之间标准化路径系数与拟合指数如表 6-2 所示。通过结构方程模型的路径计算结果可以发现，强制制度对低控制治理模式的路径系数为 0.68，显著性概率小于 0.01，强制制度对低控制治理模式具有显著的解释能力，但强制制度（$\beta = 0.23$，$p = 0.635$）对高控制治理模式没有显著影响；规范制度对低控制治理模式（$\beta = 0.31$，$p = 0.324$）、高控制治理模式（$\beta = 0.16$，$p = 0.742$）均没有显著影响，这与本书的先前假设不相符。此外，通过结构方程模型的拟合指数可以看出，除了绝对拟合指数在可接受范围外，其他拟合指数均未在拟合接受范围内，有必要对初始模型进行微调与修正。

表 6-2　制度环境与治理模式的初始结构方程模型标准化路径系数与拟合指数

项目	路径	标准化路径系数 β	显著性概率 p	结果
H1-1a	高控制治理模式←强制制度	0.23	0.635	待修正
	低控制治理模式←强制制度	0.68	***	待修正
H1-1b	高控制治理模式←规范制度	0.16	0.742	待修正
	低控制治理模式←规范制度	0.31	0.324	待修正
拟合指数	$\chi^2/df = 3.38 < 5$，RMSEA $= 0.069 < 0.08$，SRMR $= 0.056 < 0.10$，GFI $= 0.92 > 0.8$，NFI $= 0.83 < 0.9$，NNFI $= 0.84 < 0.9$，CFI $= 0.82 < 0.9$，PGFI $= 0.42 < 0.5$，PNFI $= 0.49 < 0.5$			

注：根据结构方程模型运行结果整理

*** $p < 0.01$

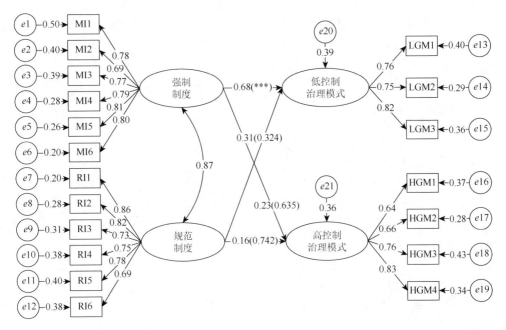

图 6-3　制度环境对供应链网络成员企业治理模式直接影响的结构方程模型分析

***p＜0.01

4. 模型修改确定

风险感知作为中介变量，探讨制度环境对供应链网络成员企业治理模式的影响，而中介作用判定的第一个条件就是自变量对因变量具有显著影响，上述结论显然不符合该要求。基于此，对制度环境对供应链网络成员企业治理模式的结构方程模型进行适当修正，剔除强控制治理模式维度，将低控制治理模式作为一个整合概念探讨制度环境对其的影响机制，即强制制度与规范制度为自变量，低控制治理模式为因变量，构建结构方程模型路径图，重新进行分析，分析结果如图 6-4 所示，各变量之间的标准化路径系数与拟合指数如表 6-3 所示，可见各拟合指数达到可接受水平。

5. 模型效应解释

通过修正结构方程模型的路径计算结果可以发现，强制制度对低控制治理模式的标准化路径系数为 0.69，显著性概率小于 0.01，因此，强制制度对低控制治理模式具有显著的解释能力；规范制度对低控制治理模式的标准化路径系数为 0.27，但不显著。因此，该结果支持研究 H1-1a，而不支持 H1-1b。由此可见，规范制度对供应链网络治理模式选择没有显著影响，不满足中介作用检验的基本条件，在后续中介作用假设检验中，将剔除规范制度构念，涉及 H1-4b 与 H1-4d。

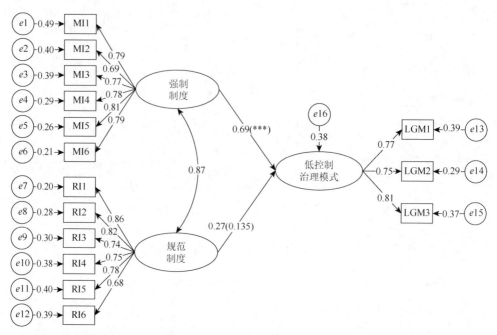

图 6-4　制度环境对供应链网络成员企业治理模式直接影响的修正结构方程模型分析

***p＜0.01

表 6-3　制度环境与治理模式的修正结构方程模型标准化路径系数与拟合指数

项目	路径	标准化路径系数 β	显著性概率 p	结果
H1-1a	低控制治理模式←强制制度	0.69	***	支持
H1-1b	低控制治理模式←规范制度	0.27	0.135	不支持
拟合指数	$\chi^2/\mathrm{df}=3.37<5$，RMSEA $=0.067<0.08$，SRMR $=0.056<0.10$，GFI $=0.92>0.8$，NFI $=0.94>0.9$，NNFI $=0.94>0.9$，CFI $=0.92>0.9$，PGFI $=0.68>0.5$，PNFI $=0.80>0.5$			

注：根据结构方程模型运行结果整理

*** $p<0.01$

6.2.2　制度环境对供应链网络成员企业风险感知的直接影响作用检验

1. 初始模型构建

根据制度环境与风险感知的验证性因子分析结果，以强制制度与规范制度为自变量，关系风险感知与绩效风险感知为因变量，构建结构方程模型路径图，以验证制度环境对网络成员风险感知的直接影响作用，如图 6-5 所示。

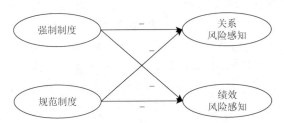

图 6-5 制度环境对供应链网络成员企业风险感知直接影响的路径图

–表示负向影响作用，下文同

2. 研究模型识别

制度环境对供应链网络成员企业风险感知的直接影响作用模型包括 4 条初始研究假设，设置了 12 个外生测量变量测量 2 个外生潜变量，11 个内生测量变量测量 2 个内生潜变量，协方差为 276 个，需要估计的参数个数 t 为 53 个（小于协方差），符合模型识别的 t 规则；结构方程部分潜变量之间不存在双因果关系，是典型的递归模型；无论外生潜变量，还是内生潜变量，都至少有 3 个测量指标。因此，该模型符合可识别的必要条件。

3. 模型初步拟合

利用 AMOS 软件对初始结构方程模型进行参数估计，强制制度对风险感知直接影响的结构方程模型分析结果如图 6-6 所示，各变量之间的标准化路径系数与拟

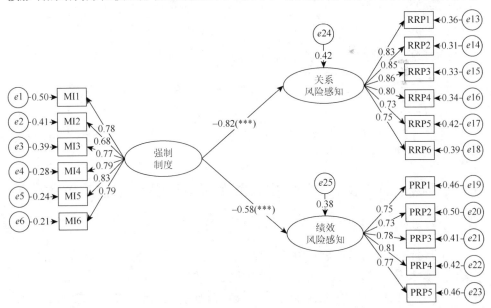

图 6-6 强制制度对供应链网络成员企业风险感知直接影响的结构方程模型分析

$***p < 0.01$

合指数如表 6-4 所示。通过结构方程模型的路径计算结果可以发现：强制制度对关系风险感知的路径系数为–0.82，显著性概率小于 0.01，因此，强制制度对关系风险感知具有显著的解释能力；强制制度对绩效风险感知的路径系数为–0.58，显著性概率小于 0.01，因此，强制制度对绩效风险感知具有显著的解释能力；规范制度对关系风险感知的路径系数为–0.72，显著性概率小于 0.01，因此，规范制度对关系风险感知具有显著的解释能力；规范制度对绩效风险感知的路径系数为–0.51，显著性概率小于 0.01，因此，规范制度对绩效风险感知具有显著的解释能力。此外，初始结构方程模型的拟合指数达到可接受水平，无须修正。

表 6-4　制度环境与风险感知的结构方程模型标准化路径系数与拟合指数

项目	路径	标准化路径系数 β	显著性概率 p	结果
H1-2a	关系风险感知←强制制度	–0.82	***	支持
H1-2b	绩效风险感知←强制制度	–0.58	***	支持
H1-2c	关系风险感知←规范制度	–0.72	***	支持
H1-2d	绩效风险感知←规范制度	–0.51	***	支持
拟合指数	$\chi^2/df = 3.36 < 5$，RMSEA = 0.074 < 0.08，SRMR = 0.062 < 0.10，GFI = 0.83 > 0.8，NFI = 0.92 > 0.9，NNFI = 0.92 > 0.9，CFI = 0.91 > 0.9，PGFI = 0.59 > 0.5，PNFI = 0.68 > 0.5			

注：根据结构方程模型运行结果整理

*** $p < 0.01$

4. 模型效应解释

通过结构方程模型的路径计算结果可以看出，检验结果与本书的先前 H1-2a、H1-2b、H1-2c 与 H1-2d 相符。按照影响作用的解释能力由大到小排序为："关系风险感知←强制制度""关系风险感知←规范制度""绩效风险感知←强制制度""绩效风险感知←规范制度"。

6.2.3　风险感知对供应链网络成员企业治理模式的直接影响作用检验

1. 初始模型构建

根据风险感知与治理模式验证性因子分析结果，风险感知与治理模式的各维度均由一阶变量表达，因此，采用两者的一阶模型进行假设检验。同时，根据 H1-3a、H1-3b 的检验结果，设置关系风险感知、绩效风险感知为自变量，低控制治理模式为因变量，构建结构方程模型路径图，以验证风险感知对供应链网络成员企业治理模式的直接影响作用，如图 6-7 所示。

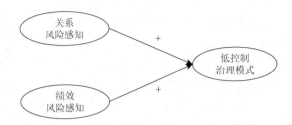

图 6-7　风险感知对供应链网络成员企业治理模式直接影响的路径图

2. 研究模型识别

风险感知对供应链网络成员企业治理模式的直接影响作用模型包括 2 条初始研究假设，设置了 11 个外生测量变量测量 2 个外生潜变量关系风险感知与绩效风险感知，3 个内生测量变量测量内生潜变量低控制治理模式，协方差为 105，需要估计的参数个数 t 为 32 个（小于协方差），符合模型识别的 t 规则；结构方程部分潜变量之间不存在双因果关系，是典型的递归模型；无论外生潜变量，还是内生潜变量，都至少有 3 个测量指标。因此，该模型符合可识别的必要条件。

3. 模型初步拟合

利用 AMOS 软件对初始结构方程模型进行参数估计，风险感知对供应链网络成员企业治理模式直接影响的结构方程模型分析结果如图 6-8 所示，初始结构方

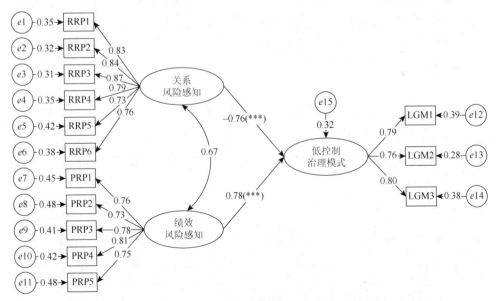

图 6-8　风险感知对供应链网络成员企业治理模式直接影响的结构方程模型分析

$$***p < 0.01$$

程模型的拟合指数达到可接受水平，各变量之间的标准化路径系数与拟合指数如表 6-5 所示。通过结构方程模型的路径计算结果可以发现，关系风险感知对低控制治理模式的标准化路径系数为–0.76，显著性概率小于 0.01，因此，关系风险感知对低控制治理模式具有显著的解释能力；绩效风险感知对低控制治理模式的标准化路径系数为0.78，显著性概率小于 0.01，因此，绩效风险感知对低控制治理模式具有显著的解释能力。这与本书的 H1-3a 与 H1-3b 相符，无须进行模型修正。

表 6-5　风险感知与治理模式的结构方程模型标准化路径系数与拟合指数

项目	路径	标准化路径系数 β	显著性概率 p	结果
H1-3a	低控制治理模式←关系风险感知	–0.76	***	支持
H1-3b	低控制治理模式←绩效风险感知	0.78	***	支持
拟合指数	$\chi^2 / df = 3.17 < 5$　　RMSEA $= 0.065 < 0.08$　　SRMR $= 0.053 < 0.10$　　GFI $= 0.93 > 0.8$，NFI $= 0.94 > 0.9$，NNFI $= 0.93 > 0.9$，CFI $= 0.91 > 0.9$，PGFI $= 0.67 > 0.5$，PNFI $= 0.78 > 0.5$			

注：根据结构方程模型运行结果整理

*** $p < 0.01$

4. 模型效应解释

通过结构方程模型的路径计算结果可以发现，关系风险感知与绩效风险感知对低控制治理模式均具有显著的正向影响作用，支持研究 H1-3a 与 H1-3b，按照影响作用的解释能力由大到小排序为："低控制治理模式←绩效风险感知""低控制治理模式←关系风险感知"。

6.3　风险感知在制度环境与治理模式之间的中介作用检验

6.3.1　关系风险感知在制度环境与治理模式之间的中介作用检验

1. 初始模型构建

根据因果关系检验结果，规范制度对供应链网络组织成员企业治理模式选择不存在显著影响，因此，仅以强制制度为自变量，关系风险感知为中介变量，低控制治理模式为因变量，构建结构方程模型路径图，以验证关系风险感知在制度环境与治理模式之间的中介作用，如图 6-9 所示。

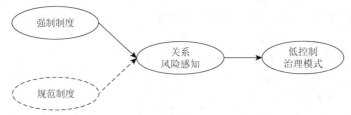

图 6-9 关系风险感知在制度环境与治理模式之间的中介作用路径图

规范制度前文已剔除故用虚线，下文同

2. 研究模型识别

关系风险感知在制度环境与治理模式之间的中介作用结构方程模型包括 1 条初始研究假设，设置了 6 个外生测量变量测量 1 个外生潜变量，9 个内生测量变量测量 2 个内生潜变量，协方差为 120 个，需要估计的参数个数 t 为 35 个（小于协方差），符合模型识别的 t 规则；结构方程部分潜变量之间不存在双因果关系，是典型的递归模型；无论外生潜变量，还是内生潜变量，都至少有 3 个测量指标。因此，该模型符合可识别的必要条件。

3. 模型初步拟合

利用 AMOS 软件对初始结构方程模型进行参数估计，关系风险感知在制度环境与治理模式之间的中介作用结构方程模型分析结果如图 6-10 所示，各变量之间的标准化路径系数与拟合指数如表 6-6 所示，结构方程模型的拟合指数均达到可接受水平，从整体上看，模型拟合情况理想。

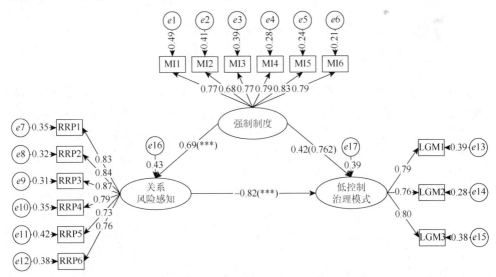

图 6-10 关系风险感知在制度环境与治理模式之间的中介作用结构方程模型分析

$***p < 0.01$

表6-6　关系风险感知中介作用结构方程模型标准化路径系数与拟合指数

项目	路径	标准化路径系数 β	显著性概率 p	结果
H1-4a	低控制治理模式←强制制度	0.42	0.762	支持（完全中介）
	关系风险感知←强制制度	0.69	***	
	低控制治理模式←关系风险感知	−0.82	***	
H1-4b	低控制治理模式←规范制度	—	—	不支持
	关系风险感知←规范制度	—	—	
	低控制治理模式←关系风险感知	—	—	
拟合指数	$\chi^2/df=2.81<5$，　RMSEA $=0.071<0.08$，　SRMR $=0.062<0.10$，　GFI $=0.83>0.8$，NFI $=0.94>0.9$，NNFI $=0.91>0.9$，CFI $=0.92>0.9$，PGFI $=0.65>0.5$，PNFI $=0.79>0.5$			

注：根据结构方程模型运行结果整理
*** $p<0.01$

4. 模型效应解释

由图6-10与表6-6可知，强制制度对低控制治理模式、强制制度对关系风险感知、关系风险感知对低控制治理模式的影响均达到显著水平且模型中强制制度对低控制治理模式的路径系数为0.42，小于强制制度对低控制治理模式的直接影响模型中的路径系数0.69且不显著，因此，关系风险感知在强制制度对低控制治理模式之间发挥了完全中介作用，支持H1-4a。另外，由于规范制度对供应链网络成员企业治理模式不具有直接影响作用，因此关系风险感知在规范制度与供应链网络成员企业治理模式选择关系中不存在中介作用，不支持H1-4b。

6.3.2　绩效风险感知在制度环境与治理模式之间的中介作用检验

1. 初始模型构建

根据因果关系检验结果，规范制度对供应链网络成员企业治理模式选择不存在显著影响，因此，仅以强制制度为自变量，绩效风险感知为中介变量，低控制治理模式为因变量，构建结构方程模型路径图，以验证绩效风险感知在制度环境与治理模式之间的中介作用，如图6-11所示。

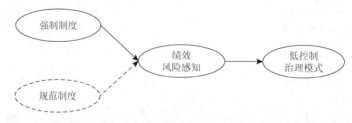

图6-11　绩效风险感知在制度环境与治理模式之间的中介作用路径图

2. 研究模型识别

绩效风险感知在强制制度与低控制治理模式之间的中介作用结构方程模型包括 1 条初始研究假设，设置了 6 个外生测量变量测量 1 个外生潜变量，8 个内生测量变量测量 2 个内生潜变量，协方差为 105 个，需要估计的参数个数 t 为 33 个（小于协方差），符合模型识别的 t 规则；结构方程部分潜变量之间不存在双因果关系，是典型的递归模型；无论外生潜变量，还是内生潜变量，都至少有 3 个测量指标。因此，该模型符合可识别的必要条件。

3. 模型初步拟合

利用 AMOS 软件对初始结构方程模型进行参数估计，绩效风险感知在制度环境与治理模式之间的中介作用结构方程模型分析结果如图 6-12 所示，各变量之间的标准化路径系数与拟合指数如表 6-7 所示，结构方程模型的拟合指数均达到可接受水平，从整体上看，模型拟合情况理想。

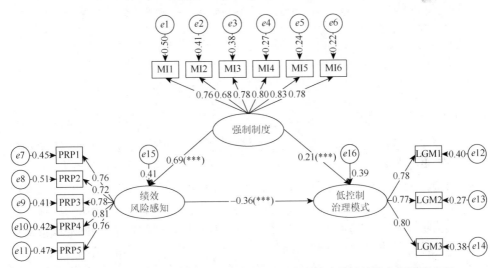

图 6-12　绩效风险感知在制度环境与治理模式之间的中介作用结构方程模型分析

***p<0.01

4. 模型效应解释

由图 6-12 与表 6-7 可知，强制制度对低控制治理模式、强制制度对绩效风险感知、绩效风险感知对低控制治理模式的影响均达到显著水平且模型中强制制度对低控制治理模式的标准化路径系数为 0.21，小于强制制度对低控制治理模式的直接影响模型中的路径系数 0.69 且显著，因此，绩效风险感知在强制制度对低控制治理模式之间发挥了部分中介作用，支持 H1-4c。由于规范制度对供应链网络成员企业治理模式不具有直接影响作用，因此绩效风险感知在规范制度与供应链网络成员企业治理模式选择关系中不存在中介作用，不支持 H1-4d。

表 6-7　绩效风险感知中介作用结构方程模型标准化路径系数与拟合指数

项目	路径	标准化路径系数 β	显著性概率 p	结果
H1-4c	低控制治理模式←强制制度	0.21	***	支持 （部分中介）
	绩效风险感知←强制制度	0.69	***	
	低控制治理模式←绩效风险感知	−0.36	***	
H1-4d	低控制治理模式←规范制度	—		不支持
	绩效风险感知←规范制度	—		
	低控制治理模式←绩效风险感知	—		
拟合指数	$\chi^2 / \mathrm{df} = 2.77 < 5$　，　$\mathrm{RMSEA} = 0.072 < 0.08$　，　$\mathrm{SRMR} = 0.058 < 0.10$　，　$\mathrm{GFI} = 0.81 > 0.8$　， $\mathrm{NFI} = 0.92 > 0.9$，$\mathrm{NNFI} = 0.92 > 0.9$，$\mathrm{CFI} = 0.89 < 0.9$，$\mathrm{PGFI} = 0.63 > 0.5$，$\mathrm{PNFI} = 0.79 > 0.5$			

注：根据结构方程模型运行结果整理

*** $p < 0.01$

6.4　本　章　小　结

本章基于政府逻辑视角深入探讨了供应链网络治理模式选择机制，主要完成了以下研究工作。

第一，应用结构方程模型验证因子间的因果关系假设，主要包括：制度环境对供应链网络成员企业治理模式选择的直接影响作用检验，包括强制制度对供应链网络成员企业治理模式选择的直接影响作用、规范制度对供应链网络成员企业治理模式选择的直接影响作用等两条研究假设；制度环境对供应链网络成员企业风险感知的直接影响作用检验，包括强制制度对供应链网络成员企业关系风险感知、绩效风险感知的直接影响作用，规范制度对供应链网络成员企业关系风险感知、绩效风险感知的直接影响作用等四条研究假设；风险感知对供应链网络成员企业治理模式选择的直接影响作用，包括关系风险感知对供应链网络成员企业治理模式选择的直接影响作用、绩效风险感知供应链网络成员企业治理模式选择的直接影响作用等两条研究假设。

第二，应用结构方程模型验证供应链网络成员企业风险感知的中介作用假设，由于规范制度对供应链网络成员企业治理模式不存在显著影响关系，仅验证了关系风险感知、绩效风险感知在强制制度与供应链网络成员企业治理模式之间的中介作用，共计两条研究假设。

假设检验结果如表 6-8 所示。

表 6-8　基于制度环境视角的假设验证结果汇总

	研究假设	结果	备注
层次 1-1： 制度环境→ 治理模式	H1-1a：供应链网络成员企业所处强制制度对治理模式控制程度具有显著负向影响，即供应链网络成员企业所处强制制度越健全，越倾向于低控制治理模式	支持	标准化路径系数 0.69
	H1-1b：供应链网络成员企业所处规范制度对治理模式控制程度具有显著负向影响，即供应链网络成员企业所处规范制度越健全，越倾向于低控制治理模式	不支持	
层次 1-2： 制度环境→ 风险感知	H1-2a：强制制度对供应链网络成员企业关系风险感知具有显著负向影响，即供应链网络成员企业所处强制制度越健全，企业感知的关系风险越小	支持	标准化路径系数−0.82
	H1-2b：强制制度对供应链网络成员企业绩效风险感知具有显著负向影响，即供应链网络成员企业所处强制制度越健全，企业感知的绩效风险越小	支持	标准化路径系数−0.58
	H1-2c：规范制度对供应链网络成员企业关系风险感知具有显著负向影响，即供应链网络成员企业所处规范制度越健全，企业感知的关系风险越小	支持	标准化路径系数−0.72
	H1-2d：规范制度对供应链网络成员企业绩效风险感知具有显著负向影响，即供应链网络成员企业所处规范制度越健全，企业感知的绩效风险越小	支持	标准化路径系数−0.51
层次 1-3： 风险感知→ 治理模式	H1-3a：供应链网络成员企业关系风险感知对供应链网络治理模式控制程度具有显著正向影响，即供应链网络成员企业感知的关系风险越小，越倾向于低控制治理模式	支持	标准化路径系数−0.76
	H1-3b：供应链网络成员企业绩效风险感知对供应链网络治理模式控制程度具有显著正向影响，即供应链网络成员企业感知的绩效风险越小，越倾向于低控制治理模式	支持	标准化路径系数 0.78
层次 1-4： 制度环境→ 风险感知→ 治理模式	H1-4a：供应链网络成员企业关系风险感知对强制制度与治理模式控制程度的关系具有中介作用	支持	完全中介作用
	H1-4b：供应链网络成员企业关系风险感知对规范制度与治理模式控制程度的关系具有中介作用	不支持	
	H1-4c：供应链网络成员企业绩效风险感知对强制制度与治理模式控制程度的关系具有中介作用	支持	部分中介作用
	H1-4d：供应链网络成员企业绩效风险感知对规范制度与治理模式控制程度的关系具有中介作用	不支持	

第7章 关系逻辑下供应链网络治理模式
选择机制研究

根据关系逻辑，中国转型经济过程中的"关系"对组织理性选择行为具有重要的影响作用，包括商业关系与政治关系。政府制度与产业政策是企业不确定性的重要来源，通过与供应链网络成员企业的交流可以间接获得政府政策动向的信息，与政府官员关系交换信息可以直接规避制度风险，从而影响供应链网络成员企业治理模式选择倾向。本章将采用结构方程模型实证检验关系逻辑视角下社会关系对供应链网络治理模式选择的作用机理，如图 7-1 所示，分别检验社会关系对供应链网络治理模式选择的直接影响作用（H2-1a 和 H2-1b）、社会关系对供应链网络成员企业风险感知的直接影响作用（H2-2a、H2-2b、H2-2c 和 H2-2d）、供应链网络成员企业风险感知对其治理模式选择的直接影响作用（H2-3a 和 H2-3b），以及风险感知在社会关系与供应链网络治理模式选择关系的路径传导作用（H2-4a、H2-4b、H2-4c 和 H2-4d）。

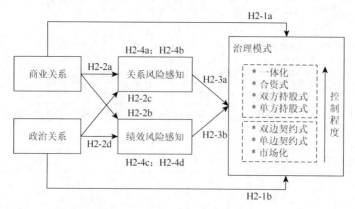

图 7-1 关系逻辑下供应链网络治理模式选择的理论模型

7.1 社会关系、风险感知与治理模式的描述性统计与相关性分析

本章以供应链网络成员企业治理模式选择为基准，采用了 SPSS 21.0 软件对样

本数据进行了描述性统计与相关性分析，分析结果如表 7-1 所示。样本企业中商业关系、政治关系与治理模式的相关系数分别为–0.082 和–0.094 且显著性水平均为0.01，初步表明商业关系、政治关系与供应链网络成员企业治理模式选择的控制程度负向显著相关。

表 7-1　关系逻辑下变量描述性统计与相关性分析

变量名称	平均值	标准差	治理模式	商业关系	政治关系	关系风险感知
1 治理模式	3.609	0.829				
2 商业关系	3.712	0.755	−0.082**			
3 政治关系	3.741	0.798	−0.094**	0.294**		
4 关系风险感知	3.485	1.06	0.183**	0.212**	0.185**	
5 绩效风险感知	3.508	1.045	0.126**	0.271**	0.163**	0.134*

注：$N = 117$

** $p < 0.01$；* $p < 0.05$

7.2　社会关系对供应链网络企业风险感知、治理模式的因果关系检验

7.2.1　社会关系对供应链网络成员企业治理模式的直接影响作用检验

1. 初始模型构建

根据社会关系与治理模式的验证性因子分析结果，社会关系与治理模式的各维度均可由一阶变量表达，因此，采用两者的一阶模型进行假设检验，商业关系与政治关系为自变量，低控制治理模式与高控制治理模式为因变量，构建结构方程模型路径图，以验证社会关系对供应链网络成员企业治理模式的直接影响作用，如图 7-2 所示。

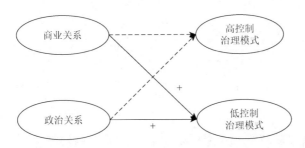

图 7-2　社会关系对供应链网络成员企业治理模式直接影响的路径图

2. 研究模型识别

社会关系对供应链网络成员企业治理模式的直接影响作用模型包括 2 条初始研究假设，设置了 7 个外生测量变量测量 2 个外生潜变量，7 个内生测量变量测量 2 个内生潜变量，协方差为 105 个，需要估计的参数个数 t 为 35 个（小于协方差），符合模型识别的 t 规则；结构方程部分潜变量之间不存在双因果关系，是典型的递归模型；无论外生潜变量，还是内生潜变量，都至少有 3 个测量指标。因此，该模型符合可识别的必要条件。

3. 模型初步拟合

利用 AMOS 软件对初始结构方程模型进行参数估计，社会关系对供应链网络成员企业治理模式直接影响的结构方程模型分析结果如图 7-3 所示，初始结构方程模型的各变量之间标准化路径系数与拟合指数如表 7-2 所示。通过结构方程模型的路径计算结果可以发现，商业关系对低控制治理模式的路径系数为 0.73，显著性概率小于 0.01，因此，商业关系对低控制治理模式具有显著的解释能力；政治关系对低控制治理模式的路径系数为 0.57，显著性概率小于 0.01，因此，政治关系对低控制治理模式具有显著的解释能力。商业关系（$\beta = 0.12$，$p = 0.516$）与政治关系（$\beta = 0.18$，$p = 0.692$）对高控制治理模式均没有显著影响，这与本书的先前假设相符。然而，通过结构方程模型的拟合指数可以看出，除了绝

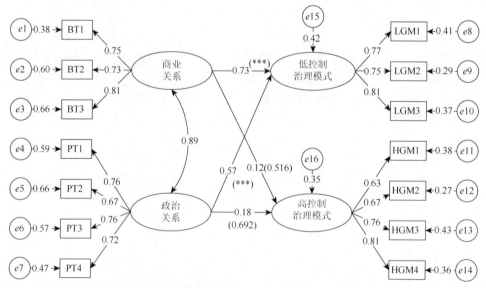

图 7-3　社会关系对供应链网络成员企业治理模式直接影响的结构方程模型分析

***$p < 0.01$

对拟合指数 $\chi^2 / \mathrm{df} = 3.28 < 5$ ，　$\mathrm{RMSEA} = 0.071 < 0.08$ ，　$\mathrm{SRMR} = 0.058 < 0.10$ ，$\mathrm{GFI} = 0.91 > 0.8$ 在可接受范围外，其他拟合指数均未在拟合接受范围内，说明初始结构方程模型没有通过检验。因此，针对拟合结果不理想的情况或部分不能通过路径系数检验的结果，有必要对初始模型进行微调与修正，并检验其各项拟合指数是否可以达到检验标准。

表 7-2　社会关系与治理模式的初始结构方程模型标准化路径系数与拟合指数

假设	路径	标准化路径系数 β	显著性概率 p	结果
H2-1a	高控制治理模式←商业关系	0.12	0.516	待修正
	低控制治理模式←商业关系	0.73	***	待修正
H2-1b	高控制治理模式←政治关系	0.18	0.692	待修正
	低控制治理模式←政治关系	0.57	***	待修正
拟合指数	$\chi^2 / \mathrm{df} = 3.28 < 5$ ，$\mathrm{RMSEA} = 0.071 < 0.08$ ，$\mathrm{SRMR} = 0.058 < 0.10$ ，$\mathrm{GFI} = 0.91 > 0.8$ ，$\mathrm{NFI} = 0.83 < 0.9$ ，$\mathrm{NNFI} = 0.85 < 0.9$ ，$\mathrm{CFI} = 0.83 < 0.9$ ，$\mathrm{PGFI} = 0.43 < 0.5$ ，$\mathrm{PNFI} = 0.49 < 0.5$			

注：根据结构方程模型运行结果整理
*** $p < 0.01$

4. 模型修改确定

初始模型拟合度较差是模型分析过程中经常出现的现象，可以通过对模型的修正以获得更满意的拟合结果。主要通过以下两个方面对模型进行修正：一是利用 AMOS 在模型检验结果中给出可供参考的修正指标（modification indices，MI），提高残差间的相关性（侯杰泰等，2004）；二是根据初始模型检验中的标准化路径系数检验结果，通过删除或增加自变量间的路径关系，对模型进行微调。

本书的重点不仅是假设的证实或证伪，还是其背后隐藏的管理逻辑，此次参数估计结果将直接影响后期整合模型分析，因为将风险感知作为中介变量，探讨社会关系对供应链网络成员企业治理模式的影响，而中介作用判定的第一个条件是自变量对因变量具有显著影响，上述结论显然不符合该要求。基于此，对社会关系对供应链网络成员企业治理模式的结构方程模型进行适当修正，剔除高控制治理模式维度，将低控制治理模式作为一个整合概念探讨社会关系对其的影响机制，即商业关系与政治关系为自变量，低控制治理模式为因变量，构建结构方程模型路径图，重新进行分析，分析结果如图 7-4 所示。修正结构方程模型的绝对拟合指数（ $\chi^2 / \mathrm{df} = 3.27 < 5$ ，$\mathrm{RMSEA} = 0.071 < 0.08$ ，$\mathrm{SRMR} = 0.056 < 0.10$ ，$\mathrm{GFI} = 0.92 > 0.8$ ）、相对拟合指数（ $\mathrm{NFI} = 0.94 > 0.9$ ，$\mathrm{NNFI} = 0.95 > 0.9$ ，$\mathrm{CFI} = 0.93 > 0.9$ ）与简约拟合指数（ $\mathrm{PGFI} = 0.65 > 0.5$ ，$\mathrm{PNFI} = 0.80 > 0.5$ ）均达到可接受水平，各变量之间的标准化路径系数与拟合指数如表 7-3 所示。

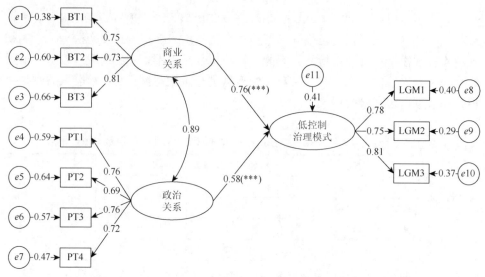

图 7-4　社会关系对供应链网络成员企业治理模式直接影响的修正结构方程模型分析

***p＜0.01

表 7-3　社会关系与治理模式的修正结构方程模型标准化路径系数与拟合指数

假设	路径	标准化路径系数 β	显著性概率 p	结果
H2-1a	低控制治理模式←商业关系	0.76	***	支持
H2-1b	低控制治理模式←政治关系	0.58	***	支持
拟合指数	$\chi^2/df=3.27<5$，RMSEA$=0.071<0.08$，SRMR$=0.056<0.10$，GFI$=0.92>0.8$，NFI$=0.94>0.9$，NNFI$=0.95>0.9$，CFI$=0.93>0.9$，PGFI$=0.65>0.5$，PNFI$=0.80>0.5$			

注：根据结构方程模型运行结果整理

*** p＜0.01

5. 模型效应解释

通过修正结构方程模型的路径计算结果可以看出：商业关系对低控制治理模式的路径系数为 0.76，显著性概率小于 0.01，商业关系对低控制治理模式具有显著的解释能力；政治关系对低控制治理模式的路径系数为 0.58，显著性概率小于 0.01，政治关系对低控制治理模式具有显著的解释能力，但商业关系对低控制治理模式的影响更大。可见，结构方程模型运行结果支持 H2-1a 和 H2-1b。

7.2.2　社会关系对供应链网络成员企业风险感知的直接影响作用检验

1. 初始模型构建

根据社会关系与风险感知的验证性因子分析结果，社会关系与风险感知的各维度均可由一阶变量表达，因此，采用两者的一阶模型进行假设检验，商业关系与政治关系为自变量，关系风险感知与绩效风险感知为因变量，构建结构方程模型路径图，以验证社会关系对供应链网络成员企业风险感知的直接影响作用，如图 7-5 所示。

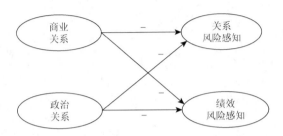

图 7-5　社会关系对供应链网络成员企业风险感知直接影响的路径图

2. 研究模型识别

社会关系对供应链网络成员企业风险感知的直接影响作用模型包括 4 条初始研究假设，设置了 7 个外生测量变量测量 2 个外生潜变量，11 个内生测量变量测量 2 个内生潜变量，协方差为 171 个，需要估计的参数个数 t 为 43 个（小于协方差），符合模型识别的 t 规则；结构方程部分潜变量之间不存在双因果关系，是典型的递归模型；无论外生潜变量，还是内生潜变量，都至少有 3 个测量指标。因此，该模型符合可识别的必要条件。

3. 模型初步拟合

利用 AMOS 软件对初始结构方程模型进行参数估计，社会关系对供应链网络成员企业风险感知直接影响的结构方程模型分析结果如图 7-6 所示，初始结构方程模型的各变量之间标准化路径系数与拟合指数如表 7-4 所示。通过结构方程模型的路径计算结果可以发现，商业关系对关系风险感知的路径系数为–0.57，显著性概率小于 0.01，因此，商业关系对关系风险感知具有显著的解释能力；商业关系对绩效风险感知的路径系数为–0.68，显著性概率小于 0.01，因此，商业关系对绩效风险感知具有显著的解释能力；政治关系对关系风险感知的路径系数为–0.72，显著性概率小于 0.01，因此，政治关系对关系风险感知具有显著的解释能力；但是，政治关系对绩效风险感知没有显著影响（$\beta = -0.29$，$p = 0.783$），这与本书的先前假设不相符。此外，通过结构方程模型的拟合指数可以看出，除了绝对拟合指数 $\chi^2 / \mathrm{df} = 2.89 < 5$，RMSEA $= 0.069 < 0.08$，SRMR $= 0.057 < 0.10$，GFI $= 0.85 > 0.8$ 在可接受范围外，其他拟合指数均未在拟合接受范围内，说明初始结构方程模型没有通过检验。因此，针对拟合结果不理想的情况或部分不能通过标准化路径系数检验的结果，有必要对初始模型进行微调与修正，并检验其各项拟合指数是否可以达到检验标准。

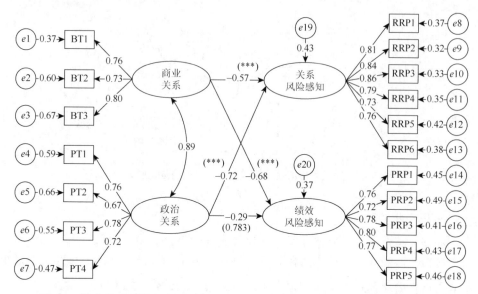

图7-6　社会关系对供应链网络成员企业风险感知直接影响的结构方程模型分析

***p<0.01

表7-4　社会关系与风险感知的初始结构方程模型标准化路径系数与拟合指数

项目	路径	标准化路径系数β	显著性概率p	结果
H1-2a	关系风险感知←商业关系	-0.57	***	待修正
H1-2b	绩效风险感知←商业关系	-0.68	***	待修正
H1-2c	关系风险感知←政治关系	-0.72	***	待修正
H1-2d	绩效风险感知←政治关系	-0.29	0.783	待修正
拟合指数	$\chi^2/df = 2.89 < 5$，RMSEA $= 0.069 < 0.08$，SRMR $= 0.057 < 0.10$，GFI $= 0.85 > 0.8$，NFI $= 0.84 < 0.9$，NNFI $= 0.84 < 0.9$，CFI $= 0.82 < 0.9$，PGFI $= 0.49 < 0.5$，PNFL $= 0.48 < 0.5$			

注：根据结构方程模型运行结果整理

*** $p < 0.01$

4. 模型修改确定

综合考虑修改拟合指数的两种方法（增加残差间的相关关系与删除或增加自变量间的路径分析），特别是在结合相关文献研究与变量间关系的实际意义的基础上，本书认为虽然第一次验证过程中路径"绩效风险感知←政治关系"没有通过验证，其路径的构念信度较低，p 值偏高，但考虑到此次运算中数据与模型的拟合度交叉，因此，对模型进行微调时，暂不对没有通过验证的路径关系进行调整，而是根据 AMOS 所提供的修改指标，通过增加残差间协方差关系的方法对模型进行首次微调，以逐步消除模拟偏差。基于此，根据修正指数最大的"关系风险感知←商业关系"对结构方程模型进行适当修正，对修正后的结构方程模型重新进行分析，分析结果如图 7-7 所示。修正结构方程模型的拟合指数达到可接受水平，各变量之间的标准化路径系数与拟合指数如表 7-5 所示。

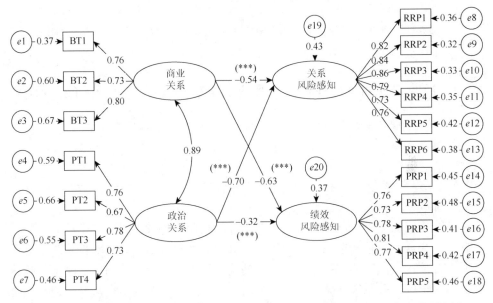

图 7-7　社会关系对供应链网络成员企业风险感知直接影响的修正结构方程模型分析

***p＜0.01

表 7-5　社会关系与风险感知的修正结构方程模型标准化路径系数与拟合指数

假设	路径	标准化路径系数 β	显著性概率 p	结果
H2-2a	关系风险感知←商业关系	−0.54	***	支持
H2-2b	绩效风险感知←商业关系	−0.63	***	支持
H2-2c	关系风险感知←政治关系	−0.70	***	支持
H2-2d	绩效风险感知←政治关系	−0.32	***	支持
拟合指数	$\chi^2/df=2.95<5$，RMSEA $=0.068<0.08$，SRMR $=0.056<0.10$，GFI $=0.86>0.8$，NFI $=0.95>0.9$，NNFI $=0.95>0.9$，CFI $=0.93>0.9$，PGFI $=0.60>0.5$，PNFI $=0.69>0.5$			

注：根据结构方程模型运行结果整理

*** $p<0.01$

5. 模型效应解释

通过修正结构方程模型的路径计算结果可以看出：商业关系对关系风险感知

的路径系数为–0.54，显著性概率小于 0.01，因此，商业关系对关系风险感知具有显著的解释能力；商业关系对绩效风险感知的路径系数为–0.63，显著性概率小于0.01，因此，商业关系对绩效风险感知具有显著的解释能力；政治关系对关系风险感知的路径系数为–0.70，显著性概率小于 0.01，因此政治关系对关系风险感知具有显著的解释能力；政治关系对绩效风险感知的路径系数为–0.32，显著性概率小于 0.01，因此政治关系对绩效风险感知具有显著的解释能力。按照影响作用的解释能力由大到小排序为："关系风险感知←政治关系""绩效风险感知←商业关系""关系风险感知←商业关系""绩效风险感知←政治关系"。可见，结构方程模型运行结果支持 H2-2a、H2-2b、H2-2c 与 H2-2d。

7.2.3　风险感知对供应链网络成员企业治理模式的直接影响作用检验

风险感知对供应链网络成员企业治理模式的直接影响作用检验与本书 6.2.3 节部分结果一致，支持 H2-3a 与 H2-3b。

7.3　风险感知在社会关系与治理模式之间的中介作用检验

按照 Baron 和 Kenny（1986）的中介作用检验三部曲，已完成前两个步骤的检验，结果显示：社会关系的两个维度（商业关系与政治关系）对低控制治理模式具有显著的正向影响作用；社会关系的两个维度对供应链网络成员企业风险感知的两个维度（关系风险感知与绩效风险感知）具有显著的负向影响作用；风险感知的两个维度对低控制治理模式具有显著的负向影响作用。基于此，应用结构方程模型检验关系风险感知在社会关系与治理模式之间的中介作用及绩效风险感知在社会关系与治理模式之间的中介作用。

7.3.1　关系风险感知在社会关系与治理模式之间的中介作用检验

1. 初始模型构建

根据因果关系检验结果，以商业关系与政治关系为自变量，关系风险感知为中介变量，低控制治理模式为因变量，构建结构方程模型路径图，验证关系风险感知在社会关系与低控制治理模式之间的中介作用，如图 7-8 所示。

2. 研究模型识别

关系风险感知在社会关系与低控制治理模式之间的中介作用结构方程模型包括 2 条初始研究假设，设置了 7 个外生测量变量测量 2 个外生潜变量，9 个内生测量变量测量 2 个内生潜变量，协方差为 136 个，需要估计的参数个数 t 为 40 个

（小于协方差），符合模型识别的 t 规则；结构方程部分潜变量之间不存在双因果关系，是典型的递归模型；无论外生潜变量，还是内生潜变量，都至少有 3 个测量指标。因此，该模型符合可识别的必要条件。

图 7-8　关系风险感知在社会关系与治理模式之间的中介作用路径图

3. 模型初步拟合

利用 AMOS 软件对初始结构方程模型进行参数估计，关系风险感知在社会关系与治理模式之间的中介作用结构方程模型分析结果如图 7-9 所示，各变量之间的标准化路径系数与拟合指数如表 7-6 所示，结构方程模型的拟合指数除 GFI 和 CFI 之外，均达到可接受水平，从整体上看，模型拟合情况较为理想。

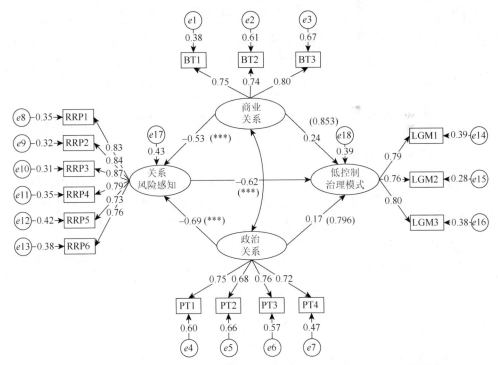

图 7-9　关系风险感知在社会关系与治理模式之间的中介作用结构方程模型分析

***$p<0.01$

表 7-6　关系风险感知中介作用结构方程模型标准化路径系数与拟合指数

假设	路径	标准化路径系数 β	显著性概率 p	结果
H2-4a	低控制治理模式←商业关系	0.24	0.853	支持（完全中介）
	关系风险感知←商业关系	−0.53	***	
	低控制治理模式←关系风险感知	−0.62	***	
H2-4b	低控制治理模式←政治关系	0.17	0.796	支持（完全中介）
	关系风险感知←政治关系	−0.69	***	
	低控制治理模式←关系风险感知	−0.62	***	
拟合指数	$\chi^2/\mathrm{df}=2.76<5$，　RMSEA $=0.072<0.08$，　SRMR $=0.058<0.10$，　GFI $=0.79<0.8$，　NFI $=0.93>0.9$，NNFI $=0.92>0.9$，CFI $=0.89<0.9$，PGFI $=0.63>0.5$，PNFI $=0.79>0.5$			

注：根据结构方程模型运行结果整理

*** $p<0.01$

4. 模型效应解释

由图 7-9 与表 7-6 可知，商业关系对关系风险感知、关系风险感知对低控制治理模式的影响均达到显著水平且模型中商业关系对低控制治理模式的标准化路径系数为 0.24，小于商业关系对低控制治理模式的直接影响模型中的标准化路径系数 0.76 且不显著，因此，关系风险感知在商业关系和低控制治理模式之间发挥了完全中介作用，支持 H2-4a。同理，可以推导出关系风险感知在政治关系和低控制治理模式之间发挥了完全中介作用（0.17 小于 0.58 且不显著），支持 H2-4b。

7.3.2　绩效风险感知在社会关系与治理模式之间的中介作用检验

1. 初始模型构建

根据因果关系检验结果，以社会关系的两个维度（商业关系与政治关系）为自变量，绩效风险感知为中介变量，低控制治理模式为因变量，构建结构方程模型路径图，验证绩效风险感知在社会关系与低控制治理模式之间的中介作用，如图 7-10 所示。

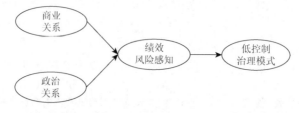

图 7-10　绩效风险感知在社会关系与治理模式之间的中介作用路径图

2. 研究模型识别

绩效风险感知在社会关系与低控制治理模式之间的中介作用结构方程模型包括 2 条初始研究假设，设置了 7 个外生测量变量测量 2 个外生潜变量，8 个内生测量变量测量 2 个内生潜变量，协方差为 120 个，需要估计的参数个数 t 为 38 个（小于协方差），符合模型识别的 t 规则；结构方程部分潜变量之间不存在双因果关系，是典型的递归模型；无论外生潜变量，还是内生潜变量，都至少有 3 个测量指标。因此，该模型符合可识别的必要条件。

3. 模型初步拟合

利用 AMOS 软件对初始结构方程模型进行参数估计，绩效风险感知在社会关系与低控制治理模式之间的中介作用结构方程模型分析结果如图 7-11 所示，各变量之间的标准化路径系数与拟合指数如表 7-7 所示，结构方程模型的拟合指数除 CFI 之外，均达到可接受水平，从整体上看，模型拟合情况较为理想。

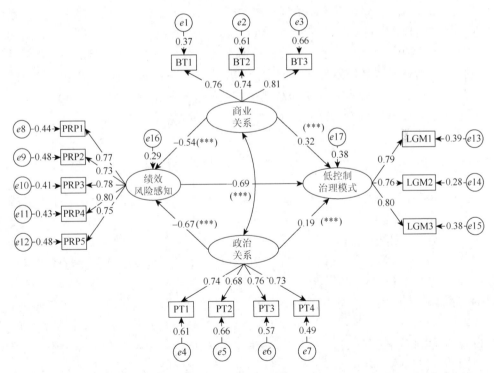

图 7-11　绩效风险感知在社会关系与低控制治理模式之间的中介作用结构方程模型分析

$***p<0.01$

表 7-7　绩效风险感知中介作用结构方程模型标准化路径系数与拟合指数

假设	路径	标准化路径系数 β	显著性概率 p	结果
H2-4c	低控制治理模式←商业关系	0.32	***	支持（部分中介）
	绩效风险感知←商业关系	−0.54	***	
	低控制治理模式←绩效风险感知	−0.69	***	
H2-4d	低控制治理模式←政治关系	0.19	***	支持（部分中介）
	绩效风险感知←政治关系	−0.67	***	
	低控制治理模式←绩效风险感知	−0.69	***	
拟合指数	$\chi^2/df = 2.77 < 5$，RMSEA $= 0.072 < 0.08$，SRMR $= 0.058 < 0.10$，GFI $= 0.81 > 0.8$，NFI $= 0.92 > 0.9$，NNFI $= 0.92 > 0.9$，CFI $= 0.89 < 0.9$，PGFI $= 0.63 > 0.5$，PNFI $= 0.79 > 0.5$			

注：根据结构方程模型运行结果整理
*** $p < 0.01$

4. 模型效应解释

由图 7-11 与表 7-7 可知，商业关系对低控制治理模式、商业关系对绩效风险感知、绩效风险感知对低控制治理模式的影响均达到显著水平且模型中商业关系对低控制治理模式的标准化路径系数为 0.32，小于商业关系对低控制治理模式的直接影响模型中的标准化路径系数 0.76 且显著，因此，绩效风险感知在商业关系对低控制治理模式之间发挥了部分中介作用，支持 H2-4c。同理，可以推导出绩效风险感知在政治关系对低控制治理模式之间发挥了部分中介作用（0.19 小于 0.58 且显著），支持 H2-4d。

7.4　本章小结

本章基于社会关系视角深入探讨了供应链网络治理模式选择机制，主要完成了以下研究工作。

第一，应用结构方程模型验证因子间的因果关系假设，主要包括：社会关系对供应链网络成员企业治理模式的直接影响作用检验，包括商业关系对供应链网络成员企业治理模式的直接影响作用、政治关系对供应链网络成员企业治理模式的直接影响作用等两条研究假设；社会关系对供应链网络成员企业风险感知的直接影响作用检验，包括商业关系对供应链网络成员企业关系风险感知、绩效风险感知的直接影响作用，政治关系对供应链网络成员企业关系风险感知、绩效风险感知的直接影响作用等四条研究假设；风险感知对供应链网络成员企业治理模式的直接影响作用检验，包括关系风险感知、绩效风险感知对供应链网络成员企业治理模式的直接影响作用等两条研究假设。

　　第二，应用结构方程模型验证供应链网络成员企业风险感知中介作用假设，主要包括：供应链网络成员企业关系风险感知在社会关系（商业关系与政治关系）与治理模式之间的中介作用、供应链网络成员企业绩效风险感知在社会关系（商业关系与政治关系）与治理模式之间的中介作用，共计四条研究假设。

　　假设检验结果如表 7-8 所示。

表 7-8　关系逻辑视角的假设验证结果汇总

	研究假设	结果	备注
层次 2-1：社会关系→治理模式	H2-1a：供应链网络成员企业所具有的商业关系对治理模式控制程度具有显著负向影响，即供应链网络成员企业商业关系越强，越倾向于低控制治理模式	支持	标准化路径系数 0.76
	H2-1b：供应链网络成员企业所具有的政治关系对治理模式控制程度具有显著负向影响，即供应链网络成员企业政治关系越强，越倾向于低控制治理模式	支持	标准化路径系数 0.58
层次 2-2：社会关系→风险感知	H2-2a：商业关系对供应链网络成员企业关系风险感知具有显著负向影响，即供应链网络成员企业商业关系越强，企业感知的关系风险越小	支持	标准化路径系数−0.54
	H2-2b：商业关系对供应链网络成员企业绩效风险感知具有显著负向影响，即供应链网络成员企业商业关系越强，企业感知的绩效风险越小	支持	标准化路径系数−0.63
	H2-2c：政治关系与供应链网络成员企业关系风险感知具有显著负向影响，即供应链网络成员企业政治关系越强，企业感知的关系风险越小	支持	标准化路径系数−0.70
	H2-2d：政治关系对供应链网络成员企业绩效风险感知具有显著负向影响，即供应链网络成员企业政治关系越强，企业感知的绩效风险越小	支持	标准化路径系数−0.32
层次 2-3：风险感知→治理模式	H2-3a：供应链网络成员企业关系风险感知对供应链网络治理模式控制程度具有显著正向影响，即供应链网络成员企业感知的关系风险越小，越倾向于低控制治理模式	支持	标准化路径系数−0.76
	H2-3b：供应链网络成员企业绩效风险感知对供应链网络治理模式控制程度具有显著正向影响，即供应链网络成员企业感知的绩效风险越小，越倾向于低控制治理模式	支持	标准化路径系数 0.78
层次 2-4：社会关系→风险感知→治理模式	H2-4a：供应链网络成员企业关系风险感知对其商业关系与治理模式控制程度的关系具有中介作用	支持	完全中介作用
	H2-4b：供应链网络成员企业关系风险感知对其政治关系与治理模式控制程度的关系具有中介作用	支持	完全中介作用
	H2-4c：供应链网络成员企业绩效风险感知对其商业关系与治理模式控制程度的关系具有中介作用	支持	部分中介作用
	H2-4d：供应链网络成员企业绩效风险感知对其政治关系与治理模式控制程度的关系具有中介作用	支持	部分中介作用

　　注：根据检验结果整理

第8章 二元逻辑下供应链网络治理模式选择机制研究

第 6 章与第 7 章的研究逐步打开了制度环境与社会关系对供应链网络治理模式选择的作用机理黑箱。然而，黑箱内是否存在更加复杂的作用关系？本章将按照第三条逻辑线索"社会关系×制度环境→风险感知→治理模式"检验社会关系与制度环境对供应链网络治理模式选择的交互影响作用，如图 8-1 所示，应用结构方程模型检验制度环境对供应链网络成员企业的社会关系的直接影响作用（H3-1a、H3-1b、H3-1c 和 H3-1d），并在此基础上应用定序概率回归与多元层级回归方法分层验证制度环境与社会关系各维度的交互项对供应链网络治理模式选择的交互作用（H3-2a、H3-2b、H3-2c 和 H3-2d）。

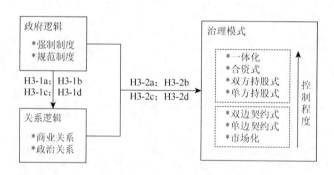

图 8-1 二元逻辑下供应链网络治理模式选择的理论模型

8.1 制度环境、社会关系与治理模式的描述性统计与相关性分析

以供应链网络成员企业治理模式选择为基准，采用了 SPSS 21.0 软件对样本数据进行了描述性统计与相关性分析，分析结果如表 8-1 所示。样本企业中强制制度、规范制度、商业关系、政治关系与供应链网络成员企业治理模式的相关系数分别为 0.275、0.263、0.082 与 0.094，除规范制度不显著外，强制制度、商业关系与政治关系的显著性水平均为 0.01；供应链网络成员企业商业关系、政治关

系与强制制度的相关系数分别为–0.138 与–0.126 且显著性水平均为 0.01；供应链网络成员企业商业关系、政治关系与规范制度的相关系数分别为–0.175 与–0.206 且显著性水平均为 0.05。

表 8-1　二元逻辑视角下变量描述性统计与相关性分析

变量名称	平均值	标准差	治理模式	强制制度	规范制度	商业关系
1 治理模式	3.609	0.829				
2 强制制度	3.677	0.828	0.275***			
3 规范制度	3.736	0.803	0.263	0.192***		
4 商业关系	3.712	0.755	0.082***	–0.138***	–0.175**	
5 政治关系	3.741	0.798	0.094***	–0.216***	–0.206**	0.294***

注：$N = 117$

*** $p < 0.01$；** $p < 0.05$

8.2　制度环境与社会关系之间的因果关系检验

8.2.1　初始模型构建

根据制度环境、社会关系的验证性因子分析结果，两者的各维度均可由一阶变量表达，因此，采用两者的一阶模型进行假设检验，强制制度与规范制度为自变量，商业关系与政治关系为因变量，构建结构方程模型路径图，如图 8-2 所示，以验证制度环境对供应链网络成员企业的社会关系的直接影响作用。

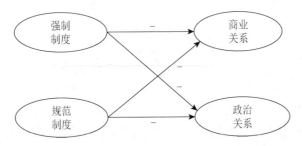

图 8-2　制度环境对供应链网络成员企业的社会关系直接影响的路径图

8.2.2　研究模型识别

制度环境对供应链网络成员企业的社会关系的直接影响作用模型包括 4 条初

始研究假设，设置了 12 个外生测量变量测量 2 个外生潜变量，7 个内生测量变量测量 2 个内生潜变量，协方差为 190 个，需要估计的参数个数 *t* 为 45 个（小于协方差），符合模型识别的 *t* 规则；结构方程部分潜变量之间不存在双因果关系，是典型的递归模型；无论外生潜变量，还是内生潜变量，都至少有 3 个测量指标。因此，该模型符合可识别的必要条件。

8.2.3　模型初步拟合

利用 AMOS 软件对初始结构方程模型进行参数估计，制度环境对供应链网络成员企业的社会关系直接影响的结构方程模型分析结果如图 8-3 所示，各变量之间的标准化路径系数与拟合指数如表 8-2 所示。通过结构方程模型的路径计算结果可以发现，强制制度对商业关系的标准化路径系数为–0.48，显著性概率小于 0.01，因此，强制制度对商业关系具有显著的解释力；强制制度对政治关系的标准化路径系数为–0.65，显著性概率小于 0.01，因此，强制制度对政治关系具有显著的解释力；规范制度对商业关系（ $\beta = -0.16$ ， $p = 0.641$ ）与政治关系（ $\beta = -0.14$ ， $p = 0.537$ ）均没有显著影响。

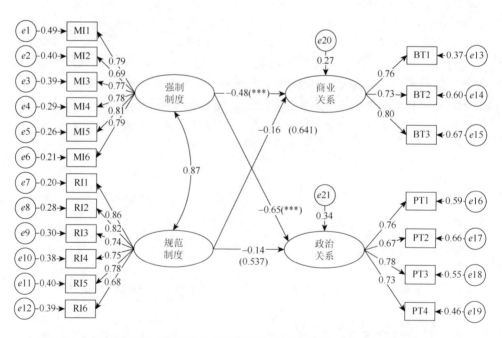

图 8-3　制度环境对供应链网络成员企业的社会关系直接影响的结构方程模型分析

***p＜0.01

表 8-2　制度环境与社会关系的结构方程模型标准化路径系数与拟合指数

假设	路径	标准化路径系数 β	显著性概率 p	结果
H3-1a	强制制度→商业关系	−0.48	***	支持
H3-1b	强制制度→政治关系	−0.65	***	支持
H3-1c	规范制度→商业关系	−0.16	0.641	不支持
H3-1d	规范制度→政治关系	−0.14	0.537	不支持
拟合指数	$\chi^2/\mathrm{df}=2.96<5$，RMSEA $=0.074<0.08$，SRMR $=0.073<0.10$，GFI $=0.90>0.8$，NFI $=0.92>0.9$，NNFI $=0.95>0.9$，PGFI $=0.63>0.5$，PNFI $=0.79>0.5$			

注：根据结构方程模型运行结果整理

*** $p<0.01$

8.2.4　模型效应解释

通过结构方程模型的路径计算结果可以看出：强制制度对商业关系、政治关系均具有显著性负向影响且对政治关系的影响大于对商业关系的影响，支持 H3-1a 与 H3-1b；规范制度对两种社会关系具有负向影响，但不显著，不支持 H3-1c 与 H3-1d。

8.3　制度环境、社会关系对治理模式的交互作用检验

8.3.1　研究模型构建

以供应链网络成员企业治理模式选择为因变量，分别为市场化治理模式、单边契约式治理模式、双边契约式治理模式、单方持股式治理模式、双方持股式治理模式、合资式治理模式与一体化治理模式七种类型；以商业关系、政治关系、强制制度与规范制度为自变量；以资产专用性、资源依赖性与所有权差异为控制变量，建立"基于二元制度逻辑视角的供应链网络治理模式选择影响因素的回归模型"，综合运用层级回归与定序回归模型进行交互效应检验，如图 8-4、图 8-5 所示。

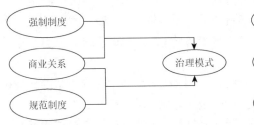

图 8-4　商业关系与制度环境对供应链网络成员企业治理模式的交互作用路径图

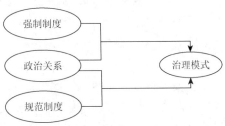

图 8-5　政治关系与制度环境对供应链网络成员企业治理模式的交互作用路径图

8.3.2　交互作用分析

如前文所述,供应链网络治理模式选择的影响因素较多且独立变量之间可能存在尚未考虑或发现的其他关系,应用普通多元回归分析方法检验变量间关系时,独立变量间可能产生"压制"(suppression)而影响假设的检验。待检验模型中存在独立变量的交互作用项且对因变量产生影响,交互项与相关联的独立变量之间必然高度相关,因而在回归分析中产生多重共线性问题。因此,为了合理检验独立变量及其交互项与因变量之间的因果关系,研究人员一般采用层级回归方法进行检验与分析。另外,以供应链网络成员企业治理模式选择为因变量,分别为市场化治理模式、单边契约式治理模式、双边契约式治理模式、单方持股式治理模式、双方持股式治理模式、合资式治理模式与一体化治理模式7种类型,这一分类标准与治理模式的网络化程度高度一致,具有一定的等级关系,属于定序的离散值,在计量经济分析中通常采用定序概率模型进行统计分析。因此,按照交互作用检验的基本流程,综合运用多元层级回归与定序概率回归方法进行交互作用的假设检验,主要分析工具为SPSS。

为了避免交叉项产生多重共线性,Aiken等(1991)建议将自变量进行中心化处理,即每个变量值减去各自的均值。将商业关系、政治关系、强制制度与规范制度均进行了中心化处理,并在此基础上,构建了7个模型。

(1)模型1验证控制变量对供应链网络成员企业治理模式选择的影响作用。首先将控制变量作为解释变量纳入回归模型,包括合作时间、单项交易额、总交易规模、资产专用性、资产专用性的平方与资源依赖性等6个变量。

(2)模型2、模型3与模型4验证商业关系与制度环境对供应链网络成员企业治理模式选择的交互作用。模型2在模型1的基础上,加入商业关系,模型3在模型2的基础上,加入强制制度,模型4在模型2的基础上,加入规范制度。

(3)模型5、模型6与模型7验证政治关系与制度环境对供应链网络成员企业治理模式选择的交互作用。模型5在模型1的基础上,加入政治关系,模型6在模型5的基础上,加入强制制度,模型7在模型5的基础上,加入规范制度。

主要考察极大对数似然比指标是否达到显著性水平,判定研究模型的构造的合理性。由检验结果不难看出,构建的7个回归模型,极大对数似然比均达到了显著水平。R^2是模型拟合优度,表示模型对现实数据的解释度,但对于横截面数据的研究模型而言,R^2不能作为模型通过显著性检验的标准,主要用于比较增加不同变量后，能否显著提高模型的解释力。通过比较各模型的 R^2 指标可以发现，在模型 1 的基础上分别加入商业关系、政治关系、强制制度与规范制度后，模型整体的解释力增强。由此可见，在中国情境下，社会关系与制度环境是影响治理模式选择的重要因素。

模型 1 中，检验了所有的控制变量，可以发现，在 6 个控制变量中，只有资产专用性、资源依赖性的回归系数在 5% 的统计水平下显著为正，该结论与控制变量差异化分析结果相一致（详见 5.5.7 节），同时，资产专用性的平方在回归系数在 5% 的统计水平下显著为负，说明资产专用性与治理模式呈倒 "U" 形关系，该结果说明交易成本理论对供应链网络成员企业治理模式选择问题的解释是有效的（表 8-3）。

表 8-3　商业关系与制度环境对供应链网络成员企业治理模式的交互作用检验

变量	因变量：治理模式			
	模型 1	模型 2	模型 3	模型 4
合作时间	0.174	0.167	0.178	0.181
单项交易额	0.063	0.064	0.071	0.083
总交易规模	0.087	0.092	0.120	0.231
资产专用性	0.287^{**}	0.386^{**}	0.521^{**}	0.395^{**}
资产专用性的平方	-0.362^{**}	-0.351^{**}	-0.357^{**}	-0.348^{**}
资源依赖性	0.263^{**}	0.378^{**}	0.326^{**}	0.335^{**}
商业关系		0.622^{**}	0.527^{**}	0.498^{**}
强制制度			0.389^{**}	
规范制度				0.273
商业关系×强制制度			0.352^{**}	
商业关系×规范制度				0.247
R^2	0.062	0.064	0.063	0.059
极大对数拟然比	−467.521	−443.642	−472.323	−4445.792
观察值	117	117	117	117

注：根据回归分析结果整理

$** \; p < 0.05$

模型 2 中，商业关系对供应链网络治理模式的选择在 5% 统计水平下显著为正，该结论与因果关系检验结果相一致。

模型 3 中，在模型 2 基础上纳入强制制度、商业关系×强制制度，结果表明，强制制度、商业关系×强制制度与治理模式的回归系数分别为 0.389、0.352，在

5%统计水平下显著且其解释力小于商业关系解释力，说明强制制度与商业关系具有相互制约、相互消解的影响作用。支持 H3-2a。

模型 4 中，在模型 2 基础上纳入规范制度、商业关系×规范制度，结果表明，规范制度、商业关系×规范制度与治理模式的回归系数分别为 0.273、0.247，但不显著，说明规范制度与商业关系的交互项对供应链网络成员企业治理模式选择行为影响不显著，不支持 H3-2b。

模型 5 中，政治关系对供应链网络治理模式的选择在 5%统计水平下显著为正，该结论与因果关系检验结果相一致（表 8-4）。

表 8-4　政治关系与制度环境对供应链网络成员企业治理模式的交互作用检验

变量	因变量：治理模式		
	模型 5	模型 6	模型 7
合作时间	0.169	0.183	0.183
单项交易额	0.068	0.071	0.082
总交易规模	0.094	0.117	0.253
资产专用性	0.375^{**}	0.534^{**}	0.387^{**}
资产专用性的平方	-0.398^{**}	-0.362^{**}	-0.362^{**}
资源依赖性	0.331^{**}	0.349^{**}	0.321^{**}
政治关系	0.522^{**}	0.461^{**}	0.434^{**}
强制制度		0.372^{**}	
规范制度			0.285
政治关系×强制制度		0.326^{**}	
政治关系×规范制度			0.194
R^2	0.065	0.063	0.061
极大对数拟然比	−445.791	−445.123	−445.342
观察值	117	117	117

注：根据回归分析结果整理

$** \ p < 0.05$

模型 6 中，在模型 5 基础上纳入强制制度、政治关系×强制制度，结果表明，强制制度、政治关系×强制制度与治理模式的回归系数分别为 0.372、0.326，在 5%统计水平上显著且其解释力小于政治关系解释力，说明强制制度与政治关系具有相互制约、相互消解的影响作用。支持 H3-2c。

模型 7 中，在模型 5 基础上纳入规范制度、政治关系×规范制度，结果表明，规范制度、政治关系×规范制度与治理模式的回归系数分别为 0.285、0.194，但不显著，说明规范制度与政治关系的交互项对供应链网络成员企业治理模式选择行为影响不显著，不支持 H3-2d。

8.4 本章小结

本章基于二元制度逻辑视角深入探讨了供应链网络治理模式选择机制，主要完成了以下研究工作。

第一，应用结构方程模型验证制度环境与社会关系的因果关系假设，包括强制制度对供应链网络成员企业商业关系、政治关系的直接影响作用；规范制度对供应链网络成员企业商业关系、政治关系的直接影响作用等四条研究假设。

第二，应用回归模型验证制度环境与社会关系对治理模式的交互作用假设，即制度环境与社会关系各维度的交互项对供应链网络治理模式选择的影响作用。

假设检验结果如表 8-5 所示。

表 8-5　基于二元逻辑视角的假设验证结果汇总

	研究假设	结果
层次 3-1：制度环境→社会关系	H3-1a：在制度转型过程中，强制制度对商业关系具有显著的负向影响，即供应链网络成员企业所处强制制度越健全，商业关系越少	支持
	H3-1b：在制度转型过程中，强制制度对政治关系具有显著的负向影响，即供应链网络成员企业所处强制制度越健全，政治关系越少	支持
	H3-1c：在制度转型过程中，规范制度对商业关系具有显著的负向影响，即供应链网络成员企业所处规范制度越健全，商业关系越少	不支持
	H3-1d：在制度转型过程中，规范制度对政治关系具有显著的负向影响，即供应链网络成员企业所处规范制度越健全，政治关系越少	不支持
层次 3-2：社会关系×制度环境→治理模式	H3-2a：商业关系与强制制度对供应链网络成员企业治理模式选择具有交互作用	支持
	H3-2b：商业关系与规范制度对供应链网络成员企业治理模式选择具有交互作用	不支持
	H3-2c：政治关系与强制制度对供应链网络成员企业治理模式选择具有交互作用	支持
	H3-2d：政治关系与规范制度对供应链网络成员企业治理模式选择具有交互作用	不支持

第9章 三元逻辑下供应链网络治理模式选择机制研究

面对多样而复杂的制度环境，法律法规、监管制度和市场机制尚不完善，供应链网络成员企业搭建商业关系与政治关系寻求合法性、弥补交易成本成为供应链网络成员企业在多元制度逻辑中生存与发展的主要途径（张敬等，2020）。此外，产权性质作为重要战略变量决定了企业的资源禀赋，对企业战略选择具有影响作用，而市场化水平不同必然导致差异化的交易成本，从而影响企业的战略决策。本章将采用回归分析方法检验三元逻辑下制度环境对供应链网络治理模式选择的作用机理，如图 9-1 所示，分别检验社会关系对供应链网络治理模式选择的直接影响作用（H4-1a 和 H4-1b）、产权性质对社会关系与供应链网络治理模式选择关系的调节作用（H4-2a 和 H4-2b），以及市场化进程对社会关系与供应链网络治理模式选择关系的调节作用（H4-3a 和 H4-3b）。

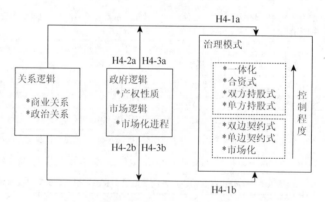

图 9-1 三元逻辑下供应链网络治理模式选择的理论模型

9.1 社会关系、产权性质与市场化进程的描述性统计与相关性分析

以供应链网络成员企业治理模式选择为基准，采用了 SPSS 21.0 软件对样本数据进行了描述性统计与相关性分析，分析结果如表 9-1 所示。样本企业中商业关系、政治关系与低控制治理模式的相关系数分别为 0.187 和 0.165 且显著性水平

均为 0.01，初步表明商业关系、政治关系与低控制治理模式正向相关。此外，高（低）控制治理模式与产权性质均为 0—1 变量，其相关系数不能真正表示 0—1 变量之间的影响关系。各变量相关系数均小于 0.75，在比较理想的范围之内，检验结果显示并不存在多重共线性问题。

表 9-1　三元逻辑下变量描述性统计与相关性分析

变量名称	平均值	标准差	低控制治理模式	治理模式	商业关系	政治关系	产权性质
1 低控制治理模式	0.375	0.279					
2 治理模式	3.609	0.829	0.226**				
3 商业关系	3.712	0.755	0.187**	0.082**			
4 政治关系	3.741	0.798	0.165**	0.094**	0.694**		
5 产权性质	0.463	0.499	0.032*	0.027*	0.017*	0.672**	
6 市场化进程	7.385	2.194	0.297*	0.021	0.183*	−0.027*	0.093

注：$N = 117$

$** p < 0.01$；$* p < 0.05$

9.2　社会关系、产权性质与市场化进程的层级回归分析

鉴于被解释变量供应链网络治理模式的两种测度方法分别将其视为定类型变量与定序型变量，随着数字的增加，供应链网络治理模式的控制程度递减，但仅具有序数意义。因此，运用多层级有序概率回归模型检验商业关系与政治关系对供应链网络治理模式选择倾向的直接影响作用，以及产权性质、市场化进程对这种选择倾向的调节作用。有序概率回归模型极大似然估计结果如表 9-2 所示。

首先，构建控制变量对被解释变量的影响作用模型 1。将合作时间、单项交易额与交易总规模等 3 个控制变量纳入回归模型。回归分析结果显示，仅合作时间的回归系数在 1%统计水平下显著为正，$R^2 = 0.023$，说明模型具有一定解释力。

其次，构建控制变量、解释变量与调节变量对被解释变量的主效应模型 2。在模型 1 的基础上，将商业关系、政治关系、产权性质与市场化进程纳入回归模型。回归分析结果显示，$R^2 = 0.067$，说明模型解释力显著增强。商业关系对供应链网络治理模式的控制程度具有显著的负向影响（$\beta = -0.3568$，$p < 0.01$），即商业关系越强，供应链网络成员企业越倾向于选择低控制治理模式，H4-1a 获得数据支持；政治关系对供应链网络治理模式的控制程度具有显著的负向影响（$\beta = -0.2156$，$p < 0.01$），即政治关系越强，供应链网络成员企业越倾向于选择低控制治理模式，H4-1b 获得数据支持。

最后，构建加入交互效应后的全效应模型 3、模型 4、模型 5 和模型 6。回归分析结果显示，R^2 数值相对模型 2 均有所增加，说明模型解释力进一步

增强。其中，模型 3 引入交互项"商业关系×产权性质"，回归系数显著为负值（$\beta = -0.3237$，$p < 0.01$），模型 4 引入交互项"政治关系×产权性质"，回归系数显著为负值（$\beta = -0.2864$，$p < 0.01$），说明国有产权性质弱化了商业关系、政治关系对供应链网络治理模式选择的影响强度，即相对于国有企业而言，非国有企业的商业关系、政治关系对其供应链网络治理模式选择行为的影响效果更明显，H4-2a 和 H4-2b 获得数据支持。模型 5 引入交互项"商业关系×市场化进程"，回归系数显著为负值（$\beta = -0.2763$，$p < 0.01$），模型 6 引入交互项"政治关系×市场化进程"，回归系数显著为负值（$\beta = -0.3529$，$p < 0.01$），说明市场化进程对商业关系、政治关系对供应链网络治理模式之间的关系产生显著的负向调节作用。具体讲，随着市场化改革，商业关系、政治关系对供应链网络治理模式选择的影响强度明显弱化，相对于商业关系，对政治关系的强度弱化稍明显，H4-3a 和 H4-3b 获得数据支持。

表 9-2　影响供应链网络治理模式选择的层级回归分析结果

变量名称	被解释变量：供应链网络治理模式					
	主效应		调节效应：产权性质		调节效应：市场化进程	
	模型 1	模型 2	模型 3	模型 4	模型 5	模型 6
商业关系		−0.3568** (0.1282)	−0.2365** (0.1624)		−0.2983** (0.1394)	
政治关系		−0.2156** (0.1674)		−0.1837** (0.1504)		−0.1767** (0.1428)
产权性质		0.2083* (0.1630)	0.1493* (0.1205)	0.1692* (0.1531)		
市场化进程		0.1748* (0.1759)			0.1484* (0.1629)	0.1686* (0.1382)
商业关系×产权性质			−0.3237** (0.1907)			
政治关系×产权性质				−0.2864** (0.1826)		
商业关系×市场化进程					−0.2763** (0.2082)	
政治关系×市场化进程						−0.3529** (0.1892)
合作时间	0.275** (0.1233)	0.2573** (0.0584)	0.1793** (0.0672)	0.1593** (0.0576)	0.1645** (0.0683)	0.1598** (0.0583)
单项交易额	0.0842 (0.0816)	0.0639 (0.0577)	0.0547 (0.0518)	0.0585 (0.0492)	0.0563 (0.0612)	0.0542 (0.0483)
总交易规模	0.1472 (0.2170)	0.0817 (0.1318)	0.0853 (0.1627)	0.0716 (0.1835)	0.0849 (0.1583)	0.0819 (0.1532)
R^2	0.023	0.067	0.076	0.075	0.073	0.074

注：$N = 117$

** $p < 0.01$；* $p < 0.05$

9.3　社会关系、产权性质与市场化进程的边际效应分析

根据多层级有序概率回归模型的统计分析特点，各变量间回归系数并不能反映商业关系、政治关系及其与产权性质、市场化进程交互项对供应链治理模式控制程度的影响大小，而回归系数符号仅表示高控制治理模式、低控制治理模式的影响概率和变化方向，并不能解释具体治理模式选择行为。目前，关于供应链治理模式可归纳为四类：一体化、股权式（合资式、双方持股式和单方持股式）、契约式（双边契约式和单边契约式）与市场化，可视为按照供应链网络成员企业对合作企业的控制程度由高到低排序的供应链治理模式谱系，其中一体化（自制）的控制程度最高，而市场化（外购）的控制程度最低，属于供应链治理模式谱系的两个端点。由此，本书以上述模型为基础，计算多元制度逻辑下供应链治理模式选择的边际效应，分析结果如表 9-3 和表 9-4 所示。通过供应链网络治理模式两种测量方法的回归分析结果比较，两次结果具有一致性，表明理论模型具有稳健性，研究结论可靠。

表 9-3　供应链网络治理模式选择影响因素的边际效应

治理模式	一体化	合资式	双方持股式	单方持股式	双边契约式	单边契约式	市场化
基准	0.1683	0.0315	0.0239	0.0528	0.1322	0.0713	0.5209
商业关系	−0.0047	0.0582	0.0325	0.0653	0.1681	0.1105	0.5712
政治关系	0.0191	0.0580	0.0366	0.0706	0.1609	0.1029	0.5528
产权性质	0.1638	0.0333	0.0240	0.0529	0.1324	0.0715	0.5211
市场化进程	0.1702	0.0318	0.0264	0.0612	0.1317	0.0696	0.5100
商业关系×产权性质	0.2484	0.0772	0.0521	0.0863	0.0696	0.0544	0.4130
政治关系×产权性质	0.2275	0.0734	0.0451	0.0815	0.1508	0.0159	0.4074
商业关系×市场化进程	0.2011	0.0787	0.0466	0.0691	0.1220	0.0595	0.4239
政治关系×市场化进程	0.1975	0.0804	0.0504	0.0892	0.1159	0.0384	0.4291

注：基准为各变量的均值

表 9-4　供应链网络治理模式选择影响因素的边际效应变化率

治理模式	一体化	合资式	双方持股式	单方持股式	双边契约式	单边契约式	市场化
基准	0.1683	0.0315	0.0239	0.0528	0.1322	0.0713	0.5209
商业关系	−0.1730	0.0267	0.0086	0.0125	0.0359	0.0392	0.0503
政治关系	−0.1492	0.0265	0.0127	0.0178	0.0287	0.0316	0.0319
产权性质	−0.0045	0.0018	0.0001	0.0001	0.0002	0.0002	0.0002
市场化进程	0.0019	0.0003	0.0025	0.0084	−0.0005	−0.0017	−0.0109
商业关系×产权性质	0.0801	0.0457	0.0282	0.0335	−0.0626	−0.0169	−0.1079

治理模式	一体化	合资式	双方持股式	单方持股式	双边契约式	单边契约式	市场化
政治关系×产权性质	0.0592	0.0419	0.0212	0.0287	0.0186	−0.0554	−0.1135
商业关系×市场化进程	0.0328	0.0472	0.0227	0.0163	−0.0102	−0.0118	−0.0970
政治关系×市场化进程	0.0292	0.0489	0.0265	0.0364	−0.0163	−0.0329	−0.0918

注：基准为各变量的均值

　　（1）商业关系的主效应。商业关系越强，供应链网络成员企业选择低控制治理模式的可能性越大，选择高控制治理模式的可能性越小。供应链网络成员企业选择一体化、合资式、双方持股式与单方持股式治理模式的概率为15.13%，而选择其他三种治理模式的概率之和为84.87%。通过与作为参照的基准企业对比，随着商业关系强度增加一个单位，一体化治理模式的选择概率显著下降17.30%，而选择合资式、双方持股式、单方持股式、双边契约式、单边契约式与市场化治理模式的可能性分别增加了2.67%、0.86%、1.25%、3.59%、3.92%和5.03%，增加比例较为明显且控制程度较低的双边契约式、单边契约式与市场化治理模式增加比例较为明显。由此得到结论：随着商业关系增强，供应链网络成员企业更倾向于选择低控制治理模式。研究结果与H4-1a完全一致。

　　（2）政治关系的主效应。政治关系越强，供应链网络成员企业选择低控制治理模式的可能性越大，选择高控制治理模式的可能性越小。供应链网络成员企业选择一体化、合资式、双方持股式与单方持股式治理模式的概率为18.43%，而选择其他三种治理模式的概率之和为81.57%。通过与作为参照的基准企业对比，随着政治关系强度增加一个单位，企业选择一体化治理模式的概率显著下降14.92%，而选择合资式、双方持股式、单方持股式、双边契约式、单边契约式与市场化治理模式的可能性分别增加了2.65%、1.27%、1.78%、2.87%、3.16%和3.19%，增加比例较为明显且控制程度较低的双边契约、单边契约与市场化治理模式增加更多。由此得到结论：随着政治关系增强，供应链网络成员企业倾向于选择低控制治理模式。研究结果与H4-1b完全一致。

　　（3）产权性质的调节效应。供应链网络成员企业选择一体化、合资式、双方持股式与单方持股式等控制程度比较高的治理模式概率之和为46.40%，而选择控制程度较低的治理模式概率之和为53.60%。通过与作为参照的基准企业对比，随着商业关系与产权性质的交互项作用增加一个单位，供应链网络成员企业选择双边契约式、单边契约式与市场化治理模式的可能性分别下降6.26%、1.69%和10.79%，而选择一体化、合资式、双方持股式与单方持股式治理模式的可能性分别增加8.01%、4.57%、2.82%和3.35%。由此得到结论：国有企业产权弱化了商业关系对供应链治理模式选择的影响，研究结果与H4-2a完全一致。同理可以得到结论：国有企业产权弱化了政治关系对供应链治理模式选择的影响，研究结果与H4-2b完全一致。

（4）市场化进程的调节效应。供应链网络成员企业选择一体化、合资式、双方持股式与单方持股式等控制程度比较高的治理模式概率之和为 39.55%，而选择控制程度较低的治理模式概率之和为 60.45%。通过与作为参照的基准企业对比，随着商业关系与市场化进程的交互项作用增加一个单位，供应链网络成员企业选择双边契约式、单边契约式与市场化治理模式的可能性分别下降 1.02%、1.18%和9.70%，而选择一体化、合资式、双方持股式与单方持股式治理模式的可能性分别增加 3.28%、4.72%、2.27%和 1.63%。由此得到结论：市场化进程弱化了商业关系对供应链治理模式选择的影响，即市场化改革有利于缓解商业关系对治理模式选择行为的影响，研究结果与 H4-3a 完全一致。同理可以得到结论：市场化进程弱化了政治关系对供应链治理模式选择的影响，即市场化改革有利于缓解政治关系对供应链网络成员企业治理模式选择行为的影响，研究结果与 H4-3b 完全一致。

通过供应链治理模式两种测度方法的回归分析结果比较，两次结果具有一致性，表明理论模型具有稳健性，研究结论可靠。

9.4 本章小结

本章基于三元逻辑视角深入探讨了供应链网络治理模式选择机制，主要完成了以下研究工作。

第一，运用多层级有序概率回归模型检验商业关系与政治关系对供应链网络治理模式选择倾向的直接影响作用及产权性质、市场化进程对这种选择倾向的调节作用。

第二，回归系数符号仅表示高控制治理模式与低控制治理模式等两类治理模式的影响概率和变化方向，通过计算求得不同因素影响选择七种供应链网络治理模式的边际效应与边际效应变化率验证七种治理模式的具体选择行为。

假设检验结果如表 9-5 所示。

表 9-5 基于三元逻辑视角的假设验证结果汇总

研究假设		结果
层次 4-1:社会关系→治理模式	H4-1a:供应链网络成员企业具有的商业关系对治理模式控制程度具有显著负向影响，即供应链网络成员企业商业关系越强，越倾向于低控制治理模式	支持
	H4-1b:供应链网络成员企业具有的政治关系对治理模式控制程度具有显著负向影响，即供应链网络成员企业政治关系越强，越倾向于低控制治理模式	支持
层次 4-2:社会关系×产权性质→治理模式	H4-2a:相对于国有企业而言，非国有企业所具有的商业关系对其供应链网络治理模式选择行为的影响效果更明显	支持
	H4-2b:相对于国有企业而言，非国有企业所具有的政治关系对其供应链网络治理模式选择行为的影响效果更明显	支持
层次 4-3:社会关系×市场环境→治理模式	H4-3a:市场化改革有利于缓解商业关系对供应链网络成员企业治理模式选择行为的影响强度	支持
	H4-3b:市场化改革有利于缓解政治关系对供应链网络成员企业治理模式选择行为的影响强度	支持

第10章　全书总结与展望

本章主要总结本书的研究工作，阐述具有理论价值的研究结论、对管理实践的启示，并分析本书在研究中存在的不足之处与未来的研究方向。

10.1　主　要　结　论

源于中国社会现实与理论逻辑的悖论，激起研究"中国式理论"的兴趣，以求更深层次地探究西方网络治理理论在中国现实的适应性。采用克雷斯威尔（2007）提出的"顺序性探究策略"（sequential exploratory strategy），即资料收集→资料分析→数据收集→数据分析→整体分析解释，应用理论分析、案例研究与实证研究相结合的方法，探究中国情境下供应链网络治理模式选择的前因条件与作用机理。本书主要包括以下六个方面的研究工作。

第一，在回顾并梳理供应链网络治理模式选择研究的现实情境与理论依据的基础上，基于社会嵌入理论、制度基础理论与制度逻辑理论等多理论视角发掘了影响供应链网络治理模式选择的关键因素（制度环境层面包括强制制度与规范制度的二维测度模型、产权性质的单维测度模型；社会关系层面是商业关系与政治关系的二维测度模型；路径传导层面是关系风险感知与绩效风险感知的二维测度模型；市场环境层面是市场化进程的单维测度模型），并构建了多元制度逻辑视角下供应链网络治理模式选择问题分析框架。

第二，采用深入访谈方式收集案例 35 例，经筛选确定有效案例 27 例，采用探索性案例扎根研究方法，通过对实际供应链网络治理模式进行开放编码、主轴编码、模型构建、信息编码与效度检验，归纳并总结影响供应链网络治理模式选择的因素及其涉及的重要构念，以此建立供应链网络治理模式选择的概念模型，并提出初始研究命题（包括 4 个主命题、13 个子命题）。

第三，根据实证研究设计流程，以多元制度逻辑视角理论分析供应链网络治理模式选择的影响因素及其作用路径，构建了供应链网络治理选择机制研究模型（包括四个子研究模型，分别为：政治逻辑下供应链网络治理模式选择机制研究模型；关系逻辑下供应链网络治理模式选择机制研究模型；二元逻辑下供应链网络治理模式选择机制研究模型；三元逻辑下供应链网络治理模式选择机制研究模型），并围绕研究问题及要素之间的逻辑关系，提出 4 组、38 个理论假设，按照影响作用关系分为因果关系假设、中介作用假设、交互作用假设与权变作用假设。

第四，首先进行了小样本预调查，应用 SPSS 软件对预调查样本数据进行样本特征分析、量表特征分析、量表项目分析与因子结构分析，根据分析结果对测量量表与结构维度进行修正，形成正式调查问卷，包括经济属性量表（资产专用性 5 个题项、资源依赖性 3 个题项）、供应链网络治理模式量表（7 个题项）、制度环境量表（12 个题项）、社会关系量表（7 个题项）、风险感知量表（11 个题项）与其他重要信息（10 个题项）等 6 个部分，共计 55 个题项。

第五，进行了正式调研，包括调研对象确定、大规模问卷发放与回收工作，并对正式调研样本数据进行了样本特征分析、量表特征分析、验证性因子结构分析、量表信度分析、量表效度分析及控制变量分析，为后期的研究假设检验工作奠定了基础。

第六，按照"政治逻辑：制度环境→风险感知→治理模式"、"关系逻辑：社会关系→风险感知→治理模式"、"二元逻辑：制度环境×社会关系→治理模式"与"三元逻辑：市场环境×制度环境×社会关系→治理模式"四条逻辑线索，采用结构方程模型的路径分析方法检验了制度环境对治理模式选择的作用机理；采用结构方程模型的路径分析方法检验了社会关系对治理模式选择的作用机理；采用结构方程模型的路径分析方法检验了制度环境对社会关系的作用机理，采用回归分析方法检验了制度环境与社会关系对治理模式选择的交互作用机理；采用回归分析方法验证社会关系对供应链网络治理模式选择的直接影响作用、产权性质对社会关系与供应链网络治理模式选择关系的调节作用，以及市场化进程对社会关系与供应链网络治理模式选择关系的调节作用。

本书关心的不仅是假设的证真或证伪，还是其背后隐藏的含义与逻辑，因此，有必要对数据分析结果进一步讨论，以揭示其内涵，同时推导出探索性的研究结论。具有理论价值的结论包括以下四点。

第一，制度环境与社会关系是影响供应链网络治理模式选择的重要因素。本书突破以往研究过多关注于经济效益与效率问题，将研究视角转移到制度基础与社会基础的影响作用上。研究表明：强制制度、商业关系、政治关系等结构性因素对供应链网络治理模式选择具有重要的影响作用，而规范制度的影响作用不显著。该结论正是对西方理论与中国现实之间悖论的解释。

（1）资产专用性、资源依赖性与所有权差异对治理模式具有一定的影响效应。运用单因素方差分析、一般线性模型分析与独立样本 t 检验方法，检验供应链网络治理模式在不同水平控制变量的差异性及显著性，以确定各特征变量对治理模式的影响效应。研究发现，单项交易额、总交易规模与合作时间的差异可以解释治理模式网络化水平一定比例的总变异，但整体低于 6% 的解释变异量，对供应链网络治理模式选择不具有足够的解释力度，不是治理模式选择差异的根本原因；不同资产专用性与资源依赖性的差异对供应链网络治理模式网络水平具有一定的解释力。在回归模型中，当纳入自变量后，发现不同资产专用性与资源依赖性的解释力大幅提高，表明控制变量对供应链网络治理模式选择的影响远远小于自变量的影响。

（2）强制制度是影响供应链网络治理模式选择的重要因素，而规范制度对治理模式选择不存在显著影响。根据理论与现实分析，可能存在的原因为以下几个方面：从相关理论来看，该研究结果与组织社会学的制度理论基本观点"当企业在获得外部合法性与内部合法性之间做出战略选择时，只有在外部合法性压力更重要时，才会牺牲内部合法性与内部控制而获得外部合法性"相一致。目前，相对于我国强制制度而言，规范制度对企业战略选择行为的外部合法性压力较小，因此，企业不会牺牲内部效率而获得外部合法性，即强制制度引致的交易成本比规范制度压力更重要。从研究情境来看，中国国情的政治统一、文化同宗同源的特征，使得我国法律、规章、制度安排对于企业来说是一致的。随着改革开放的深入，市场机制与法律法规越来越透明，因而对中国企业的影响作用会逐步削弱，甚至不再处于主导地位。此外，中国倾向于使用支持性、引导性的规章制度，较少使用限制性政策措施。

（3）商业关系与政治关系是影响供应链网络治理模式选择的重要因素。根据研究结果，供应链网络成员企业的商业关系越健全，越倾向于选择低控制治理模式；政治关系越健全，越倾向于选择低控制治理模式。该研究结论与社会资本理论研究结果一致。社会资本理论认为，处于经济转型过程中的新兴经济体具有共同特点，市场机制不完善、市场效率不高，存在严重的政府直接分配资源及社会关系替代市场机制分配资源的情况。因此，在经济转型期，虽然市场机制发挥着一定的作用，但企业发展在很大程度上仍然依赖于非市场机制获取资源。区域社会资本对供应链网络治理模式选择的影响主要体现在：社会资本水平高的地区，企业之间的互相信任程度较高，企业守信程度比较高，更容易选择低控制治理模式。另外，该研究结论支持信息不对称理论（asymmetric information theory）的观点，企业在进行供应链网络治理模式选择时，亟须考虑的重要因素是外部制度环境所造成的信息不对称而引发的机会主义行为。为了克服信息不对称问题，企业通过与供应商、顾客、竞争者、行业协会，甚至当地政府、银行、税务部门建立社会关系，以减少过多的干预及市场不确定性、制度不确定性。正如 Park和 Luo（2001）在其研究中指出，企业与供应商、顾客或竞争者建立社会关系，不仅彼此之间提供相互帮助，而且给企业提供必要的信息与资源，从而可以避免交易伙伴的投机行为，以减少面对大量行政干预的成本。

综合研究结论（1）、（2）与（3）不难发现，虽然制度环境与社会关系对供应链网络治理模式选择的影响力度不同，但在中国情境下供应链网络治理模式选择行为嵌入于强制制度与规范制度之中的程度、约束机制及制度环境的边界，嵌入于商业关系与政治关系网络之中的程度、方式与范围，直接影响了供应链网络治理模式选择倾向。在中国情境下，将特殊社会关系与特殊地方政府参与纳入供应链网络治理模式选择分析框架并验证其重要作用，不仅有助于深化政治逻辑与关系逻辑视角下的供应链网络治理研究成果，而且检验了西方理论对我国供应链网络治理模式选择的适用性，解决了西方理论在特殊情境的"水土不服"问题，有助于启发基于东西方不同制度文化背景下的比较研究。

第二，风险感知在制度环境与社会关系对供应链网络治理模式选择影响中具有路径传导作用。本书突破以往研究仅关注供应链网络协同效应问题，将研究视角前移到供应链网络治理模式选择机制的本源性问题，探寻影响供应链网络治理模式选择的重要因素及其路径传导机制。研究表明，关系风险感知在制度环境与社会关系对供应链网络治理模式选择过程中具有完全中介作用，而绩效风险感知在制度环境与社会关系对供应链网络治理模式选择过程中具有部分中介作用。该结论与交易成本理论形成对话，丰富了交易成本的概念内涵，可称为嵌入性的交易成本解释。

现实问题是由变化引起的，如果环境保持不变，则不会产生需要决策的新问题。针对现实问题的研究，只有考虑到现实事件的变化及其对环境做出的适应性改变，才能真正进入"黑箱"。该结论充分证明了供应链网络嵌入于社会关系之中，供应链网络成员企业之间的关系强度越强、亲密度与互惠度越高、信任水平越高，供应链网络成员企业越倾向于低控制治理模式，反之，倾向于高控制治理模式。供应链网络嵌入于社会关系，可以减少机会主义行为、降低不确定性、减少交易成本从而降低风险感知，供应链网络成员企业倾向于低控制治理模式，反之，倾向于高控制治理模式。以上结论充分证明并解释了中国情境下关系成本对风险感知的影响大于绩效成本对风险感知的影响。然而，面对快速变化的环境，现实的企业若嵌入过深，则可能形成"嵌入惰性"（embeddedness inertia），从而丧失自主性与感知能力，或者即使感知到环境的变化，也由于过度嵌入而无法应对。

第三，制度环境与社会关系对供应链网络治理模式选择具有交互作用。突破以往研究采用的社会网络分析与制度分析方法，将供应链网络治理模式选择这一经济行为嵌入于制度环境与社会关系之中，研究二元逻辑视角下制度环境与社会关系对供应链网络治理模式选择的交互影响机理。研究表明，制度环境对社会关系的影响具有制约作用；社会关系对制度环境的影响具有消解作用；制度环境与社会关系对供应链网络治理模式选择具有交互作用。该结论证明了通过制度不断完善与成熟，可以降低政治关系的影响，并促进中国产业的网络化发展。

　　该结论可以从 North（1990）所提出的正式制度与非正式制度方面进行说明，正式制度与非正式制度对于企业战略行为的选择均具有重要的约束力量。然而，在正式制度缺失的情况下，非正式制度，特别是政治关系成为正式制度的重要补充。在中国转型期的制度环境下，政治关系对供应链网络治理模式的影响与规范制度的影响机制不同，但与强制制度对供应链网络治理模式的影响类似。本书认为可能的解释是：中国是讲求"关系"的社会，角色与利益之间具有极其微妙的联系，而政治关系中真正起作用的是供应链网络成员企业所享受的现行政治制度授予的权力。具体而言，企业面临各种制度环境所造成的交易成本与风险不确定性是企业战略选择的首要因素，这点符合交易成本理论，但在正式的规章制度缺乏的情况下，企业往往通过商业关系与政治关系等非正式制度途径，克服所面临的不确定性与信息不对称问题，这一点与 Peng（2003）的研究结果相一致。同时，依据"嵌入自主性"（embedded autonomy）的思想，本书认为：企业不应该仅嵌入于某社会关系之中，或完全依赖于社会关系能力，而是在社会关系与制度环境中保持适度嵌入与自主性选择能力。综上所述，制度环境对社会关系影响作用的制约，体现为制度环境影响企业与企业、企业与政府之间的关系；社会关系对制度环境影响作用的消解，体现为社会关系在制度环境薄弱环节可侵蚀制度环境，甚至将制度变为关系服务的工具，从而阻碍制度作用的正常发挥。

　　第四，产权性质与市场化程度可以缓解社会关系对供应链网络治理模式选择的影响作用。如前所述，社会关系是影响供应链网络治理模式选择的重要因素。特别是我国正处于转型期内，供应链网络成员企业通过社会关系获取更多信息，弥补制度不确定性与市场不确定性引致的风险，同时抑制合作企业的机会主义行为对交易成本的影响。由此可见，商业关系与政治关系既是协助供应链网络成员企业屏蔽外部不确定性风险的"保护伞"，又是协助供应链网络成员企业掌控机会主义行为发生的"透视镜"。

　　（1）供应链网络成员企业的产权性质不同，社会关系对其供应链网络治理模式选择行为的影响效果有所差异。在政府主导型经济中，国有企业对土地、能源、信贷、行政审批等重要资源分配使用具有绝对优势，而非国有企业具有先天的劣势，不可避免地会遭遇制度歧视。在正式制度不完善的环境中，"跑关系""拉人脉"无疑有助于非国有企业获得所需必要资源及市场合法性。可见，供应链网络成员企业的"社会地位"对其治理行为具有重要影响。减少政府干预、加强法律保护、改善政府服务，降低供应链网络成员企业的非生产性支出，是我国制度转型过程中的重要任务。

　　（2）供应链网络成员企业所属地区市场化进程不同，社会关系对其供应链网络治理模式选择行为的影响效果有所差异。转型经济是由政府主导型资源配置向市场主导型资源配置转化的过程。随着产品市场的发育、要素市场的发育、市场中介组织的发育及法规制度环境的完善，以中国传统文化的"礼尚往来"的情感或利益交换为纽带的商业关系与政治关系逐步效用弱化，甚至显现出固有的弊端。可见，法律法规、产业政策、行业制度等正式制度与商业关系、政治关系等非正式制度之间此消彼长，再次印证了进一步完善法律和产权制度，弱化社会关系效应的市场化改革的必要性。

10.2　主　要　贡　献

具体而言，本书对政府与企业具有以下实践指导作用。

第一，对政府管理实践的启示。从整个产业角度考虑，供应链网络治理模式的选择会影响整个产业结构，从而影响整个产业组织的演化趋势。我国正处于经济转轨时期，迫切需要通过网络化发展提升产业竞争力，然而我国很多产业现阶段难以形成企业网络，或已经形成的企业网络规模偏小，这主要是因为在中国企业之间是通过自发的人际关系或者通过行政手段"捏合"和"拉郎配"维持合作。因此，需要通过政府部门营造企业间的制度性信任，从信息、法律等多方面进行制度上的建设与创新，通过加大对机会主义行为的惩罚力度促进企业间合作。对于地方政府而言，应将培育社会资本、完善行业协会等作为重点工作，引导当地产业的网络化发展，带动本地产业结构调整与升级，最终达到区域经济发展的目的。

第二，对企业管理实践的启示。面对网络组织的负面效应及高失败率，中国企业迫切需要建立适应性的治理模式以减少运作风险。不同网络组织的成功与失败、优势与劣势、风险与绩效需要从治理的角度来思考网络组织中存在的问题与冲突。供应链网络作为企业间紧密型合作组织，社会关系能够促使成员企业进行合作，但由于社会关系对机会主义行为的约束是以"小圈子效应"为基础的，中国情境下的治理模式适应性研究，不仅有助于中国企业在合作竞争中实施有效的治理，充分利用资源，降低风险成本，提高竞争优势，而且可以保证中国企业网络组织的有效运作，加快组织网络化的进程。因此，对企业自身可持续发展具有科学依据与理论参考价值。

10.3　不　足　之　处

虽然通过研究得出了具有启发性的研究结论，并提炼出上述理论价值与实践贡献，但仍存在诸多不足之处，需要在未来的学术研究过程中克服，局限性主要体现在以下两个方面。

第一，调研方式的局限。重点针对制造行业进行调研与数据收集，包括汽车制造、家电生产、机械加工等产业，并尽量关注高技术产业，但样本的代表性更多地体现在少数行业，不具有广泛的适应性。本书曾采取参加行业博览会，并采用随机抽样方式进行数据收集，但并未达到预期效果。采用方便抽样方式，主要依托政府资源、学院资源［主要为 MBA 与 EMBA（executive master of business administration，高级管理人员工商管理硕士）学员］、校友资源、团队资源与个人关系等途径进行问卷发放与收集，数据来源集中于京津冀地区的相关组织，表现出一定的地域局限性，而且行业内大型企业的调研数据较少，从而使得数据对真实情况的反映受到局限。

第二，时间维度的局限。本书尝试性地提出了中国情境下供应链网络治理模式选择的概念性研究框架，并验证了研究假设。然而，供应链网络治理问题的高度复杂性及供应链网络结构的动态调整性，导致供应链网络本身表现为一种复杂的共生演化过程，而由于研究条件所限，仅采取了横切面的时间维度，具有一定的局限性，这也是目前因果关系研究的"通病"，未来研究过程中将采集不同时间点的变量数据进行纵贯性研究，进一步揭示变量之间的关系。

10.4　进一步研究建议

源于社会现实与理论逻辑的悖论，运用社会嵌入理论、制度基础理论、制度逻辑理论与经济学的交易成本理论、资源依赖理论进行对话，验证了政治逻辑（制度环境）、关系逻辑（社会关系）、二元逻辑（制度环境与社会关系）与三元逻辑（制度环境、社会关系与市场环境）等视角下供应链网络治理模式选择机制，获得了开拓性的研究成果，但仍需要进一步深入探索。

第一，效能机制研究。一项具有说服力的研究不仅要考察特定治理模式选用的前因（影响因素），还要考察其后果（效率、效益与效能），同时不能忽视中介变量、调节变量与控制变量的作用。因此，在未来研究中，以相关成果为基础，将权变理论融入分析框架，采用两阶段实证研究方法，在控制自选择偏差的基础上进一步探讨供应链网络治理模式的效能机制，从自变量与调节变量相匹配的"权变"视角来解释特定治理模式的有效性。

第二，组态效应研究。鉴于研究构思与研究目的，通过理论研究与实证研究分析并验证了制度环境、社会关系、二元逻辑与三元逻辑视角下供应链网络治理模式选择机制，然而，供应链网络治理模式选择是供应链网络成员企业对多个影响因素相互权衡的结果，多个影响因素之间甚至彼此之间发生"化学反应"。因此，有必要展开市场环境、制度环境与社会关系等供应链网络治理模式选择前因条件整体组态研究。

第三，演化机制研究。基于供应链网络具有稳定性的假设前提，采用横切面的研究方式，而实践中供应链网络的稳定性是相对的，动态性才是其常态特征。正如古希腊哲学家赫拉克利特所言"人不能两次踏入同一条河流，因为无论是这条河还是这个人都已经不同"。在内在因素与外在因素的作用下，作为一种"动态的网络组织"，供应链网络将在其演化过程中出现异变，从而对企业的决策管理模式与资源配置方式产生结构性的影响，引发治理模式的变化。因此，在供应链网络中关系生命周期的不同阶段，一般会存在某种主流的治理模式并扮演着主导角色。因此，有必要基于动态的研究视角，采用规范性研究方法，探究供应链网络在激烈竞争中的演变规律及适应性治理模式选择问题。

第四，全球机制研究。"一带一路"倡议正在推动经济全球化进入互利共赢的新阶段，而全球供应链正是引领全球化、提升竞争力的重要载体。习近平在十九大报告中强调"以'一带一路'建设为重点，形成面向全球的贸易、投融资、生产、服务网络"[①]，可见全球供应链的发展已上升为我国的国家战略。然而，跨国供应链运营将面临"外来者劣势"与"局外人劣势"，我国企业如何识别全球供应链战略选择的影响因素，如何通过全球供应链战略选择获取竞争优势成为理论界与实务界共同关注的问题。若采用本书所构建的多元制度逻辑理论模型，从多元制度逻辑理论解释范式探寻克服全球供应链竞争劣势的策略，可为我国企业的跨国供应链战略决策提供理论依据和经验证据。

---

①《习近平：决胜全面建成小康社会 夺取新时代中国特色社会主义伟大胜利——在中国共产党第十九次全国代表大会上的报告》，https://www.12371.cn/2017/10/27/ARTI1509103656574313.shtml[2021-11-11]。

附录一 文献分析

附表 1-1 网络治理的定义

作者	定义
Jones 等（1997）	关系治理定义为正式或非正式的组织和个体通过经济合约的联结与社会关系的嵌入所构成的以企业间的制度安排为核心的参与者间的关系安排
Kickert 等（1997）	网络治理应该包含三个基本要素：介入现有的关系形态、共识的建立及问题的解决
O'Toole（1997）	网络治理是重新构建网络关系，动员集体行动，达成横向多边的协调
Provan 和 Milward（2001）	网络治理是一种治理机制，网络中两个或两个以上的组织团体，自觉而相互依存地协作和相互合作，有效地提供一系列复杂的社会基础
de Bruijn 和 ten Heuvelhof（2002）	网络治理是目标导向之下解决问题的工具
Kettl（2002）	网络治理是政府横向协调服务与提供服务的非政府合作伙伴的整合，是在垂直治理中添加横向联系
Rethemeyer（2005）	将网络治理的定义归纳为三种模式，认为网络治理是对"物质—制度"资源和社会结构资源的利用
Agranoff（2007）	网络治理是对集体效率的弹性结构进行治理，治理者必须具备不同于单一组织治理的能力、技术和知识
Provan 和 Kenis（2008）	网络组织是各种具有特殊资源的自然组织形成的结构关系，这种结构是一种治理机制和途径，能够使得特殊资源发挥最大作用
全裕吉（2004）	网络治理是企业间各种关系安排方式和过程的总和，是协调企业之间相互冲突或不同利益且采取联合行动的持续过程
彭正银（2009）	网络治理是指通过合理的治理结构，运用信任、激励、共享等有效的治理机制，对网络节点及节点间的关系进行协调、整合，保证网络价值的最大化与各节点价值增值的实现

注：根据现有研究成果整理

附录二　访谈调查

附表 2-1　访谈提纲

编号	内容
1	请您介绍贵公司概况，包括发展历史（何时、何地起家？为什么在本地发展？）及现状（产量？员工数量？主要产品？）
2	请您介绍在贵公司的生产环节中，哪些是市场购买？哪些外包？哪些是自己生产？为什么做出这样的选择
3	请您介绍当地的产业网络对贵公司发展的作用。举例说明
4	请您介绍贵公司在当地同类产业中所处的水平，是否利用了产业网络？如果是，主要利用了哪些产业网络
5	请您介绍贵公司的创业历程，包括创业过程中，社会关系是否起到作用？如果是，请说明是哪些关系？现在是否仍保持这种关系？这种关系对贵公司有什么作用
6	请您介绍贵公司管理者与客户公司、供应公司、竞争对手之间的个人关系如何？这种关系对贵公司有什么作用
7	请您介绍贵公司在发展过程中，管理者与政府部门、工商机构、税务机构、银行机构之间的沟通多少，这种沟通对贵公司有什么作用
8	请您介绍贵公司在实际运营过程中是否受到宏观经济环境、产业政策的影响（引导性提问：当地政府机关的政策法规、政府部门限制、政府部门保护主义、财政政策条款等）？是否是贵公司战略选择的重要因素
9	请您介绍贵公司在与供应公司合作过程中，与其他公司相比是否受到供应公司的不公正待遇？是否受供应公司的文化限制？是否受到行业产品标准的影响？这些影响是否是贵公司战略选择过程中考虑的重要因素
10	请您介绍贵公司在与供应公司合作过程中，是否受到行业产品标准的影响？是否通过这种供应链网络获得社会资产与无形资产？是否通过供应链网络克服以往的陈旧观念？这些是否对贵公司的战略选择产生影响
11	请您介绍贵公司在投资方面是否具有模仿意愿？是否愿意通过经验学习来解决实际存在的问题？这些是否对贵公司的战略选择产生影响
12	请您评价贵公司在当地做企业的优势与劣势

注：根据实际访谈调查情况整理

附表 2-2　案例企业名录

序号	案例编号	姓名	职位	企业名称
1	京_TY_L1	罗先生	总经理	TY 电力设备有限公司
2	京_SR_L1	缪先生	董事长	SR 实验设备有限公司
3	京_AH_G2	耿女士	总经理	AH 光电仪器有限责任公司

续表

序号	案例编号	姓名	职位	企业名称
4	津_JS_L1	李先生	董事长兼总经理	JS 冶金设备有限公司
5	津_TY_D2	段女士	办事处总经理	TY 设备制造有限公司
6	津_KC_X1	徐先生	总经理	KC 电控设备集团有限公司
7	津_JA_Z1	张先生	总经理	JA 精密机械制造有限公司
8	津_AX_W1	王先生	总经理	AX 汽车零部件有限公司
9	津_LM_Y1	应先生	董事长	LM 电动车制造有限公司
10	津_ZR_S1	沈先生	总经理	ZR 船舶燃料有限公司
11	津_DC_C1	陈先生	总经理	DC 重型机床有限公司
12	津_OT_M1	马先生	总经理	OT 电动车有限公司
13	冀_TD_Y1	余先生	总经理	TD 机械设备有限公司
14	冀_XG_L1	李先生	总经理	XG 古典家具有限公司
15	冀_BD_W1	王先生	总经理	BD 家具制造公司
16	冀_JS_D1	党先生	副总经理	JS 冶金设备有限公司
17	冀_FLK_Z2	朱女士	营销部总经理	FLK 电气设备有限公司
18	冀_FT_Y1	姚先生	董事长	FT 自行车有限公司
19	冀_SDD_Y1	杨先生	总经理	SDD 不锈钢器材有限公司
20	冀_FL_Y1	于先生	董事长	FL 建筑设备工程有限公司
21	浙_HK_Y1	闫先生	董事长	HK 电子仪器有限公司
22	浙_ZB_W1	王先生	总经理	ZB 电动车有限公司
23	浙_GR_S1	尚先生	总经理	GR 通风设备有限公司
24	浙_SP_L1	李先生	董事长	SP 模具有限公司
25	苏_JNH_Y1	姚先生	董事长	JNH 科技有限公司
26	苏_WY_L1	梁先生	采购总经理	WY 仪表制造有限公司
27	苏_AZ_D2	董女士	副董事长	AZ 电子设备制造有限公司

注：案例编号规则为省（直辖市）简称_企业英文缩写_受访人姓氏（首字母）性别（男 1，女 2）

附录三　调 查 问 卷

尊敬的女士/先生：您好！

感谢您参与问卷调研，本调查是一项关于供应链网络治理模式选择的专题研究，旨在探究供应链网络治理模式选择的影响因素及其作用机理。研究成果将有助于处于中国情境下的企业选择效率边界，有效利用资源、规避风险；有助于政府引导企业网络化发展，带动区域产业结构性调整与升级。问卷采用匿名制，仅作学术研究之用，我们郑重承诺对所有信息给予严格保密，不会对您个人或单位造成任何影响，请您放心作答。

本调查的可信度取决于您对问题的客观回答，请在填写此问卷时，细心阅读各项问题，真实地表达您的想法。衷心感谢您的配合与支持，祝工作顺利，顺颂商祺。

河北工业大学经济管理学院

调查问卷填写说明

1. 调查问卷中各题项均为贵公司与行业平均水平或主要竞争对手相比较而得，您对题目选项的选择无对错之分，请表达您的真实想法。

2. 供应链网络是指贵公司与供应公司的联系网络，贵公司的供应公司可能不止一个，请您针对最重要的供应公司回答问题。

3. 调查问卷中各题项的评价与判断标准如下：1 表示极不同意（极不符合），5 表示完全同意（非常符合），2～4 表示程度逐渐增强，请您在最符合的数字上打钩或画圈（单选）。

第一部分　背 景 信 息

1. 贵公司所在城市：所属行业：
2. 您在贵公司的职位：□高层管理者　□中层管理者　□基层管理者　□普通员工
3. 贵公司所属性质：□国有企业　□国有控股　□合资企业　□民营企业□其他

4. 贵公司对产品核心配件的治理模式选择：

□市场购买　□单边协议　□双边协议　□单方持股　□相互持股　□合资
□制造

5. 贵公司的供应公司所在城市：

6. 贵公司的供应公司所属性质：□国有企业　□国有控股　□合资企业
□民营企业　□其他

7. 贵公司与供应公司的实力差距：□实力相当　□一定差距　□差距悬殊

8. 贵公司与供应公司的单项交易额：□单项交易额小　□单项交易额中
□单项交易额大

9. 贵公司与供应公司的总交易规模：□总交易规模小　□总交易规模中
□总交易规模大

10. 贵公司与供应公司的关系建立时间：终止时间（预期或实际发生）：

第二部分　经济属性调查

题号	题项	极不符合	不太符合	有点符合	比较符合	非常符合
AS1	贵公司需要投入大量资金购买设备、厂房等	[1]	[2]	[3]	[4]	[5]
AS2	贵公司需要投入大量人力与时间进行人员培训	[1]	[2]	[3]	[4]	[5]
AS3	贵公司需要调整或改变业务流程	[1]	[2]	[3]	[4]	[5]
AS4	贵公司所需产品的投入资产难以具有其他用途	[1]	[2]	[3]	[4]	[5]
AS5	贵公司所需产品的投入资产难以回收再利用	[1]	[2]	[3]	[4]	[5]
RD1	贵公司对供应公司的产品具有依赖性	[1]	[2]	[3]	[4]	[5]
RD2	贵公司在业务流程方面对供应公司具有依赖性	[1]	[2]	[3]	[4]	[5]
RD3	供应公司的产品在市场上占有率较高	[1]	[2]	[3]	[4]	[5]

第三部分　供应链网络治理模式调查

题号	题项	极不符合	不太符合	有点符合	比较符合	非常符合
IGM1	贵公司在共同所有权支配下自制所需产品	[1]	[2]	[3]	[4]	[5]
IGM2	贵公司与供应公司组建了独立的合资公司	[1]	[2]	[3]	[4]	[5]
IGM3	贵公司与供应公司相互持有对方部分股份	[1]	[2]	[3]	[4]	[5]
IGM4	贵公司单方持有供应企业的部分股份	[1]	[2]	[3]	[4]	[5]
NGM1	贵公司与供应公司共同投入重要资源，并采用合约形式开展合作	[1]	[2]	[3]	[4]	[5]
NGM2	供应公司提供所需关键技术或资源，并采用合约形式开展合作	[1]	[2]	[3]	[4]	[5]
NGM3	贵公司通过市场采购的方式获取所需产品	[1]	[2]	[3]	[4]	[5]

第四部分 制度环境调查

题号	题项	极不符合	不太符合	有点符合	比较符合	非常符合
MI1	贵公司所在地的司法系统能够有效保证商业合同的履行	[1]	[2]	[3]	[4]	[5]
MI2	贵公司所在地的公民愿意通过法律途径解决纠纷	[1]	[2]	[3]	[4]	[5]
MI3	贵公司所在地的企业能够随时提起独立、公正的法院诉讼	[1]	[2]	[3]	[4]	[5]
MI4	贵公司所在地的法律法规执行程度高	[1]	[2]	[3]	[4]	[5]
MI5	贵公司所在地的政府及相关机构办事效率高	[1]	[2]	[3]	[4]	[5]
MI6	贵公司所在地的政府干预本地企业经营	[1]	[2]	[3]	[4]	[5]
RI1	贵公司与其他公司相比受供应公司不公正待遇	[1]	[2]	[3]	[4]	[5]
RI2	贵公司与其他公司相比受供应公司的文化限制	[1]	[2]	[3]	[4]	[5]
RI3	贵公司受到行业协会的行业规则的影响	[1]	[2]	[3]	[4]	[5]
RI4	贵公司的发展受到行业产品标准的影响	[1]	[2]	[3]	[4]	[5]
RI5	贵公司的经济行为符合社会价值观念与期望	[1]	[2]	[3]	[4]	[5]
RI6	贵公司的经营方式遵循行业内制约规则	[1]	[2]	[3]	[4]	[5]

第五部分 社会关系调查

题号	题项	极不符合	不太符合	有点符合	比较符合	非常符合
BT1	贵公司领导层与客户公司的私人关系非常好	[1]	[2]	[3]	[4]	[5]
BT2	贵公司领导层与供应企业的私人关系非常好	[1]	[2]	[3]	[4]	[5]
BT3	贵公司领导层与竞争企业的私人关系非常好	[1]	[2]	[3]	[4]	[5]
PT1	贵公司领导层与政府部门的私人关系非常好	[1]	[2]	[3]	[4]	[5]
PT2	贵公司领导层与工商机构的私人关系非常好	[1]	[2]	[3]	[4]	[5]
PT3	贵公司领导层与税务机构的私人关系非常好	[1]	[2]	[3]	[4]	[5]
PT4	贵公司领导层与国有银行的私人关系非常好	[1]	[2]	[3]	[4]	[5]

第六部分 风险感知调查

题号	题项	极不符合	不太符合	有点符合	比较符合	非常符合
RRP1	贵公司不熟悉供应公司的生产能力与管理能力	[1]	[2]	[3]	[4]	[5]
RRP2	贵公司与供应公司之间缺乏统一软硬件系统	[1]	[2]	[3]	[4]	[5]

续表

题号	题项	极不符合	不太符合	有点符合	比较符合	非常符合
RRP3	贵公司与供应公司之间无法进行有效信息沟通	[1]	[2]	[3]	[4]	[5]
RRP4	贵公司与供应公司难以实现联合开发新产品	[1]	[2]	[3]	[4]	[5]
RRP5	贵公司与供应公司习惯于独自完成研发项目	[1]	[2]	[3]	[4]	[5]
RRP6	贵公司与供应公司合作中无法保证人员稳定性	[1]	[2]	[3]	[4]	[5]
PRP1	贵公司与供应公司没有签订长期供货合同	[1]	[2]	[3]	[4]	[5]
PRP2	贵公司不信任供应公司的生产能力与管理能力	[1]	[2]	[3]	[4]	[5]
PRP3	供应公司缺乏动力参与贵公司新产品开发	[1]	[2]	[3]	[4]	[5]
PRP4	供应公司担心最终收益小于付出而不愿合作	[1]	[2]	[3]	[4]	[5]
PRP5	供应公司担心透露自身成本信息而不愿合作	[1]	[2]	[3]	[4]	[5]

贵公司名称：　　　　　　　　　　　　　　　（选填，可填写简称）

　　问卷完毕！再次感谢您的支持与配合！祝您工作愉快！研究结束后，如果您希望获取此研究报告，我们会将研究结果发送至您的邮箱＿＿＿＿＿＿＿＿＿＿。

附录四 数据分析

附表 4-1 预调查各题项的描述性统计结果

题项	样本量 N	最小值 Min	最大值 Max	均值 M	标准差 SD	偏度 D	峰度 K
AS1	36	1.00	5.00	3.23	1.021	−0.166	−0.880
AS2	36	1.00	5.00	3.33	1.055	−0.044	−1.033
AS3	36	1.00	5.00	3.07	1.182	−0.136	−0.855
AS4	36	1.00	5.00	2.67	1.081	0.493	−0.365
AS5	36	1.00	5.00	2.58	1.040	0.403	−0.670
AS6	36	1.00	5.00	2.88	1.154	0.414	−0.659
AS7	36	1.00	5.00	3.64	0.918	−0.439	−0.060
RD1	36	1.00	5.00	3.37	1.124	−0.298	−0.892
RD2	36	1.00	5.00	2.66	1.057	0.080	−1.044
RD3	36	1.00	5.00	2.67	1.143	0.338	−0.879
GM1	36	1.00	5.00	3.48	0.852	−0.836	0.730
GM2	36	1.00	5.00	3.36	0.933	−0.778	0.017
GM3	36	1.00	5.00	3.51	0.884	−0.332	−0.062
GM4	36	1.00	5.00	3.01	0.935	0.077	−1.182
GM5	36	1.00	5.00	2.36	1.183	0.872	−0.012
GM6	36	1.00	5.00	2.47	1.068	0.373	−0.900
GM7	36	1.00	5.00	2.68	0.998	0.676	−0.227
RP1	36	1.00	5.00	2.45	1.014	0.380	−0.664
RP2	36	1.00	5.00	2.32	0.941	0.659	0.025
RP3	36	1.00	5.00	2.68	0.984	−0.042	−0.697
RP4	36	1.00	5.00	2.81	1.009	0.482	−0.300
RP5	36	1.00	5.00	2.85	0.892	0.184	−0.352
RP6	36	1.00	5.00	2.73	1.017	0.498	−0.391
RP7	36	1.00	5.00	3.58	0.942	−0.378	0.175
RP8	36	1.00	5.00	2.52	1.069	0.366	−0.701
RP9	36	1.00	5.00	2.33	0.944	0.717	0.034
RP10	36	1.00	5.00	2.33	0.898	0.711	0.301
RP11	36	1.00	5.00	2.42	1.026	0.724	0.075

续表

题项	样本量 N	最小值 Min	最大值 Max	均值 M	标准差 SD	偏度 D	峰度 K
RP12	36	1.00	5.00	2.36	1.059	0.823	0.063
RP13	36	1.00	5.00	3.25	0.894	−0.273	−0.148
SR1	36	2.00	5.00	3.59	0.910	−0.215	−0.695
SR2	36	1.00	5.00	3.45	0.867	−0.375	−0.065
SR3	36	1.00	5.00	3.05	0.998	0.404	−0.691
SR4	36	1.00	5.00	3.45	0.883	−0.411	−0.168
SR5	36	1.00	5.00	3.33	0.958	−0.321	−0.402
SR6	36	1.00	5.00	3.27	0.976	−0.213	−0.564
SR7	36	1.00	5.00	3.29	1.047	0.064	−0.978
IE1	36	2.00	5.00	4.38	0.757	−0.974	0.153
IE2	36	1.00	5.00	3.27	1.044	−0.201	−0.618
IE3	36	1.00	5.00	2.92	1.115	0.104	−0.729
IE4	36	1.00	5.00	2.67	1.106	0.564	−0.585
IE5	36	1.00	5.00	2.86	1.084	−0.056	−0.882
IE6	36	1.00	5.00	2.78	1.133	0.153	−0.725
IE7	36	1.00	5.00	2.55	1.041	0.476	−0.636
IE8	36	1.00	5.00	2.68	1.079	0.324	−0.538
IE9	36	1.00	5.00	3.25	1.064	−0.230	−0.551
IE10	36	2.00	5.00	3.99	0.808	−0.137	−1.049
IE11	36	1.00	5.00	3.60	0.924	−0.419	−0.144
IE12	36	1.00	5.00	3.45	0.834	−0.435	0.131
IE13	36	1.00	5.00	3.22	0.961	−0.169	−0.583
CT	36	1	17	7.39	4.012	−0.350	−1.496
ST	36	3.70	30.00	9.283	3.810	−0.347	−0.955
TT	36	28.93	827.74	27.321	6.129	−0.175	−0.496

注：根据预调查各题项的描述性统计结果整理

附表 4-2　量表项目分析摘要表

项目	题项	决断值 CR	积差相关系数	题项	决断值 CR	积差相关系数
治理模式量表	GM1	2.732*	0.495**	GM5	4.563**	0.562**
	GM2	4.562**	0.563**	GM6	3.657**	0.307**
	GM3	3.783**	0.682**	GM7	6.723**	0.685**
	GM4	4.068**	0.678**			

续表

项目	题项	决断值 CR	积差相关系数	题项	决断值 CR	积差相关系数
社会关系量表	SR1	5.608***	0.703**	SR5	6.891***	0.856**
	SR2	5.114***	0.781**	SR6	5.234***	0.773**
	SR3	7.381***	0.719**	SR7	8.515***	0.888**
	SR4	8.819***	0.912**			
制度环境量表	IE1	7.923***	0.478**	IE8	3.010***	0.826**
	IE2	7.977***	0.403**	IE9	4.900***	0.515**
	IE3	6.825***	0.375**	IE10	3.982***	0.483**
	IE4	9.292***	0.319**	IE11	6.320***	0.787**
	IE5	9.037***	0.470**	IE12	4.572***	0.482**
	IE6	7.581***	0.628**	IE13	4.711***	0.576**
	IE7	−0.498	0.027			
风险感知量表	RP1	10.369***	0.822**	RP8	14.931***	0.829**
	RP2	13.044***	0.809**	RP9	16.507***	0.862**
	RP3	7.461***	0.683**	RP10	14.994***	0.873**
	RP4	7.631***	0.672**	RP11	16.227***	0.850**
	RP5	7.039***	0.750**	RP12	8.122***	0.748**
	RP6	−0.432	−0.063	RP13	9.635***	0.693**
	RP7	8.543***	0.736**			

***$p<0.001$；**$p<0.01$；*$p<0.1$

附表 4-3 取样适宜性与巴特利特球形检验结果

量表	判别指标		指标值	备注
治理模式	Kaiser-Meyer-Olkin	取样适宜性值	0.728	比较适合
	巴特利特球形检验	近似 χ^2 值	227.330	适合
	自由度		21	
	显著性		0.000	
社会关系	Kaiser-Meyer-Olkin	取样适宜性值	0.875	适合
	巴特利特球形检验	近似 χ^2 值	380.139	适合
	自由度		21	
	显著性		0.000	
制度环境	Kaiser-Meyer-Olkin	取样适宜性值	0.812	适合
	巴特利特球形检验	近似 χ^2 值	365.004	适合
	自由度		66	
	显著性		0.000	

续表

量表	判别指标		指标值	备注
风险感知	Kaiser-Meyer-Olkin	取样适宜性值	0.860	适合
	巴特利特球形检验	近似 χ^2 值	516.820	适合
	自由度		66	
	显著性		0.000	

注：根据取样适宜性与巴特利特球形检验结果整理

附表 4-4　正式调查各题项的描述性统计结果

题项	样本量 N	最小值 Min	最大值 Max	均值 M	标准差 SD	偏度 D	峰度 K
AS1	117	1	5	3.86	0.820	−0.625	0.470
AS2	117	1	5	3.75	0.809	−0.363	−0.056
AS3	117	1	5	3.77	0.880	−0.826	0.846
AS4	117	1	5	3.59	0.943	−0.461	−0.036
AS5	117	1	5	3.57	0.945	−0.716	0.314
RD1	117	1	5	3.65	0.925	−0.650	0.386
RD2	117	1	5	3.46	0.961	−0.728	0.441
RD3	117	1	5	3.41	0.919	−0.557	0.400
IGM1	117	1	5	3.75	0.763	−0.386	0.203
IGM2	117	1	5	3.62	0.755	0.020	−0.384
IGM3	117	1	5	3.61	0.765	−0.092	−0.104
IGM4	117	1	5	3.73	0.861	−0.664	0.474
NGM1	117	1	5	3.65	0.849	−0.581	0.810
NGM2	117	1	5	3.54	0.857	−0.710	1.125
NGM3	117	1	5	3.36	0.952	−0.421	−0.271
BT1	117	1	5	3.82	0.718	−0.460	0.911
BT2	117	1	5	3.65	0.771	−0.377	0.759
BT3	117	1	5	3.66	0.776	−0.350	0.050
PT1	117	1	5	3.75	0.809	−0.438	0.410
PT2	117	1	5	3.74	0.781	−0.674	1.116
PT3	117	1	5	3.74	0.804	−0.437	0.248
PT4	117	1	5	3.73	0.801	−0.366	−0.014
MI1	117	1	5	4.01	0.747	−0.583	0.619
MI2	117	1	5	3.66	0.797	−0.336	0.143
MI3	117	1	5	3.46	0.825	−0.793	0.876

续表

题项	样本量 N	最小值 Min	最大值 Max	均值 M	标准差 SD	偏度 D	峰度 K
MI4	117	1	5	3.66	0.927	−0.804	0.486
MI5	117	1	5	3.65	0.836	−0.826	1.114
MI6	117	1	5	3.65	0.847	−0.888	1.207
RI1	117	1	5	3.69	0.983	−0.823	0.536
RI2	117	1	5	3.60	0.925	−0.733	0.530
RI3	117	1	5	3.84	0.821	−0.700	0.935
RI4	117	1	5	3.95	0.662	−0.354	0.414
RI5	117	1	5	3.64	0.692	0.136	−0.363
RI6	117	1	5	3.74	0.736	−0.333	0.267
RRP1	117	1	5	3.36	1.042	−0.564	−0.119
RRP2	117	2	5	3.37	1.116	−0.477	−0.502
RRP3	117	2	5	3.37	1.046	−0.412	−0.298
RRP4	117	1	5	3.44	1.045	−0.311	−0.326
RRP5	117	1	5	3.65	1.024	−0.522	−0.384
RRP6	117	1	5	3.74	1.087	−0.581	−0.500
PRP1	117	1	5	3.62	1.049	−0.754	0.226
PRP2	117	2	5	3.42	0.987	−0.375	−0.324
PRP3	117	1	5	3.52	1.017	−0.433	−0.246
PRP4	117	1	5	3.47	1.112	−0.478	−0.501
PRP5	117	1	5	3.50	1.061	−0.337	−0.586

注：根据正式调查各题项的描述性统计结果整理

附表 4-5　多重比较 Scheffe 分析结果——合作时间、单项交易额与总交易规模

项目	（I）合作时间	（J）合作时间	均值比较（I-J）	标准差	显著性
治理模式	组别 1	组别 2	0.118 77	0.097 90	0.482
		组别 3	0.095 81*	0.090 67	0.573
	组别 2	组别 1	−0.118 77	0.097 90	0.418
		组别 3	−0.022 96*	0.097 71	0.973
	组别 3	组别 1	−0.095 81*	0.090 67	0.573
		组别 2	0.022 96*	0.097 71	0.973

项目	（I）单项交易额	（J）单项交易额	均值比较（I-J）	标准差	显著性
治理模式	组别 1	组别 2	0.143 54	0.110 78	0.433
		组别 3	0.267 59*	0.102 59	0.035

续表

项目	(I) 单项交易额	(J) 单项交易额	均值比较（I-J）	标准差	显著性
治理模式	组别2	组别1	−0.143 54	0.110 78	0.433
	组别2	组别3	0.124 05*	0.110 56	0.534
	组别3	组别1	−0.267 59*	0.102 59	0.035
	组别3	组别2	−0.124 05*	0.110 56	0.534

项目	(I) 总交易规模	(J) 总交易规模	均值比较（I-J）	标准差	显著性
治理模式	组别1	组别2	0.111 23	0.065 00	0.233
	组别1	组别3	0.036 55*	0.060 20	0.832
	组别2	组别1	−0.111 23	0.065 00	0.233
	组别2	组别3	−0.074 68*	0.064 88	0.516
	组别3	组别1	−0.036 55*	0.060 20	0.832
	组别3	组别2	0.074 68*	0.064 88	0.516

注：根据差异性分析结果整理

$*p < 0.1$

附表 4-6　多重比较 Scheffe 分析结果——资产专用性与资源依赖性

项目	(I) 资产专用性	(J) 资产专用性	均值比较（I-J）	标准差	显著性
治理模式	组别1	组别2	0.337 97*	0.110 98	0.338*
	组别1	组别3	0.202 86*	0.114 68	0.203
	组别1	组别4	−0.337 97	0.110 98	−0.338*
	组别2	组别1	−0.135 11	0.100 74	−0.135
	组别2	组别3	−0.202 86*	0.114 68	−0.203
	组别2	组别4	0.135 11	0.100 74	0.135
	组别3	组别1	0.137 99	0.065 17	0.108
	组别3	组别2	0.050 20*	0.067 35	0.758
	组别3	组别4	−0.137 99	0.065 17	0.108
	组别4	组别1	−0.087 79	0.059 16	0.334
	组别4	组别2	−0.050 20*	0.067 35	0.758
	组别4	组别3	0.087 79*	0.059 16	0.334

项目	(I) 资源依赖性	(J) 资源依赖性	均值比较（I-J）	标准差	显著性
治理模式	组别1	组别2	0.198 84	0.098 05	0.130
	组别1	组别3	0.081 18	0.101 32	0.726
	组别1	组别4	−0.198 84*	0.098 05	0.130
	组别2	组别1	−0.117 66	0.089 00	0.418

续表

项目	（I）资源依赖性	（J）资源依赖性	均值比较（I-J）	标准差	显著性
治理模式	组别2	组别3	−0.081 18	0.101 32	0.726
		组别4	0.117 66*	0.089 00	0.418
	组别3	组别1	0.144 74	0.061 93	0.067
		组别2	0.110 59	0.064 24	0.229
		组别4	−0.144 74*	0.061 93	0.067
	组别4	组别1	−0.034 15*	0.061 93	0.859
		组别2	−0.110 59*	0.064 24	0.229
		组别3	0.034 15*	0.061 93	0.859

注：根据差异性分析结果整理

*$p < 0.1$

参 考 文 献

蔡庆丰，田霖. 2019. 产业政策与企业跨行业并购：市场导向还是政策套利[J]. 中国工业经济，
（1）：81-99.

陈国权，李赞斌. 2002. 学习型组织中的"学习主体"类型与案例研究[J]. 管理科学学报，（4）：
51-60，67.

陈仕华，李维安. 2011. 公司治理的社会嵌入性：理论框架及嵌入机制[J]. 中国工业经济，（6）：
99-108.

陈维政，任晗. 2015. 人情关系和社会交换关系的比较分析与管理策略研究[J]. 管理学报，12（6）：
789-798.

陈晓萍，徐淑英，樊景立. 2008. 组织与管理研究的实证方法[M]. 北京：北京大学出版社.

陈宗胜. 1999. 中国经济体制市场化进程研究[M]. 上海：上海人民出版社.

迪曲奇 M. 2000. 交易成本经济学——关于公司的新的经济意义[M]. 王铁生，葛立成，译. 北京：
经济科学出版社.

杜运周，尤树洋. 2013. 制度逻辑与制度多元性研究前沿探析与未来研究展望[J]. 外国经济与管
理，35（12）：2-10，30.

多西 C，弗里曼 C，纳尔逊 R，等. 1992. 技术进步与经济理论[M]. 钟学义，沈利生，陈平，等
译. 北京：经济科学出版社.

樊纲，王小鲁，张立文，等. 2003. 中国各地区市场化相对进程报告[J]. 经济研究，（3）：9-18，89.

方军雄. 2006. 市场化进程与资本配置效率的改善[J]. 经济研究，（5）：50-61.

费方域. 1996. 什么是公司治理?[J]. 上海经济研究，（5）：36-39.

冯华，聂蕾，施雨玲. 2020. 供应链治理机制与供应链绩效之间的相互作用关系——基于信息共
享的中介效应和信息技术水平的调节效应[J]. 中国管理科学，28（2）：104-114.

郭重庆. 2008. 中国管理学界的社会责任与历史使命[J]. 管理学报，（3）：320-322.

国家计委市场与价格研究所课题组. 1996. 我国经济市场化程度的判断[J]. 宏观经济管理，（2）：
20-23.

侯杰泰，温忠麟，成子娟. 2004. 结构方程模型及其应用[M]. 北京：教育科学出版社.

黄芳铭. 2005. 结构方程模式：理论与应用[M]. 北京：中国税务出版社.

黄光国. 2006. 儒家关系主义：文化反思与典范重建[M]. 北京：北京大学出版社.

黄光国，罗家德，吕力. 2014. 中国本土管理研究的几个关键问题——对黄光国、罗家德的访谈[J].
管理学报，11（10）：1436-1444.

贾旭东，衡量. 2016. 基于"扎根精神"的中国本土管理理论构建范式初探[J]. 管理学报，13（3）：
336-346.

贾旭东，衡量. 2020. 扎根理论的"丛林"、过往与进路[J]. 科研管理，41（5）：151-163.

贾旭东，谭新辉. 2010. 经典扎根理论及其精神对中国管理研究的现实价值[J]. 管理学报，7（5）：

656-665.

康凯, 张敬, 张志颖, 等. 2015. 关系嵌入与风险感知对网络组织治理模式选择的影响研究[J]. 预测, 34 (2): 54-59.

克雷斯威尔 J W. 2007. 研究设计与写作指导: 定性, 定量与混合研究的路径[M]. 崔延强, 译. 重庆: 重庆大学出版社.

冷志杰, 谢如鹤. 2016. 基于粮食处理中心讨价还价博弈模型的原粮供应链治理模式[J]. 中国流通经济, 30 (5): 36-43.

李怀祖. 2004. 管理研究方法论, 2 版[M]. 西安: 西安交通大学出版社.

李维安. 2003. 网络组织: 组织发展新趋势[M]. 北京: 经济科学出版社.

李维安, 李勇建, 石丹. 2016. 供应链治理理论研究: 概念、内涵与规范性分析框架[J]. 南开管理评论, 19 (1): 4-15, 42.

李维安, 林润辉, 范建红. 2014. 网络治理研究前沿与述评[J]. 南开管理评论, 17 (5): 42-53.

李维安, 邱艾超, 古志辉. 2010. 双重公司治理环境、政治联系偏好与公司绩效——基于中国民营上市公司治理转型的研究[J]. 中国工业经济, (6): 85-95.

李维安, 吴先明. 2002. 中外合资企业母公司主导型公司治理模式探析[J]. 世界经济与政治, (5): 52-56.

李维安, 周建. 2005. 网络治理: 内涵、结构、机制与价值创造[J]. 天津社会科学, (5): 59-63.

李雪灵, 蔡莉, 龙玉洁, 等. 2018. 制度环境对企业关系构建的影响: 基于中国转型情境的实证研究[J]. 南开管理评论, 21 (5): 41-50, 72.

林海芬, 苏敬勤. 2017. 中国企业管理情境的形成根源、构成及内化机理[J]. 管理学报, 14 (2): 159-167.

林毅夫, 李周. 1997. 现代企业制度的内涵与国有企业改革方向[J]. 经济研究, (3): 3-10.

林毅夫, 刘明兴, 章奇. 2004. 政策性负担与企业的预算软约束: 来自中国的实证研究[J]. 管理世界, (8): 81-89, 127.

刘世定. 1999. 嵌入性与关系合同[J]. 社会学研究, (4): 77-90.

刘益, 李垣, 杜旖丁. 2003. 基于资源风险的战略联盟结构模式选择[J]. 管理科学学报, (4): 34-42.

罗党论, 唐清泉. 2009. 中国民营上市公司制度环境与绩效问题研究[J]. 经济研究, 44 (2): 106-118.

马国勇, 石春生. 2013. 合作关系、吸收能力对合作风险的作用——基于竞争企业间 R&D 合作的实证研究[J]. 预测, 32 (2): 36-41, 48.

马庆国. 2008. 管理科学研究方法[M]. 北京: 高等教育出版社.

纽曼 L. 2007. 社会研究方法——定性和定量的取向[M]. 5 版. 郝大海, 译. 北京: 中国人民大学出版社.

彭维刚. 2018. 制度转型、企业成长和制度基础观[J]. 管理学季刊, (1): 1-19.

彭正银. 2003. 网络治理: 理论与模式研究[M]. 北京: 经济科学出版社.

彭正银. 2009. 企业网络组织的异变与治理模式的适应性研究[M]. 北京: 经济科学出版社.

邱皓政, 林碧芳. 2009. 结构方程模型的原理与应用[M]. 北京: 中国轻工业出版社.

全裕吉. 2004. 从科层治理到网络治理: 治理理论完整框架探寻[J]. 现代财经: 天津财经学院学报, 24 (8): 44-47.

冉佳森，谢康，肖静华. 2015. 信息技术如何实现契约治理与关系治理的平衡——基于 D 公司供应链治理案例[J]. 管理学报，12（3）：458-468.

荣泰生. 2005. 企业研究方法[M]. 北京：中国税务出版社.

孙国强. 2005. 网络组织治理机制论[M]. 北京：中国科学技术出版社.

孙国强，石海瑞. 2009. 网络组织负效应理论研究进展[J]. 未来与发展，30（11）：31-34.

王长峰. 2016. 供应链网络视角下知识转移与企业合作创新研究评述与展望[J]. 现代管理科学，（2）：42-44.

王磊，张华勇. 2015. 市场化与资源配置效率[J]. 现代管理科学，（6）：91-93.

王璐，高鹏. 2010. 扎根理论及其在管理学研究中的应用问题探讨[J]. 外国经济与管理，32（12）：10-18.

王小鲁，樊纲，余静文. 2017. 中国分省份市场化指数报告（2016）[M]. 北京：社会科学文献出版社.

王晓文，田新，李凯. 2009. 供应链治理结构的影响因素分析——基于集中式外卖模式的案例研究[J]. 软科学，23（7）：46-50，56.

王益民. 2009. 基于跨学科特质的战略管理研究方法论演化及其本土意义[J]. 浙江社会科学，（2）：15-21，7，125.

王影，张纯. 2017. 供应链治理模式及其演化[J]. 中国流通经济，31（2）：64-72.

威廉森 O E. 2001. 治理机制[M]. 王健，方世建，译. 北京：中国社会科学出版社.

吴波，贾生华. 2006. 企业间合作治理模式选择及其绩效研究述评[J]. 软科学，（5）：20-24.

吴敬琏. 1994. 论现代企业制度[J]. 财经研究，（2）：3-13.

吴明隆. 2010. 结构方程模型：AMOS 的操作与应用[M]. 重庆：重庆大学出版社.

吴绍棠，李燕萍. 2014. 企业的联盟网络多元性有利于合作创新吗——一个有调节的中介效应模型[J]. 南开管理评论，17（3）：152-160.

徐淑英，刘忠明. 2004. 中国企业管理的前沿研究[M]. 北京：北京大学出版社.

徐细雄，刘星. 2013. 放权改革、薪酬管制与企业高管腐败[J]. 管理世界，（3）：119-132.

杨国枢，文崇一，吴聪贤，等. 2006. 社会及行为科学研究法（上）[M]. 重庆：重庆大学出版社.

杨瑞龙，冯健. 2003. 企业间网络的效率边界：经济组织逻辑的重新审视[J]. 中国工业经济，（11）：5-13.

杨书燕，吴小节，汪秀琼. 2017. 制度逻辑研究的文献计量分析[J]. 管理评论，29（3）：90-109.

曾萍，邓腾智，宋铁波. 2013. 制度环境、核心能力与中国民营企业成长[J]. 管理学报，10（5）：663-670.

张春霖. 2002. 公司治理改革的国际趋势[J]. 世界经济与政治，（5）：40-45.

张敬，康凯，魏旭光，等. 2020. 制度环境、风险感知对供应链网络治理模式选择的影响研究[J]. 管理评论，32（1）：275-285.

张敬，李风华，魏旭光. 2019. 供应链治理模式选择的理论溯源与研究展望[J]. 管理现代化，39（6）：115-120.

张敬，张志颖，魏旭光，等. 2018. 供应链治理模式选择：低控制还是高控制?——基于多元制度逻辑的实证研究[J]. 预测，37（6）：25-32.

张维迎. 1996. 所有制、治理结构及委托—代理关系：兼评崔之元和周其仁的一些观点[J]. 经济研究，（9）：3-15，53.

张维迎. 2010. 市场的逻辑[M]. 上海：上海人民出版社.

张五常. 1995. 交易费用，风险规避与合约安排的选择[M]//科斯 R，阿尔钦 A，诺斯 D，等. 财产权利与制度变迁. 上海：上海人民出版社.

周雪光，李强，蔡禾. 2008. 中国转型经济中的嵌入性与合同关系[M]//李友梅，李路路，蔡禾，等. 组织管理与组织创新——组织社会学实证研究文选[M]. 上海：上海人民出版社.

邹国庆，郭天娇. 2018. 制度分析与战略管理研究：演进与展望[J]. 社会科学战线，（11）：91-97.

邹国庆，倪昌红. 2010. 经济转型中的组织冗余与企业绩效：制度环境的调节作用[J]. 中国工业经济，（11）：120-129.

Addo-Tenkorang R，Helo P T，Kantola J. 2017. Concurrent enterprise：a conceptual framework for enterprise supply-chain network activities[J]. Enterprise Information Systems，11（4）：474-511.

Adhikari A，Derashid C，Zhang H. 2006. Public policy，political connections，and effective tax rates：longitudinal evidence from Malaysia[J]. Journal of Accounting and Public Policy，25（5）：574-595.

Agranoff R. 2007. Managing within Networks：Adding Value to Public Organizations[M]. Washington，DC：Georgetown University Press.

Aiken L S，West S G，Reno R R. 1991. Multiple Regression: Testing and Interpreting Interactions[M]. Thousand Oaks：SAGE Publications.

Aitken J，Harrison A. 2013. Supply governance structures for reverse logistics systems[J]. International Journal of Operations & Production Management，33（6）：745-764.

Alboiu C. 2012. Governance and contractual structure in the vegetable supply chain in Romania[J]. Romanian Journal of Economic Forecasting，15（4）：68-82.

Aldrich H. 1976. Resource dependence and in terorganiza tional relations[J]. Administration & Society，7（4）：419-454.

Alford R R，Friedland R. 1985. Powers of Theory：Capitalism，the State，and Democracy[M]. Cambridge：Cambridge University Press.

Alter C，Hage J. 1993. Organizations Working Together[M]. Thousand Oaks：SAGE Publications.

Ashenbaum B. 2018. From market to hierarchy：an empirical assessment of a supply chain governance typology[J]. Journal of Purchasing and Supply Management，24（1）：59-67.

Babecký J，Campos N F. 2011. Does reform work? An econometric survey of the reform-growth puzzle[J]. Journal of Comparative Economics，39（2）：140-158.

Baker G，Gibbons R，Murphy K J. 2002. Relational contracts and the theory of the firm[J]. Quarterly Journal of Economics，117（1）：39-84.

Barney J B. 1991. Firm resources and sustained competitive advantage[J]. Journal of Management，17（1）：99-120.

Barney J B. 1999. How a firm's capabilities affect boundary decisions[J]. Sloan Management Review，40（3）：137-145.

Barney J B. 2001. Resource-based theories of competitive advantage：a ten-year retrospective on the resource-based view[J]. Journal of Management，27（6）：643-650.

Baron R M，Kenny D A. 1986. The moderator-mediator variable distinction in social psychological research：conceptual，strategic，and statistical considerations[J]. Journal of Personality and Social

Psychology，51（6）：1173-1182.

Biesbroek G R，Termeer C J A M，Klostermann J E M，et al. 2014. Rethinking barriers to adaptation：mechanism-based explanation of impasses in the governance of an innovative adaptation measure[J]. Global Environmental Change，26：108-118.

Bitektine A，Haack P. 2015. The "macro" and the "micro" of legitimacy：toward a multilevel theory of the legitimacy process[J]. Academy of Management Review，40（1）：49-75.

Blair M M. 1995. Rethinking assumptions behind corporate governance[J]. Challenge，38（6）：12-17.

Boisot M，Child J. 1996. From fiefs to clans and network capitalism：explaining China's emerging economic order[J]. Administrative Science Quarterly，41：600-628.

Brass D J，Galaskiewicz J，Greve H R，et al. 2004. Taking stock of networks and organizations：a multilevel perspective[J]. Academy of Management Journal，47（6）：795-817.

Charumilind C，Kali R，Wiwattanakantang Y. 2006. Connected lending：Thailand before the financial crisis[J]. Journal of Business，79（1）：181-218.

Chaskin R J. 2001. Building Community Capacity[M]. New York：Aldine De Gruyter.

Cheng T C E，Wu Y N. 2006. A multiproduct，multicriterion supply-demand network equilibrium model[J]. Operations Research，54（3）：544-554.

Child J，Yuan L. 1996. Institutional constraints on economic reform：the case of investment decisions in China[J]. Organization Science，7（1）：60-77.

Churchill G A Jr. 1979. A paradigm for developing better measures of marketing constructs[J]. Journal of Marketing Research，16（1）：64-73.

Claro D P，Hagelaar G，Omta O. 2003. The determinants of relational governance and performance：how to manage business relationships?[J]. Industrial Marketing Management，32（8）：703-716.

Clegg S，Wang K Y，Berrell M. 2007. Business Networks and Strategic Alliances in China[M]. Northampton：Edward Elgar Publisher.

Coase R H. 1937. The nature of the firm[J]. Economica，4（16）：386-405.

Coleman J S. 1994. Foundations of Social Theory[M]. Boston：Belknap Press.

Corbin J M，Strauss A. 1990. Grounded theory research：procedures，canons，and evaluative criteria[J]. Qualitative Sociology，13（1）：3-21.

Cornett M M，Guo L，Khaksari S，et al. 2010. The impact of state ownership on performance differences in privately-owned versus state-owned banks：an international comparison[J]. Journal of Financial Intermediation，19（1）：74-94.

Cuervo-Cazurra A，Li C. 2021. State ownership and internationalization：the advantage and disadvantage of stateness[J]. Journal of World Business，56（1）：101-112.

Das T K，Teng B S. 1998. Between trust and control：developing confidence in partner cooperation in alliances[J]. Academy of Management Review，23（3）：491-512.

Das T K，Teng B S. 1999. Managing risks in strategic alliances[J]. Academy of Management Perspectives，13（4）：50-62.

Das T K，Teng B S. 2001. Trust，Control，and Risk in Strategic Alliances：An Integrated Framework[J]. Organization Studies，22（2）：251-283.

de Bruijn H，ten Heuvelhof E. 2002. Policy Analysis and decision making in a network：how to improve the quality of analysis and the impact on decision making[J]. Impact Assessment and Project Appraisal, 20 (4): 232-242.

de Langen P. 2004. Governance in seaport clusters[J]. Maritime Economics & Logistics, 6 (2): 141-156.

Dekker H, Donada C, Mothe C, et al. 2019. Boundary spanner relational behavior and inter-organizational control in supply chain relationships[J]. Industrial Marketing Management, 77: 143-154.

Delerue H. 2004. Relational risks perception in European biotechnology alliances: the effect of contextual factors[J]. European Management Journal, 22 (5): 546-556.

Denzin N K, Lincoln Y S. 1994. The SAGE Handbook of Qualitative Research[M]. Thousand Oaks: SAGE Publications.

Dietrich M. 1999. 交易成本经济学——关于公司的新的经济意义[M]. 王铁生, 葛立成, 译. 北京: 经济科学出版社.

DiMaggio P J, Powell W W. 1983. The iron cage revisited: institutional isomorphism and collective rationality in organizational fields[J]. American Sociological Review, 48 (2): 147-160.

Dodgson M. 2009. Asia's national innovation systems: Institutional adaptability and rigidity in the face of global innovation challenges[J]. Asia Pacific Journal of Management, 26 (3): 589-609.

Donaldson L. 1990. A rational basis for criticisms of organizational economics: a reply to barney[J]. Academy of Management Review, 15 (3): 394-401.

Drazin R, van de Ven A H. 1985. Alternative forms of fit in contingency theory[J]. Administrative Science Quarterly, 30 (4): 514-539.

Dunning J H, Kim C. 2007. The cultural roots of guanxi: an exploratory study[J]. World Economy, 30 (2): 329-341.

Dussauge P, Garrette B, Mitchell W. 2004. Asymmetric performance: the market share impact of scale and link alliances in the global auto industry[J]. Strategic Management Journal, 25 (7): 701-711.

Dyer J H, Singh H. 1998. The relational view: cooperative strategy and sources of interorganizational competitive advantage[J]. Academy of Management Review, 23 (4): 660-679.

Eccles R G. 1981. The quasifirm in the construction industry[J]. Journal of Economic Behavior & Organization, 2 (4): 335-357.

Eisenhardt K M. 1989. Building theories from case study research[J]. Academy of Management Review, 14 (4): 532-550.

Ekeledo I, Sivakumar K. 2004. International market entry mode strategies of manufacturing firms and service firms: a reource-based perspective[J]. International Marketing Review, 21 (1): 68-101.

Estrin S, Meyer K E, Nielsen B B, et al. 2016. Home country institutions and the internationalization of state owned enterprises: a cross-country analysis[J]. Journal of World Business, 51 (2): 294-307.

Fan J P H, Wong T J, Zhang T. 2007. Politically connected CEOs, corporate governance, and Post-IPO performance of China's newly partially privatized firms[J]. Journal of Financial Economics, 84 (2): 330-357.

Farndale E, Paauwe J, Boselie P. 2010. An exploratory study of governance in the intra-firm human resources supply chain[J]. Human Resource Management，49（5）：849-868.

Fiol C M，Lyles M A. 1985. Organizational learning[J]. Academy of Management Review，10（4）：803-813.

Friedland R，Alford R R. 1991. Bringing Society Back In：Symbols，Practices，and Institutional contradictions[M]//Powell W W，DiMoggio P J. The New Institutionalism in Organizational Analysis. Chicago：University of Chicago Press.

Gao C H，Johnson E，Smith B. 2009. Integrated airline fleet and crew robust planning[J]. Transportation Science，43（1）：2-16.

Gedajlovic E，Shapiro D M. 2002. Ownership structure and firm profitability in Japan[J]. Academy of Management Journal，45（2）：565-575.

Geletkanycz M A，Hambrick D C. 1997. The external ties of top executives：implications for strategic choice and performance[J]. Administrative Science Quarterly，42（4）：654-681.

Gereffi G，Humphrey J，Sturgeon T. 2005. The governance of global value chains[J]. Review of International Political Economy，12（1）：78-104.

Gerwin D. 2004. Coordinating new product development in strategic alliances[J]. Academy of Management Review，29（2）：241-257.

Geyskens I，Steenkamp J B E M，Kumar N. 2006. Make，buy，or ally：a transaction cost theory meta-analysis[J]. Academy of Management Journal，49（3）：519-543.

Ghoshal S，Moran P. 1996. Bad for practice：a critique of the transaction cost theory[J]. Academy of Management Review，21（1）：13-47.

Glaser B G，Strauss A L. 1999. The Discovery of Grounded Theory：Strategies for Qualitative Research[M]. New York：Routledge.

Granovetter M. 1985. Economic action and social structure：the problem of embeddedness[J]. American Journal of Sociology，91（3）：481-510.

Granovetter M. 2007. 镶嵌：社会网与经济行动. 罗家德，译. 北京：社会科学文献出版社.

Granovetter M，Swedberg R. 1992. The Sociology of Economic Life[M]. Colorado：Westview Press.

Grant R M. 1991. The resource-based theory of competitive advantage：implications for strategy formulation[J]. California Management Review，33（3）：114-135.

Grewal R，Dharwadkar R. 2002. The role of the institutional environment in marketing channels[J]. Journal of Marketing，66（3）：82-97.

Gulati R，Gargiulo M. 1999. Where do interorganizational networks come from?[J]. American Journal of Sociology，104（5）：1398-1438.

Gulati R，Lawrence P R，Puranam P. 2005. Adaptation in vertical relationships：beyond incentive conflict[J]. Strategic Management Journal，26（5）：415-440.

Gulati R，Singh H. 1998. The architecture of cooperation：managing coordination costs and appropriation concerns in strategic alliances[J]. Administrative Science Quarterly，43（4）：781-814.

Gummesson E. 2000. Qualitative Methods in Management Research[M]. Thousand Oaks：SAGE Publications.

Guo Y，Rammal H G，Benson J，et al. 2018. Interpersonal relations in China: Expatriates' perspective on the development and use of guanxi[J]. International Business Review，27（2）：455-464.

Hagedoorn J. 2006. Understanding the cross-level embeddedness of interfirm partnership formation[J]. Academy of Management Review, 31 (3): 670-680.

Hair J F, Black W C, Babin B J, et al. 1998. Multivariate Data Analysis[M]. New Jersey: Prentice Hall.

Hambrick D C, Mason P A. 1984. Upper echelons: the organization as a reflection of its top managers[J]. Academy of Management Review, 9 (2): 193-206.

Hamel G. 1991. Competition for competence and interpartner learning within international strategic alliances[J]. Strategic Management Journal, 12 (S1): 83-103.

Haveman H A, Rao H. 1997. Structuring a theory of moral sentiments: institutional and organizational coevolution in the early thrift industry[J]. American Journal of Sociology, 102 (6): 1606-1651.

Hennart J F. 1988. A transaction costs theory of equity joint ventures[J]. Strategic Management Journal, 9 (4): 361-374.

Hoffman A J. 2001. From Heresy to Dogma: An Institutional History of Corporate Environmentalism[M]. San Francisco: Stanford Unirersity Press.

Huxham C, Vangen S. 2005. Managing to Collaborate: The Theory and Practice of Collaborative Advantage[M]. New York: Routledge.

Ilhan-Nas T, Okan T, Tatoglu E, et al. 2018. The effects of ownership concentration and institutional distance on the foreign entry ownership strategy of Turkish MNEs[J]. Journal of Business Research, 93: 173-183.

Jajja M S S, Chatha K A, Farooq S. 2018. Impact of supply chain risk on agility performance: Mediating role of supply chain integration[J]. International Journal of Production Economics, 205: 118-138.

Jensen M C, Meckling W H. 1976. Theory of the firm: managerial behavior, agency costs and ownership structure[J]. Journal of Financial Economics, 3 (4): 305-360.

Jones C, Hesterly W S, Borgatti S P. 1997. A general theory of network governance: exchange conditions and social mechanisms[J]. Academy of Management Review, 22 (4): 911-945.

Jones P C, Qian T B. 1997. Fully loaded direct shipping strategy in one warehouse/NRetailer systems without central inventories[J]. Transportation Science, 31 (2): 193-195.

Joshi A W, Campbell A J. 2003. Effect of environmental dynamism on relational governance in manufacturer-supplier relationships: a contingency framework and an empirical test[J]. Journal of the Academy of Marketing Science, 31 (2): 176-188.

Keister L A. 2001. Exchange structures in transition: lending and trade relations in Chinese business groups[J]. American Sociological Review, 66 (3): 336-360.

Keister L A. 2009. Organizational research on market transition: a sociological approach[J]. Asia Pacific Journal of Management, 26 (4): 719-742.

Kent D H. 1991. Joint ventures vs. Non-joint ventures: an empirical investigation[J]. Strategic Management Journal, 12 (5): 387-393.

Kettl D F. 2002. The Transformation of Governance: Public Administration for Twenty-First Century America[M]. Baltimore, MD: Johns Hopkins University Press.

Khanna T, Palepu K. 2000. The future of business groups in emerging markets: long-run evidence from Chile[J]. Academy of Management Journal, 43 (3): 268-285.

Khwaja A I, Mian A. 2008. Tracing the impact of bank liquidity shocks: evidence from an emerging market[J]. American Economic Review, 98 (4): 1413-1442.

Kickert W J M, Klijn E H, Koppenjan J F M. 1997. Public Management and Network Management: An Overview[M]. London: Sage Publications Harper Collins.

Kilduff M, Brass D J. 2010. Organizational social network research: core ideas and key debates[J]. The Academy of Management Annals, 4 (1): 317-357.

Kilduff M, Mehra A, Dunn M B. 2011. From blue sky research to problem solving: a philosophy of science theory of new knowledge production[J]. Academy of Management Review, 36 (2): 297-317.

Killing J P, Contractor F, Lorange P. 1988. Understanding Alliances: The Role of Task and Organizational Complexity[M]//Contractor F J, Lorange P. Cooperative Strategies in International Business. Lexington: Lexington Books.

Kim S W. 2007. Organizational structures and the performance of supply chain management[J]. International Journal of Production Economics, 106 (2): 323-345.

Klein B, Crawford R G, Alchian A A. 1978. Vertical integration, appropriable rents, and the competitive contracting process[J]. The Journal of Law and Economics, 21 (2): 297-326.

Kline R B. 2010. Principles and Practice of Structural Equation Modeling[M]. New York: Guilford Press.

Kogut B, Zander U. 1993. Knowledge of the firm and the evolutionary theory of the multinational corporation[J]. Journal of International Business Studies, 24 (4): 625-645.

Kogut B. 2000. The network as knowledge: generative rules and the emergence of structure[J]. Strategic Management Journal, 21 (3): 405-425.

Kollmann T, Stöckmann C, Niemand T, et al. 2021. A configurational approach to entrepreneurial orientation and cooperation explaining product/service innovation in digital vs. non-digital startups[J]. Journal of Business Research, 125: 508-519.

Langlois R N. 2002. Modularity in technology and organization[J]. Journal of Economic Behavior & Organization, 49 (1): 19-37.

Lee S H, Peng M W, Barney J B. 2007. Bankruptcy law and entrepreneurship development: a real options perspective[J]. Academy of Management Review, 32 (1): 257-272.

Lee V H, Ooi K B, Chong A Y L, et al. 2018. The effects of supply chain management on technological innovation: The mediating role of guanxi[J]. International Journal of Production Economics, 205: 15-29.

Li M Z, Lien J W, Zheng J. 2021. Optimal subsidies in the competition between private and state-owned enterprises[J]. International Review of Economics & Finance, 76: 1235-1244.

Li Y J, Zhao X K, Shi D, et al. 2014. Governance of sustainable supply chains in the fast fashion industry[J]. European Management Journal, 32 (5): 823-836.

Lovett S, Simmons L C, Kali R. 1999. Guanxi versus the market: ethics and efficiency[J]. Journal of International Business Studies, 30 (2): 231-247.

MacLean T L, Behnam M. 2010. The dangers of decoupling: the relationship between compliance programs, legitimacy perceptions, and institutionalized misconduct[J]. Academy of Management Journal, 53 (6): 1499-1520.

Macneil I R. 1987. Relational contract theory as sociology: a reply to Professors Lindenberg and de Vos[J]. Journal of Institutional and Theoretical Economics, 143 (2): 272-290.

Mahdi O R, Nassar I A, Almsafir M K. 2019. Knowledge management processes and sustainable competitive advantage: an empirical examination in private universities[J]. Journal of Business Research, 94: 320-334.

March J G, Simon H A. 1958. Organizations[M]. New York: John Wiley & Sons Inc.

McWilliam S E, Kim J K, Mudambi R, et al. 2020. Global value chain governance: Intersections with international business[J]. Journal of World Business, 55 (4): 1-18.

Meredith J. 1998. Building operations management theory through case and field research[J]. Journal of Operations Management, 16 (4): 441-454.

Meyer J W, Rowan B. 1977. Institutionalized organizations: formal structure as myth and ceremony[J]. The American Journal of Sociology, 83 (2): 340-363.

Meyer K E, Peng M W. 2005. Probing theoretically into Central and Eastern Europe: transactions, resources, and institutions[J]. Journal of International Business Studies, 36 (6): 600-621.

Meyer K E, Tran Y T. 2006. Market penetration and acquisition strategies for emerging economies[J]. Long Range Planning, 39 (2): 177-197.

Miles M B, Huberman A M. 2008. 质性资料的分析: 方法与实践[M]. 张芬芬, 译. 重庆: 重庆大学出版社.

Miller K D. 1992. A framework for integrated risk management in international business[J]. Journal of International Business Studies, 23 (2): 311-331.

Mintzberg H. 1979. The Structuring of Organizations: A Synthesis of the Research[M]. Englewood Cliffs: New Jersey.

Mowery D C, Oxley J E, Silverman B S. 1996. Strategic alliances and interfirm knowledge transfer[J]. Strategic Management Journal, 17 (S2): 77-91.

Mullins N C. 1971. The Art of Theory: Construction and Use[M]. New York: Harper & Row.

Muthusamy S K, White M A. 2005. Learning and knowledge transfer in strategic alliances: a social exchange view[J]. Organization Studies, 26 (3): 415-441.

Mutlu C C, Van Essen M, Peng M W, et al. 2018. Corporate governance in China: a meta-analysis[J]. Journal of Management Studies, 55 (6): 943-979.

Nasr E S, Kilgour M D, Noori H. 2015. Strategizing niceness in co-opetition: the case of knowledge exchange in supply chain innovation projects[J]. European Journal of Operational Research, 244 (3): 845-854.

Nee V. 1992. Organizational dynamics of market transition: hybrid forms, property rights, and mixed economy in China[J]. Administrative Science Quarterly, 37 (1): 1-27.

Nee V, Ingram P. 2002. "Embeddedness and Beyond: Institutions, Exchange, and Social Structure" [M]// Hirschman A O. The New Institutionalism in Sociology. Stanford: Stanford University Press.

Noorderhaven N G. 1994. Transaction cost analysis and the explanation of hybrid vertical interfirm relations[J]. Review of Political Economy, 6 (1): 19-36.

Nooteboom B. 2002. Trust: Forms, Foundations, Functions, Failures and Figures[M]. London: Edward Elgar Publishing Limited.

Nooteboom B. 2004. Governance and competence: how can they be combined?[J]. Cambridge Journal of Economics, 28 (4): 505-525.

North D C. 1990. Institutions, Institutional Change, and Economic Performance[M]. Cambridge: Cambridge University Press.

Ojha D, Shockley J, Acharya C. 2016. Supply chain organizational infrastructure for promoting entrepreneurial emphasis and innovativeness: The role of trust and learning[J]. International Journal of Production Economics, 179: 212-227.

Ojha D, Struckell E, Acharya C, et al. 2018. Supply chain organizational learning, exploration, exploitation, and firm performance: a creation-dispersion perspective[J]. International Journal of Production Economics, 204: 70-82.

Oliver C. 1997. Sustainable competitive advantage: combining institutional and resource-based views[J]. Strategic Management Journal, 18 (9): 697-713.

O'Toole L J. 1997. Treating networks seriously: practical and research-based agendas in public administration[J]. Public Administration Review, 57 (1): 45-52.

Ouchi W G. 1980. Markets, bureaucracies, and clans[J]. Administrative Science Quarterly, 25 (1): 129-141.

Park S H, Luo Y D. 2001. Guanxi and organizational dynamics: organizational networking in Chinese firms[J]. Strategic Management Journal, 22 (5): 455-477.

Parkhe A. 1993. Strategic alliance structuring: a game theoretic and transaction cost examination of interfirm cooperation[J]. Academy of Management Journal, 36 (4): 794-829.

Parkhe A, Wasserman S, Ralston D A. 2006. New frontiers in network theory development[J]. Academy of Management Review, 31 (3): 560-568.

Peng L, Li Y, Essen M, et al. 2020. Institutions, resources, and strategic orientations: a meta-analysis[J]. Asia Pacific Journal of Management, 37 (2): 499-529.

Peng M W. 2003. Institutional transitions and strategic choices[J]. Academy of Management Review, 28 (2): 275-296.

Peng M W, Heath P S. 1996. The growth of the firm in planned economies in transition: institutions, organizations, and strategic choice[J]. Academy of Management Review, 21 (2): 492-528.

Peng M W, Luo Y. 2000. Managerial ties and firm performance in a transition economy: the nature of a micro-macro link[J]. Academy of Management Journal, 43 (3): 486-501.

Peng M W, Wang D Y L, Jiang Y. 2008. An institution-based view of international business strategy: a focus on emerging economies[J]. Journal of International Business Studies, 39 (5): 920-936.

Penrose E. 1959. The Growth of the Firm[M]. Oxford: Blackwell.

Peteraf M A. 1993. The cornerstones of competitive advantage: a resource-based view[J]. Strategic Management Journal, 14 (3): 179-191.

Pfeffer J, Salancik G R. 1978. The External Control of Organizations: A Resource Dependence Perspective[M]. New York: Harper & Row.

Pierre J. 2000. Debating Governance: Authority, Steering, and Democracy[M]. New York: Oxford

University Press.

Polanyi K. 2001. The great transformation: the political and economic origins of our time[M]. 2nd. Boston: Beacon Press.

Powell W W, White D R, Koput K W, et al. 2005. Network dynamics and field evolution: the growth of interorganizational collaboration in the life sciences[J]. American Journal of Sociology, 110(4): 1132-1205.

Prahalad C K, Hamel G. 1990. The core competence of the corporation[J]. Harvard Business Review, 68 (3): 275-292.

Provan K G, Fish A, Sydow J. 2007. Interorganizational networks at the network level: a review of the empirical literature on whole networks[J]. Journal of Management, 33 (3): 479-516.

Provan K G, Kenis P N. 2008. Modes of network governance: structure, management, and effectiveness[J]. Journal of Public Administration Research and Theory, 18 (2) : 229-252.

Provan K G, Milward H B. 2001. Do networks really work? A framework for evaluating public-sector organizational networks[J]. Public Administration Review, 61 (4) : 414-423.

Qazi A, Dickson A, Quigley J, et al. 2018. Supply chain risk network management: a Bayesian belief network and expected utility based approach for managing supply chain risks[J]. International Journal of Production Economics, 196: 24-42.

Qazi A, Quigley J, Dickson A, et al. 2017. Exploring dependency based probabilistic supply chain risk measures for prioritising interdependent risks and strategies[J]. European Journal of Operational Research, 259 (1): 189-204.

Rangan S. 2000. The problem of search and deliberation in economic action: when social networks really matter[J]. Academy of Management Review, 25 (4): 813-828.

Rethemeyer R K. 2005. Conceptualizing and measuring collaborative networks[J]. Public Administration Review, 65 (1) : 117-121.

Reuer J, Zollo M. 2000. Managing governance adaptations in strategic alliances[J]. European Management Journal, 18 (2): 164-172.

Rhodes R A W. 1997. Understanding Governance: Policy Networks, Governance, Reflexivity, and Accountability[M]. Philadephia: Open University Press.

Richey R G Jr, Roath A S, Whipple J M, et al. 2010. Exploring a governance theory of supply chain management: barriers and facilitators to integration[J]. Journal of Business Logistics, 31 (1): 237-256.

Ring P S, van de Ven A H. 1992. Structuring cooperative relationships between organizations[J]. Strategic Management Journal, 13 (7): 483-498.

Riordan M H, Williamson O E. 1985. Asset specificity and economic organization[J]. International Journal of Industrial Organization, 3 (4): 365-378.

Roath A S, Miller S R, Cavusgil S T. 2002. A conceptual framework of relational governance in foreign distributor relationships[J]. International Business Review, 11 (1) : 1-16.

Roberts P W, Greenwood R. 1997. Integrating transaction cost and institutional theories: toward a constrained-efficiency framework for understanding organizational design adoption[J]. Academy of Management Review, 22 (2): 346-373.

Safford S. 2009. Why the Garden Club Couldn't Save Youngstown: The Transformation of the Rust Belt[M]. Cambridge: Harvard University Press.

Santoro M D, McGill J P. 2005. The effect of uncertainty and asset co-specialization on governance in biotechnology alliances[J]. Strategic Management Journal, 26 (13): 1261-1269.

Schmidt C G, Wagner S M. 2019. Blockchain and supply chain relations: a transaction cost theory perspective[J]. Journal of Purchasing and Supply Management, 25 (4): 1-13.

Scott W R. 1995. Institutions and Organizations: Ideas, Interests and Identieies[M]. Thousand Oaks: Sage Publication.

Selznick P. 1957. Leadership in Administration: A Sociological Interpretation[M]. New York: Harper & Row.

Simon H A. 1955. A behavioral model of rational choice[J]. The Quarterly Journal of Economics, 69 (1): 99-115.

Smirnova M M. 2020. Managing business and social network relationships in Russia: The role of relational capabilities, institutional support and dysfunctional competition[J]. Industrial Marketing Management, 89: 340-354.

Suchman M C. 1995. Managing legitimacy: strategic and institutional approaches[J]. Academy of Management Review, 20 (3): 571-610.

Suddaby R. 2006. From the editors: what grounded theory is not[J]. Academy of Management Journal, 49 (4): 633-642.

Teece D J, Pisano G, Shuen A. 1997. Dynamic capabilities and strategic management[J]. Strategic Management Journal, 18 (7): 509-533.

Teisman G R, Klijn E H. 2002. Partnership arrangements: governmental rhetoric or governance scheme?[J]. Public Administration Review, 62 (2): 197-205.

Thompson J D. 2003. Organizations in Action: Social Science Bases of Administrative Theory[M]. New York: Routledge.

Thornton P H. 2004. Markets from Culture: Institutional Logics and Organizational Decisions in Higher Education Publishing[M]. San Franciso: Stanford University Press.

Thornton P H, Ocasio W. 1999. Institutional logics and the historical contingency of power in organizations: executive succession in the higher education publishing industry, 1958–1990[J]. American Journal of Sociology, 105 (3): 801-843.

Thornton P H, Ocasio W. 2008. Institutional Logics[M]//Greenwood R, Oliver C, Sahlin K, et al. The SAGE Handbook of Organizational Institutionalism. London: SAGE Publications.

Thornton P H, Ocasio W, Lounsbury M. 2012. The Institutional Logics Perspective: A New Approach to Culture, Structure and Process[M]. Oxford: Oxford University Press.

Uzzi B. 1996. The sources and consequences of embeddedness for the economic performance of organizations: the network effect[J]. American Sociological Review, 61 (4): 674-698.

Uzzi B. 1997. Social structure and competition in interfirm networks: the paradox of embeddedness[J]. Administrative Science Quarterly, 42 (1): 35-67.

Varoutsa E, Scapens R W. 2015. The governance of inter-organisational relationships during different supply chain maturity phases[J]. Industrial Marketing Management, 46: 68-82.

Walder A G, Luo T J, Wang D. 2013. Social stratification in transitional economies: property rights and the structure of markets[J]. Theory and Society, 42 (6): 561-588.

Wathne K H, Heide J B. 2000. Opportunism in interfirm relationships: forms, outcomes, and solutions[J]. Journal of Marketing, 64 (4): 36-51.

Webb J W, Tihanyi L, Ireland R D, et al. 2009. You say illegal, I say legitimate: entrepreneurship in the informal economy[J]. Academy of Management Review, 34 (3): 492-510.

Weiner B J, Alexander J A. 1998. The challenges of governing public-private community health partnerships[J]. Health Care Management Review, 23 (2): 39-55.

Wernerfelt B. 1984. A resource-based view of the firm[J]. Strategic Management Journal, 5 (2): 171-180.

White H C. 1981. Where do markets come from?[J]. American Journal of Sociology, 87 (3): 517-547.

Williamson O E. 1975. Markets and Hierarchies: Analysis and Antitrust Implications: A Study in the Economics of Internal Organization[M]. New York: The Free Press.

Williamson O E. 1979. Transaction-cost economics: the governance of contractual relations[J]. The Journal of Law and Economics, 22 (2): 233-261.

Williamson O E. 1981. The economics of organization: the transaction cost approach[J]. American Journal of Sociology, 87 (3): 548-577.

Williamson O E. 1985. The Economic Institutions of Capitalism: Firms, Markets, Relational Contracting[M]. New York: The Free press.

Williamson O E. 1991. Comparative economic organization: the analysis of discrete structural alternatives[J]. Administrative Science Quarterly, 36 (2): 269-296.

Williamson O E. 1996. The Mechanisms of Governance[M]. New York: Oxford University Press.

Xin K K, Pearce J L. 1996. Guanxi: connections as substitutes for formal institutional support[J]. Academy of Management Journal, 39 (6): 1641-1658.

Xu D, Pan Y, Beamish P W. 2004. The effect of regulative and normative distances on MNE ownership and expatriate strategies[J]. Management International Review, 44 (3): 285-307.

Xu D, Shenkar O. 2002. Note: institutional distance and the multinational enterprise[J]. Academy of Management Review, 27 (4): 608-618.

Yan T T, Azadegan A. 2017. Comparing inter-organizational new product development strategies: Buy or ally; Supply-chain or non-supply-chain partners?[J]. International Journal of Production Economics, 183: 21-38.

Yin R K. 2003. Case Study Research: Design and Methods[M]. Thousand Oaks: SAGE publications.

Yiu D, Makino S. 2002. The choice between joint venture and wholly owned subsidiary: an institutional perspective[J]. Organization Science, 13 (6): 667-683.

Yu C M J, Liao T J, Lin Z D. 2006. Formal governance mechanisms, relational governance mechanisms, and transaction-specific investments in supplier-manufacturer relationships[J]. Industrial Marketing Management, 35 (2): 128-139.

Zhou X G, Li Q, Zhao W, et al. 2003. Embeddedness and contractual relationships in China's transitional economy[J]. American Sociological Review，68（1）：75-102.

Zimmerman M A，Zeitz G J. 2002. Beyond survival：achieving new venture growth by building legitimacy[J]. Academy of Management Review，27（3）：414-431.

Zukin S，DiMaggio P. 1990. Structures of Capital：The Social Organization of the Economy[M]. New York：Cambridge University Press.